纪念改革开放四十周年丛书

40周年

高帆——著

从割裂到融合：
中国城乡经济关系演变的政治经济学

复旦大学出版社

本丛书系"上海市中国特色哲学社会科学学术话语体系建设基地"研究成果

上海市社会科学界联合会
上海市哲学社会科学学术话语体系建设办公室
上海市哲学社会科学规划办公室
上海市"理论经济学高峰学科支持计划"
联合策划资助出版

纪念改革开放四十周年丛书
编委会

学术顾问	洪远朋　张　军　陈诗一
主　　任	寇宗来
委　　员	王弟海　尹　晨　李志青　朱富强
	陈　硕　陆前进　高　帆　高　虹
	张　涛　张晖明　许　闲　章　奇
	严法善　樊海潮
主　　编	张晖明
副 主 编	王弟海　高　帆

纪念改革开放四十周年丛书(12卷)作者介绍

丛书主编:张晖明,1956年7月出生,经济学博士,教授,博士研究生导师。现任复旦大学经济学系主任,兼任复旦大学企业研究所所长,上海市哲学社会科学研究基地复旦大学社会主义政治经济学研究中心主任,上海市政治经济学研究会会长。

丛书各卷作者介绍:

1.《国有企业改革的政治经济学分析》,张晖明。

2.《从割裂到融合:中国城乡经济关系演变的政治经济学》,高帆,1976年11月出生,经济学博士,复旦大学经济学院教授,博士生导师,经济学系常务副主任。

3.《中国二元经济发展中的经济增长和收入分配》,王弟海,1972年12月出生,经济学博士,复旦大学经济学院教授,博士生导师,院长助理,经济学系副系主任,《世界经济文汇》副主编。

4.《中国央地关系:历史、演进及未来》,陈硕,1980年2月出生,经济学博士,复旦大学经济学院教授。

5.《政治激励下的省内经济发展模式和治理研究》,章奇,1975年2月出生,经济学博士、政治学博士,复旦大学经济学院副教授。

6.《市场制度深化与产业结构变迁》,张涛,1976年4月出生,经济学博士,复旦大学经济学院副教授。

7.《经济集聚和中国城市发展》,高虹,1986年9月出生,经济学博士,复旦大学经济学院讲师。

8.《中国货币政策调控机制转型及理论研究》,陆前进,1969年9月出生,经济学博士,复旦大学经济学院教授。

9.《保险大国崛起:中国模式》,许闲,1979年9月出生,经济学博士,复旦大学经济学院教授,风险管理与保险学系主任,复旦大学中国保险与社会安全研究中心主任,复旦大学-加州大学当代中国研究中心主任。

10.《关税结构分析、中间品贸易与中美贸易摩擦》,樊海潮,1982 年 4 月出生,经济学博士,复旦大学经济学院教授。首届张培刚发展经济学青年学者奖获得者。

11.《绿色发展的经济学分析》,李志青,1975 年 11 月出生,经济学博士,复旦大学经济学院高级讲师,复旦大学环境经济研究中心副主任。

12.《中国特色社会主义政治经济学的新发展》,严法善,1951 年 12 月出生,经济学博士,复旦大学经济学院教授,博士生导师,复旦大学泛海书院常务副院长。

总序一

改革开放到今天已经整整走过了四十年。四十年来,在改革开放的进程中,中国实现了快速的工业化和经济结构的变化,并通过城镇化、信息化和全球化等各种力量的汇集,推动了中国经济的发展和人均收入的提高。从一个孤立封闭型计划经济逐步转变为全面参与全球竞争发展的开放型市场经济。中国经济已经全面融入世界经济一体化,并成为全球第二经济大国。

中国社会经济的飞速发展源于中国改革开放的巨大成功。改革开放在"解放思想、实事求是"思想指导下,以"三个有利于"为根本判断标准,以发展社会生产力作为社会主义的根本任务,逐步探索建设中国特色社会主义事业的改革路径。四十年来的改革开放,是一个摸着石头过河的逐步探索过程和渐进性改革过程,也是一个伟大的社会发展和经济转型过程,是世界经济发展进程中的一个奇迹。当前,中国经济发展进入新常态,中国特色社会主义进入了新时代。回顾历史,借往鉴来,作为中国的经济学者,我们有义务去研究我们正在经历的历史性经济结构和制度结构转型过程,有责任研究和总结我们在过去四十年经济改革中所取得的众多成功经验和所经历过的经验教训。对这个历史变迁过程中已经发生的事件提供一个更好的理解和认识的逻辑框架,为解决我们当前所面临的困境和挑战提出一种分析思路和对策见解,从而让我们对未来尚未发生或者希望发生的事件有一个更加理性的预见和思想准备,这是每一个经济学者的目标。

为了纪念中国改革开放四十周年,深化对中国经济改革和社会发展过程的认识,加强对一些重大经济问题的研究和认识,同时也为更好解决当前以及未来经济发展所面临的问题和挑战建言献策,复旦大学经济学系主任张晖明教授组织编著了这套纪念改革开放四十周年丛书。本套丛书共包括十二卷,分别由复旦大学经济学系教师为主的十多位学者各自独立完成。丛书主要围绕四十年来中国经济体制改革过程中的重大经济问题展开研究,研究内容包括中国特色社会主义政治经济学的新发展、二元经济发展中的经济增长和收入分配、货币政策调控机制转型及理论研究、国企改革和基本经济制度完善、城乡关系和城乡融合、中央地方财政关系和财政分权、经济结构变迁和产业进入壁垒、经济集聚和城市发展、"一带一路"倡议和对外贸易、政治激励下的省内经济发展和治理模式、保险业的发展与监管、绿色发展和环境生态保护等十多个重大主题。

复旦大学经济学院具有秉承马克思主义经济学和西方经济学两种学科体系的对话和发展的传统。本套丛书在马克思主义指导下,立足中国现实,运用中国政治经济学分析方法、现代经济学分析方法和数理统计计量等数量分析工具,对中国过去四十年的改革开放的成功经验、特征事实以及新时代发展所面临的困境和挑战进行翔实而又深刻的分析和探讨,既揭示出了改革开放四十年来中国经济发展的典型事实和中国特色,也从中国的成功经验中提炼出了社会经济发展的一般规律和理论;是既立足于中国本土经济发展的事实分析和研究又具有经济发展一般机制和规律的理论创新和提升。

值得提及的是,编写纪念改革开放丛书已经成为复旦大学经济学院政治经济学科的一种传统。1998年复旦大学经济学院政治经济学教授伍柏麟先生曾主编纪念改革开放二十周年丛书,2008年复旦大学经济学院新政治经济学研究中心主任史正富教授曾主编纪念改革开放三十周年丛书。2018年正值改革开放四十周年之际,复旦大学经济学院经济学系主任张晖明教授主编了这套纪念改革开放四十周年丛书,也可谓是秉承政治经济学科的传统。

作为本套丛书的主要贡献者——复旦大学经济学院政治经济学科是国家的重点学科,也一直都是中国政治经济学研究和发展的最主要前沿阵地之一。复旦大学经济学院政治经济学历史悠久,学术辉煌,队伍整齐。她不但拥有一大批直接影响着中国政治经济学发展和中国改革进程的老一辈经济学家,今天更聚集了一批享誉国内的中青年学者。1949年中华人民共和国成立以后,老一辈著名政治经济学家许涤新、吴斐丹、漆琪生等就在复旦大学执鞭传道;改革开放之后,先后以蒋学模、张薰华、伍柏麟、洪远朋等老先生为代表的复旦政治经济学科带头人对政治经济学的学科建设和人才培养,以及国家改革和上海发展都做出了卓越贡献。蒋学模先生主编的《政治经济学教材》目前已累计发行2000多万册,培育了一批批马克思主义的政治经济学理论学者和党政干部,在中国改革开放和现代化事业建设中发挥了重要作用。张薰华教授20世纪80年代中期提出的社会主义级差地租理论厘清了经济中"土地所有权"和"土地私有权"之间的关系,解释了社会主义经济地租存在的合理性和必要性,为中国的土地使用制度改革和中国城市土地的合理使用奠定了理论基础。目前,在张晖明教授、孟捷教授等国内新一代政治经济学领军人物的引领下,复旦大学政治经济学科聚集了高帆教授、陈硕教授、汪立鑫教授和周翼副教授等多位中青年政治经济学研究者,迎来新的发展高峰。2018年4月,由张晖明教授任主任的上海市哲学社会科学研究基地"复旦大学中国特色社会主义政治经济学研究中心"已经在复旦大学经济学院正式挂牌成立,它必将会极大推动复旦大学经济学院政治经济学理论研究和学科发展。作为复旦大学经济学院政治经济学理论研究宣传阵地,由孟捷教授主编的《政治经济学报》也已经获得国家正式刊号,未来也必将在政治经济学理论研究交流和宣传中发挥积极作用。

张晖明教授主编的本套丛书,可以视为复旦大学经济学院政治经济学科近来理论研究和学科发展的重要成果之一。通过对本套丛书的阅读,相信读者对中国的改革开放必将有新的认识和理解,对中国目前面临的挑战和未来发展必将产生新的思考和启发。

复旦大学经济学院教授、院长　张军

2018年12月9日

总序二

大约在两年前,我就开始考虑组织队伍,开展系列专题研究,为纪念改革开放四十周年撰写专著,承接和保持我们复旦大学政治经济学学科纪念改革开放二十周年、三十周年都曾经组织撰写出版大型丛书的学术传统,以体现经济理论研究者对经济社会发展的学术责任。我的这一想法得到学院领导的肯定和支持,恰好学院获得上海市政府对复旦理论经济学一级学科高峰计划的专项拨款,将我们这个研究计划列入支持范围,为研究工作的开展创造了一定的条件。在我们团队的共同努力下,最后遴选确定了十二个专题,基本覆盖了我国经济体制的主要领域或者说经济体制建构的不同侧面,经过多次小型会议,根据参加者各自的研究专长,分工开展紧张的研究工作。复旦大学出版社的领导对我们的丛书写作计划予以高度重视,将这套丛书列为2018年的重点出版图书;我们的选题也得到上海市新闻出版局的重视和鼓励。这里所呈现的就是我们团队这两年来所做的工作的最后成果。我们力求从经济体制的不同侧面进行系统梳理,紧扣改革开放实践进程,既关注相关体制变革转型的阶段特点和改革举措的作用效果,又注意联系运用政治经济学理论方法进行理论探讨,联系各专门体制与经济体制整体转型相互之间的关系,力求在经济理论分析上有所发现,为中国特色社会主义经济理论内容创新贡献复旦人的思想和智慧,向改革开放四十周年献礼。

中国经济体制改革四十年的历程举世瞩目。以1978年底召开的中国共产党十一届三中全会确定"改革开放"方针为标志,会议在认真总结中国开展社会主义实践的经验教训的基础上,纠正了存在于党的指导思想上和各项工作评价方式上存在的"左"的错误,以"破除迷信""解放思想"开路,回到马克思主义历史唯物主义"实事求是"的方法论上来,重新明确全党全社会必须"以经济建设为中心",打开了一个全新的工作局面,极大地解放了社会生产力,各类社会主体精神面貌焕然一新。从农村到城市、从"增量"到"存量"、从居民个人到企业、从思想观念到生存生产方式,都发生了根本的变化,改革开放激发起全社会各类主体的创造精神和行动活力。

中国的经济体制改革之所以能够稳健前行、行稳致远,最关键的一条就是有中国共产党的坚强领导。我们党对改革开放事业的领导,以党的历次重要会议为标志,及时地在理论创新方面作出新的表述,刷新相关理论内涵和概念表达,对实践需要采取的措施加以具体规划,并在扎实地践行的基础上及时加以规范,以及在体制内容上予以巩固。我们可以从四十年来党的历次重要会议所部署的主要工作任务清晰地看到党对改革开放事业的方向引领、阶段目标设计和工作任务安排,通过对所部署的改革任务内容的前一阶段工作予以及时总结,及时发现基层创新经验和推广价值,对下一阶段改革深化推进任务继续加以部署,久久为功,迈向改革目标彼岸。

党的十一届三中全会(1978)实现了思想路线的拨乱反正,重新确立了马克思主义实事求是的思想路线,果断地提出把全党工作的着重点和全国人民的注意力转移到社会主义现代化建设上来,作出了实行改革开放的新决策,启动了农村改革的新进程。

党的十二大(1982)第一次提出了"建设有中国特色的社会主义"的崭新命题,明确指出:"把马克思主义的普遍真理同我国的具体实际结合起来,走自己的道路,建设有中国特色的社会主义,这就是我们总结长期历史经验得出的基本结论。"会议确定了"党为全面开创社会主义现代化建设新局面而奋斗的纲领"。

党的十二届三中全会(1984)制定了《中共中央关于经济体制改革的决定》,明确坚决地系统地进行以城市为重点的整个经济体制的改革,是我国形势发展的迫切需要。这次会议标志着改革由农村走向城市和整个经济领域的新局面,提出了经济体制改革的主要任务。

党的十三大(1987)明确提出我国仍处在"社会主义初级阶段",为社会主义确定历史方位,明确概括了党在社会主义初级阶段的基本路线。

党的十四大(1992)报告明确提出,我国经济体制改革的目标是建立社会主义市场经济体制,就是要使市场在社会主义国家宏观调控下对资源配置起基础性作用;明确提出"社会主义市场经济体制是同社会主义基本制度结合在一起的"。在所有制结构上,以公有制为主体,个体经济、私营经济、外资经济为补充,多种经济成分长期共同发展,不同经济成分还可以自愿实行多种形式的联合经营。国有企业、集体企业和其他企业都进入市场,通过平等竞争发挥国有企业的主导作用。在分配制度上,以按劳分配为主体,其他分配方式为补充,兼顾效率与公平。

党的十四届三中全会(1993)依据改革目标要求,及时制定了《中共中央关于建立社会主义市场经济体制若干问题的决定》,系统勾勒了社会主义市场经济体制的框架内容。会议通过的《决定》把党的十四大确定的经济体制改革的目标和基本原则加以系统化、具体化,是中国建立社会主义市场经济体制的总体规划,是20世纪90年代中国进行经济体制改革的行动纲领。

党的十五大(1997)提出"公有制实现形式可以而且应当多样化,要努力寻找能够极大促进生产力发展的公有制实现形式"。"非公有制经济是我国社会主义市场经济的重要组成部分","允许和鼓励资本、技术等生产要素参与收益分配"等重要论断,大大拓展了社会主义生存和实践发展的空间。

党的十五届四中全会(1999)通过了《中共中央关于国有企业改革和发展若干重大问题的决定》,明确提出,推进国有企业改革和发展是完成党的十五大确定的我国跨世纪发展的宏伟任务,建立和完善社会主义市场经济体制,保持国民经济持续快速健康发展,大力促进国有企业的体制改革、机制转换、结构调整和技术进步。从战略上调整国有经济布局,要同产业结构的优化升级和所有制结构的调整完善结合起来,坚持有进有退,有所为有所不为,提高国有经济的控制力;积极探索公有制的多种有效实现形式,大力发展股份制和混合所有制经济;要继续推进政企分开,按照国家所有、分级管理、授权经营、分工监督的原则,积极探索国有资产管理的有效形式;实行规范的公司制改革,建立健全法人治理结构;要建立与现代企业制度相适应的收入分配制度,形成有效的激励和约束机制;必须切实加强企业管理,重视企业发展战略研究,健全和完善各项规章制度,从严管理企业,狠抓薄弱环节,广泛采用现代管理技术、方法和手段,提高经济效益。

党的十六大(2002)指出,在社会主义条件下发展市场经济,是前无古人的伟大创举,是中国共产党人对马克思主义发展作出的历史性贡献,体现了我们党坚持理论创新、与时俱进的巨大勇气。并进一步强调"必须坚定不移地推进各方面改革"。要从实际出发,整体推进,重点突破,循序渐进,注重制度建设和创新。坚持社会主义市场经济的改革方向,使市场在国家宏观调控下对资源配置起基础性作用。

党的十六届三中全会(2003)通过的《中共中央关于完善社会主义市场经济体制若干问题的决定》,全面部署了完善社会主义市场经济体制的目标和任务。按照"五个统筹"①的要求,更大程度地发挥市场在资源配置中的基础性作用,增强企业活力和竞争力,健全国家宏观调控,完善政府社会管理和公共服务职能,为全面建设小康社会提供强有力的体制保障。主要任务是:完善公有制为主体、多种所有制经济共同发展的基本经济制度;建立有利于逐步改变城乡二元经济结构的体制;形成促进区域经济协调发展的机制;建设统一开放、竞争有序的现代市场体系;完善宏观调控体系、行政管理体制和经济法律制度;健全就业、收入分配和社会保障制度;建立促进经济社会可持续发展的机制。

党的十七大(2007)指出,解放思想是发展中国特色社会主义的一大法

---

① 即统筹城乡发展、统筹区域发展、统筹经济社会发展、统筹人与自然和谐发展、统筹国内发展和对外开放。

宝,改革开放是发展中国特色社会主义的强大动力,科学发展、社会和谐是发展中国特色社会主义的基本要求。会议强调,改革开放是决定当代中国命运的关键抉择,是发展中国特色社会主义、实现中华民族伟大复兴的必由之路;实现未来经济发展目标,关键要在加快转变经济发展方式、完善社会主义市场经济体制方面取得重大进展。要大力推进经济结构战略性调整,更加注重提高自主创新能力、提高节能环保水平、提高经济整体素质和国际竞争力。要深化对社会主义市场经济规律的认识,从制度上更好发挥市场在资源配置中的基础性作用,形成有利于科学发展的宏观调控体系。

党的十七届三中全会(2008)通过了《中共中央关于农村改革发展的若干重大问题的决议》,特别就农业、农村、农民问题作出专项决定,强调这一工作关系党和国家事业发展全局。强调坚持改革开放,必须把握农村改革这个重点,在统筹城乡改革上取得重大突破,给农村发展注入新的动力,为整个经济社会发展增添新的活力。推动科学发展,必须加强农业发展这个基础,确保国家粮食安全和主要农产品有效供给,促进农业增产、农民增收、农村繁荣,为经济社会全面协调可持续发展提供有力支撑。促进社会和谐,必须抓住农村稳定这个大局,完善农村社会管理,促进社会公平正义,保证农民安居乐业,为实现国家长治久安打下坚实基础。

党的十八大(2012)进一步明确经济体制改革进入攻坚阶段的特点,指出"经济体制改革的核心问题是处理好政府和市场的关系",在党中央的领导下,对全面深化改革进行了系统规划部署,明确以经济体制改革牵引全面深化改革。

党的十八届三中全会(2013)通过了《中共中央关于全面深化改革若干重大问题的决定》,全方位规划了经济、政治、社会、文化和生态文明"五位一体"的336项改革任务,面对改革攻坚,提倡敢于啃硬骨头的坚忍不拔的精神,目标在于实现国家治理体系和治理能力的现代化。会议决定成立中共中央全面深化改革领导小组,负责改革总体设计、统筹协调、整体推进、督促落实。习近平总书记强调:"全面深化改革,全面者,就是要统筹推进各领域改革。

就需要有管总的目标,也要回答推进各领域改革最终是为了什么、要取得什么样的整体结果这个问题。""这项工程极为宏大,零敲碎打调整不行,碎片化修补也不行,必须是全面的系统的改革和改进,是各领域改革和改进的联动和集成。"①

党的十八届四中全会(2014)通过了《中共中央关于全面推进依法治国若干重大问题的决定》,明确提出全面推进依法治国的总目标,即建设中国特色社会主义法治体系,建设社会主义法治国家。

党的十八届五中全会(2015)在讨论通过《中共中央关于"十三五"规划的建议》中,更是基于对社会主义实践经验的总结,提出"创新、协调、绿色、开放和共享"五大新发展理念。进一步丰富完善"治国理政",推进改革开放发展的思想理论体系。不难理解,全面深化改革具有"系统集成"的工作特点要求,需要加强顶层的和总体的设计和对各项改革举措的协调推进。同时,又必须鼓励和允许不同地方进行差别化探索,全面深化改革任务越重,越要重视基层探索实践。加强党中央对改革全局的领导与基层的自主创新之间的良性互动。

党的十九大(2017)开辟了一个新的时代,更是明确提出社会主要矛盾变化为"不充分、不平衡"问题,要从过去追求高速度增长转向高质量发展,致力于现代化经济体系建设目标,在经济社会体制的质量内涵上下功夫,提出以效率变革、质量变革和动力变革,完成好"第一个一百年"收官期的工作任务,全面规划好"第二个一百年"②的国家发展战略阶段目标和具体工作任务,把我国建设成为社会主义现代化强国。国家发展战略目标的明确为具体工作实践指明了方向,大大调动实践者的工作热情和积极性,使顶层设计与基层主动进取探索之间的辩证关系有机地统一起来,着力推进改革走向更深层

---

① 习近平在省部级主要领导干部学习贯彻十八届三中全会精神全面深化改革专题研讨班开班式上的讲话,2014年2月17日。
② "第一个一百年"指建党一百年,"第二个一百年"指新中国成立一百年。

次、发展进入新的阶段。

改革意味着体制机制的"创新"。然而,创新理论告诉我们,相较于对现状的认知理解,创新存在着的"不确定性"和因为这种"不确定性"而产生的心理上的压力,有可能影响到具体行动行为上出现犹豫或摇摆。正是这样,如何对已经走过的改革历程有全面准确和系统深入的总结检讨,对所取得成绩和可能存在的不足有客观科学的评估,这就需要认真开展对四十年改革经验的研究,并使之能够上升到理论层面,以增强对改革规律的认识,促进我们不断增强继续深化改革的决心信心。

四十年风雨兼程,改革开放成为驱动中国经济发展的强大力量,产生了对于社会建构各个方面、社会再生产各个环节、社会生产方式和生活方式各个领域的根本改造。社会再生产资源配置方式从传统的计划经济转型到市场经济,市场机制在资源配置中发挥决定性作用,社会建构的基础转到以尊重居民个人的创造性和积极性作为出发点。国有企业改革成为国家出资企业,从而政府与国家出资的企业之间的关系就转变成出资与用资的关系,出资用资两者之间进一步转变为市场关系。因为出资者在既已出资后,可以选择持续持股,也可以选择将股权转让,从而"退出"股东位置。这样的现象,也可以看作是一种"市场关系"。通过占主体地位的公有制经济与其他社会资本平等合作,以混合所有制经济形式通过一定的治理结构安排,实现公有制与市场经济的有机融合。与资源配置机制的变革和企业制度的变革相联系,社会再生产其他方方面面的体制功能围绕企业制度的定位,发挥服务企业、维护社会再生产顺畅运行的任务使命。财政、金融、对外经济交往等方面的体制架构和运行管理工作内容相应配套改革。伴随改革开放驱动经济的快速发展,城乡之间、区域之间关系相应得到大范围、深层次的调整。我们在对外开放中逐渐培养自觉遵循和应用国际经济规则的能力,更加自觉地认识到,必须积极主动地融入全球化潮流,更深层次、更广范围、更高水平地坚持对外开放,逐渐提升在对外开放中参与国际规则制定和全球治理的能力。也正是由于对经济社会发展内涵有了更加深刻的认识,摈弃了那种片面追求

GDP增长的"线性"发展思维和行为,我们开始引入环境资源约束,自觉探寻可持续的"绿色"发展道路。

可以说,改革开放对中国经济社会产生全方位的洗礼作用。正是基于这样的见解,我们的**丛书研究主题**尽可能兼顾覆盖经济体制和经济运行的相关主要方面。为了给读者一个概貌性的了解,在这里,我把十二卷论著的主要内容做一个大致的介绍。

高帆教授的《从割裂到融合:中国城乡经济关系演变的政治经济学》,基于概念界定和文献梳理,强调经典的二元经济理论与中国这个发展中大国的状况并不完全契合。我国存在着发展战略和约束条件—经济制度选择—微观主体行为—经济发展绩效(城乡经济关系转化)之间的依次影响关系,其城乡经济关系是在一系列经济制度(政府-市场关系、政府间经济制度、市场间经济制度)的作用下形成并演变的,政治经济学对理解中国的城乡经济关系问题至关重要。依据此种视角,该书系统研究了我国城乡经济关系从相互割裂到失衡型融合再到协同型融合的演变逻辑,以此为新时代我国构建新型城乡经济关系提供理论支撑,为我国形成中国特色社会主义政治经济学提供必要素材。

张晖明教授的《国有企业改革的政治经济学分析》,紧扣国有企业改革四十年的历程,系统总结国有企业改革经验,尝试建构中国特色的企业理论。基于对企业改革作为整个经济体制改革"中心环节"的科学定位分析,该书讨论了企业经营机制、管理体制到法律组织和经济制度逐层推进变革,促成企业改革与市场发育的良性互动;概括了企业制度变革从"国营"到"国有",再到"国家出资";从"全民所有""国家所有"到"混合所有";从政府机构的"附属物"改造成为法人财产权独立的市场主体,将企业塑造成为"公有制与市场经济有机融合"的组织载体,有效、有力地促进政资、政企关系的变革调整。对改革再出发,提出了从"分类"到"分层"的深化推进新思路,阐述了国有企业改革对于国家治理体系现代化建设的意义,对于丰富和完善我国基本经济制度内涵的理论意义。

王弟海教授的《中国二元经济发展中的经济增长和收入分配》，主要聚焦于改革开放四十年来中国二元经济发展过程中的经济增长和收入分配问题。该书主要包括三大部分：第1编以中国实际GDP及其增长率作为分析的对象，对中国经济增长的总体演化规律和结构变迁特征进行分析，并通过经济增长率的要素分解，研究了不同因素对中国经济增长的贡献；第2编主要研究中国经济增长和经济发展之间的关系，探讨一些重要的经济发展因素，如投资、住房、教育和健康等同中国经济增长之间相动机制；第3编主要研究了中国二元经济发展过程中收入分配的演化，包括收入分配格局的演化过程和现状、收入差距扩大的原因和机制，以及未来可能的应对措施和策略。

陈硕教授的《中国央地关系：历史、演进及未来》，全书第一部分梳理我国历史上央地关系变迁及背后驱动因素和影响；第二和第三部分分别讨论当代央地财政及人事关系；第四部分则面向未来，着重讨论财权事权分配、政府支出效率、央地关系对国家、社会及政府间关系的影响等问题。作者试图传达三个主要观点：第一，央地关系无最优之说，其形成由历史教训、政治家偏好及当前约束共同决定；第二，央地关系的调整会影响国家社会关系，对该问题的研究需借助一般均衡框架；第三，在更长视野中重新认识1994年分税制改革对当代中国的重要意义。

章奇副教授的《政治激励下的省内经济发展模式和治理研究》认为，地方政府根据自己的政治经济利益，选择或支持一定的地方经济发展模式和经济政策来实现特定的经济资源和利益的分配。换言之，地方经济发展模式和政策选择本质上是一种资源和利益分配方式（包含利益分享和对应的成本及负担转移）。通过对发展模式的国际比较分析和中国20世纪90年代以来的地方经济发展模式的分析，指出地方政府领导层的政治资源的集中程度和与上级的政治嵌入程度是影响地方政府和官员选择地方经济发展模式的两个重要因素。

张涛副教授的《市场制度深化与产业结构变迁》，讨论了改革开放四十年来，中国宏观经济结构发生的显著变化。运用经济增长模型，从产品市场和劳动力市场的现实特点出发,研究开放经济下资本积累、对外贸易、产业政策等影响宏观经济结构变化的效应、机制和相应政策。

高虹博士的《经济集聚和中国城市发展》,首先澄清了对于城市发展的一个误解,就是将区域间"协调发展"简单等同于"同步发展",并进一步将其与"经济集聚"相对立。政策上表现为试图缩小不同规模城市间发展差距,以平衡地区间发展。该书通过系统考察经济集聚在城市发展中的作用发现,经济集聚的生产率促进效应不仅有利于改善个人劳动力市场表现,也将加速城市制造业和服务业产业发展,提升经济发展效率。该书为提高经济集聚程度、鼓励大城市发展的城市化模式提供了支持。

陆前进教授的《中国货币政策调控机制转型及理论研究》,首先从中央银行资产负债表的角度分析了货币政策工具的调控和演变,进而探讨了两个关键变量(货币常数和货币流通速度)在货币调控中的作用。该书重点研究了货币和信贷之间的理论关系以及信贷传导机制——货币调控影响货币和信贷,从而会影响中央银行的铸币税、中央银行的利润等——进而从货币供求的角度探讨了我国中央银行铸币税的变化,还从价格型工具探讨了我国中央银行的货币调控机制,重点研究了利率、汇率调控面临的问题,以及我国利率、汇率的市场化形成机制的改革。最后,总结了我国货币政策调控面临的挑战,以及如何通过政策搭配实现宏观经济内外均衡。

许闲教授的《保险大国崛起:中国模式》,讨论了改革开放四十年中国保险业从起步到崛起,按保费规模测算已经成为全球第二保险大国。四十年的中国保险业发展,是中国保险制度逐步完善、市场不断开放、主体多样发展、需求供给并进的历程。中国保险在发展壮大中培育了中国特色的保险市场,形成了大国崛起的中国模式。该书以历史叙事开篇,从中国保险公司上市、深化改革中的保险转型、中国经济增长与城镇化建设下的保险协同发展、对外开放中保险业的勇于担当、自贸区和"一带一路"倡议背景下保险业的时代作为、金融监管与改革等不同视角,探讨与分析了中国保险业改革开放四十年所形成的中国模式与发展路径。

樊海潮教授的《关税结构分析、中间品贸易与中美贸易摩擦》,指出不同国家间关税水平与关税结构的差异,往往对国际贸易产生重要的影响。全书从中国关税结构入手,首先对中国关税结构特征、历史变迁及国际比较进行了梳理。之后重点着眼于2018年中美贸易摩擦,从中间品关税的角度对中美贸易摩擦的相关特征进行了剖析,并利用量化分析的方法评估了此次贸易摩擦对两国福利水平的影响,同时对其可能的影响机制进行了分析。全书的研究,旨在为中国关税结构及中美贸易摩擦提供新的研究证据与思考方向。

李志青高级讲师的《绿色发展的经济学分析》,指出当前中国面对生态环境与经济增长的双重挑战,正处于环境库兹涅茨曲线爬坡至顶点、实现环境质量改善的关键发展阶段。作为指导社会经济发展的重要理念,绿色发展是应对生态环境保护与经济增长双重挑战的重要途径,也是实现环境与经济长期平衡的重要手段。绿色发展在本质上是一个经济学问题,我们应该用经济学的视角和方法来理解绿色发展所包含的种种议题,同时通过经济学的分析找到绿色发展的有效解决之道。

严法善教授的《中国特色社会主义政治经济学的新发展》,运用马克思主义政治经济学基本原理与中国改革开放实践相结合的方法,讨论了中国特色社会主义政治经济学理论的几个主要问题:新时代不断解放和发展生产力,坚持和完善基本经济制度,坚持社会主义市场经济体制,正确处理市场与政府关系、按劳分配和按要素分配关系、对外开放参与国际经济合作与竞争关系等。同时还研究了改革、发展、稳定三者的辩证关系,新常态下我国面临的新挑战与机遇,以及贯彻五大新发展理念以保证国民经济持续快速、健康、发展,让全体人民共享经济繁荣成果等问题。

以上十二卷专著,重点研究中国经济体制改革和经济发展中的一个主要体制侧面或决定和反映经济发展原则和经济发展质量的重要话题。反映出每位作者在自身专攻的研究领域所积累的学识见解,他们剖析实践进程,力求揭示经济现象背后的结构、机制和制度原因,提出自己的分析结论,向读者传播自己的思考和理论,形成与读者的对话并希望读者提出评论或批评的回应,以求把问题的讨论引向深入,为指导实践走得更加稳健有效设计出更加完善的政策建议。换句话说,作者所呈现的研究成果一定存在因作者个人的认识局限性带来的瑕疵,欢迎读者朋友与作者及时对话交流。作为本丛书的主编,在这里代表各位作者提出以上想法,这也是我们组织这套丛书所希望达到的目的之一。

是为序。

张晖明

2018 年 12 月 9 日

前　言

城乡二元结构是发展中国家经济体系的普遍特征,"刘易斯-费景汉-拉尼斯模型"(以下简称为"刘-费-拉模型")是发展经济学中经典的二元经济理论。作为世界上最大的发展中国家,我国自1949年以来也始终存在着城乡二元结构特征,伴随着时间的推移,我国的城乡经济关系在不同时期有着差异化的表现。1978年中国以农村经营体制变革为切入点启动了整体的改革开放伟大历程,迄今为止中国的改革开放已经推进了40年。改革开放40年深刻地改变了中国的经济社会格局,同时也深刻地改变了中国的城乡经济关系。当前中国特色社会主义进入新时代,这为我国城乡经济关系的持续改善提出了要求,也提供了条件。基于上述实践背景,在改革开放推进到40年的特定时刻,系统梳理和阐释1949年以后、尤其是改革开放以来我国城乡经济关系的演变逻辑,就具有极为重要的理论价值和实践意义。

本书首先界定了研究所涉及的三个核心概念——城镇和农村、城乡经济关系、割裂和融合,进而从三条线索梳理了已有研究文献:针对中国城乡经济关系内涵和测度的研究;针对中国城乡经济关系现状及成因的研究;针对城乡经济关系完善思路和方案的研究,并指出这些研究工作通常是基于发展经济学的二元经济理论而展开的。立足于这些工作,本书细致探究了发展经济学中的经典二元经济理论,尤其是阐释了刘-费-拉模型的理论实质和隐含假设,指出该模型存在着二元经济结构导源于禀赋落差、资本-劳动比率恒定、城乡要素市场完备等隐含假设,而这些假设与中国这个发展中大国的实际状况并不完全契合。基于此,本书强调理解中国的城乡经济关系演变必须立足于这样的根本命题:即一个实行社会主义制度的发展中大国如何实现持续发展和共同富裕目标,接着阐释了中国的重要本土化特征——社会主义制度、发展中大国、经济体制转型,进而提出了区别于发展经济学的刘-费-拉模型,但契合于中国本土化特征的城乡经济关系政治经济学分析框架。

本书提出的分析框架强调:中国不同时段的城乡经济关系不是一个单纯的城乡两部门自身发展问题,而是国家发展战略以及经济制度在城乡部门之间的作用产物。因此,理解中国城乡经济关系问题必须放在更为宏大的制度背景下,即我国在不同时段存在着发展战略和约束条件—经济制度选择—微观主体行为—经济发展绩效(城乡经济关系转化)之间的依次影响关系。在这种依次影响关系中,经济制度选择对城乡经济关系具有关键性作用,但经济制度选择导源于国家发展战略和约束条件之间的组合状态。当发展战略和约束条件及其组合关系发生变化时,则城乡经济关系必定会因经济制度调整和微观主体行为变动而发生演变。值得强调的是,中国的经济制度选择是围绕政府-市场关系而进行的,但政府内部和市场内部通常存在着结构性特征,于是,政府间和市场间的相关规则也是我国经济制度的重要内容。换而言之,中国的城乡经济关系是在一系列经济制度(政府-市场关系、政府内部经济制度、市场内部经济制度)的作用下形成并演变的,这是1949年以来我国城乡经济关系演变最为关键的逻辑线索。

依据上述理论建构工作,本书在实证研究部分首先采用城乡就业和人口结构、城乡比较劳动生产率差距、城乡居民消费差距等指标,刻画了中华人民共和国成立以来我国城乡经济关系的演变轨迹,指出以1978年实施改革开放为分界点,我国城乡经济关系呈现出相互割裂和走向融合的两个阶段。依据这种测度结果,阐释了不同时段我国城乡经济关系的特征形成及其动态演变机制。本书指出在计划经济时期,我国经济的重工业优先发展战略和特定的约束条件相互组合,内生出了一系列的经济制度安排:农村的人民公社制、城镇的单一公有制、农产品统购统销制、城乡户籍制度等,这些制度的核心是实施中央高度集权和严格管控的计划经济体制,而不同层级政府之间、不同市场之间的差异性则微乎其微。在这种经济制度的作用下，我国在初始条件极度不利的条件下形成了独立且较为完整的工业体系，整个经济体却因为资源配置的低效率而濒临崩溃的边缘。城乡之间则是微观经济主体不能自发地进行产品交易和要素配置，且其劳动生产率、收入和消费的差距均长期处在高位，相互割裂成为这个时段我国城乡经济关系的基本特征。

国家工业化的发展和经济低效率的延续改变了我国的发展战略和约束条件。1978年之后我国开始从重工业优先发展战略转向经济增长主导战略，发展战略和约束条件的新组合则形成了政府-市场关系、政府间和市场间的独特制度安排。改革开放以来，我国经济制度变革的主线是中央政府放松对微观主体的经济管制，不断凸显市场在资源优化配置中的作用。采用市场机制来提高资源配置效率，进而实现经济的高速增长，这体现出中国经济发展与其他国家相类似的特征。然而，作为一个实行社会主义制度的发展中大国，我国的政府间结构和市场间结构特征开始凸显，即分别形成了地方分权式治理体制和上游管控型市场扩展，这体现出中国市场化体制转型与其他经济体的差异性，即在市场化体制转型的路径和方式维度上中国是具有独特性的。在上述经济制度的作用下，我国微观经济主体的行为选择必定会产生相应的结果：中国经济总量在全球范围内创造了增长的"奇迹"，但经济领域的结构性问题却在不断累积和加剧；在城乡关系层面则内生出整体走向融合，但融合存在失衡的客观结果，失衡型融合是我国改革开放以来城乡经济关系的基本特征。

进入21世纪之后，尤其是2012年中国共产党的十八大以来，我国积极推动发展理念的适应性调整，发展战略也从经济增长主导战略转向统筹协调发展战略。中国共产党的十九大报告明确提出中国特色社会主义进入新时代，明确提出社会主要矛盾转化以及经济发展阶段转变，意味着我国在经济层面正式确立了统筹协调发展战略。这种战略转型与约束条件的新组合则暗示着城乡经济关系从失衡型融合走向协同型融合。这里的协同型融合包含了城乡要素流动性和配置效率的提高，包含了城乡收入和消费差距的缩减，包含了城乡基本公共服务均等化程度的提高，也包含了城乡内部分化背景下不同部分之间的结构优化。就实现机制而言,新时代背景下中国城乡经济关系的协同型融合需要经济制度的持续变革,即促使市场在城乡资源配置中起决定性作用并更好发挥政府作用,"市场内驱-政府补位的组合型政策"是我国实现城乡经济关系协同型融合的政策选择。此外,协同型融合还须关注政府间和市场间的经济制度完善,将相关利益主体的参与约束和激励相容约束作为城乡经济关系协同型融合的政策实施基点。

概括地说,本书利用具有本土化特征的政治经济学分析框架阐释了中国城乡经济关系的演变逻辑。这种研究工作意味着:刘-费-拉模型是理解中国二元结构问题的重要思想来源,但不能从该模型直接推演出中国城乡经济关系的形成和演变机理。理解中国城乡经济关系问题必须立足于中国的本土化特征——社会主义制度、发展中大国、经济体制转型阶段,必须关注发展战略和约束条件—经济制度选择—微观主体行为—经济发展绩效(城乡经济关系转化)之间的依次影响关系,必须在经济制度选择中内含政府-市场关系、政府间结构、市场间结构等多元因素。改革开放以来,地方分权式治理体制和上游管控型市场扩展是中国经济制度中最具特色的部分,理解城乡经济关系变动必须内生这种制度变革的一般性和特殊性,并将政府-市场两分的分析范式拓展到对政府内部、市场内部的结构分析。由此可见,政治经济学对理解中国经济发展问题是有效的,从"发展的政治经济学"视角阐释中国城乡经济关系问题是重要的,而构建中国特色社会主义政治经济学这个命题具有厚实的实践依据。就此而言,本书不仅试图阐释长时段内中国城乡经济关系的演变史,而且试图关注我国城乡经济关系演变的一般性和异质性。在分析范式选择中侧重利用政治经济学视角来阐释中国城乡经济关系变动这个发展经济学问题,从而体现出较为突出的"发展的政治经济学"特征,并从城乡经济关系视角体现出对构建中国特色社会主义政治经济学的回应。

高 帆
2018 年 12 月

目 录

第1章 导论 1
  1.1 问题的提出 4
  1.2 重要概念的界定 7
  1.3 研究思路和框架 18

第2章 文献梳理与评述 23
  2.1 针对中国城乡经济关系内涵和测度的研究 25
  2.2 针对中国城乡经济关系现状及成因的研究 29
  2.3 针对城乡经济关系完善思路和方案的研究 34
  2.4 对已有相关文献的评述 39

第3章 中国城乡经济关系的政治经济学分析框架 45
  3.1 刘-费-拉模型及其在中国的适用性 47
  3.2 中国城乡经济关系演变的社会背景 56
  3.3 政治经济学视域下的中国城乡经济关系 69

第4章 中国城乡经济关系的测度与演变阶段 83
  4.1 我国城乡经济关系测度的方法论基础 86
  4.2 中华人民共和国成立以来我国城乡经济关系的变动 89
  4.3 改革开放以来我国城乡经济关系变动的再考察 100

第5章 中国割裂型城乡经济关系的形成及其绩效　111
　　5.1 中华人民共和国成立初期的国家发展战略与约束条件　113
　　5.2 重工业优先发展战略背景下的经济制度　121
　　5.3 割裂型城乡经济关系的多重效应　133

第6章 失衡型融合：改革开放初始阶段的城乡经济关系　145
　　6.1 改革开放初期我国的发展战略与约束条件　147
　　6.2 经济增长主导战略下我国的经济制度安排　154
　　6.3 政府-市场关系与城乡经济关系的失衡型融合　172

第7章 城乡经济关系失衡型融合的表现及形成机理　185
　　7.1 城乡经济关系失衡型融合的含义和表现　188
　　7.2 城乡经济关系失衡型融合的形成逻辑　198
　　7.3 城乡经济关系失衡型融合及其解释：一个例证　205

第8章 城乡经济关系失衡型融合的主要经济效应　213
　　8.1 城乡劳动力再配置对经济增长的贡献度　215
　　8.2 城乡收入差距对整体收入分配格局的影响　224
　　8.3 城乡劳动力市场扭曲对居民消费差距的影响　231

第9章 协同型融合：新时代背景下的中国城乡经济关系　249
　　9.1 我国统筹协调发展战略的提出及其约束条件　252
　　9.2 协同型融合城乡经济关系的内涵及实现条件　264
　　9.3 实现城乡经济关系协同型融合的政策方案　274

第10章 结语和展望　287

参考文献　299

后记　320

表目录

表 3-1　1980—2015 年中国经济自由度指数的变化情况　67

表 3-2　中国地方分权式治理体制与其他制度相比的特征　75

表 3-3　中国上游管控型市场扩展与其他制度相比的特征　77

表 4-1　1978—2017 年我国工业化和城镇化进程的比较情况　101

表 4-2　1978—2017 年我国城乡居民收入差距的变动情况　105

表 4-3　1978—2017 年我国城乡收入差距的 5 个演变阶段　108

表 5-1　计划经济时期我国国家发展战略的政策表述　115

表 5-2　1953—1980 年我国不同时期各部门基本建设投资额的占比　118

表 5-3　1950—1957 年我国参加农业合作组织的农户占比变化情况　124

表 5-4　1949—1977 年我国工业总产值中公有制经济的变化情况　127

表 5-5　1949—1977 年我国主要工业产品产量的变化情况　136

表 5-6　1949—1977 年我国工农业总产值指数及其结构的变化情况　136

表 5-7　1949—1977 年我国人均主要农产品产量的变化情况　139

表 5-8　1960—1977 年我国人均 GDP 与世界、美国和日本的比较　141

表 6-1　1978 年之后我国国家发展战略的政策表述　149

表 6-2　1983—1984 年我国农村联产承包责任制和政社组织情况　158

表 6-3　1978—1994 年我国工业总产值及其结构的变化情况　161

表 6-4　1978—1984 年我国社会农副产品的收购总额及其结构变化　165

表 6-5　1978—1994 年我国乡镇企业的发展情况　168

表 6-6　2008—2014 年我国市场化指数全国平均得分及其变化情况　181

表 7-1　1985—2012 年我国农村居民家庭平均每人出售农副产品数量　190

表 7-2　2009—2016 年我国城乡内部的结构变迁以及城乡之间社会保障的对比　195

表 7-3　2009—2015 年我国土地出让收支情况表　201

表 8-1　1979—2017 年我国劳动结构效应及其对经济增长的贡献度　221

表 8-2　1992—2016 年我国居民收入差距 Theil T 的因素分解　229

表 8-3　1992—2016 年我国居民收入差距 Theil L 的因素分解　230

表 8-4　模型中被解释变量和解释变量的单位根检验　242

表 8-5　城乡劳动力市场扭曲影响居民消费差距的回归结果　243

表 9-1　1978—2017 年中国 GDP 以及人均 GDP 的增长情况　252

表 9-2　1978—2017 年中国支出法 GDP 中不同部分的占比情况　257

表 9-3　2006—2017 年我国互联网网民数及互联网普及率的变化　276

表 10-1　中国不同阶段城乡经济关系的理论和政策含义　296

图目录

图1-1 本书研究思路和分析框架的示意图 19

图3-1 城乡劳动力转移的刘易斯模型 49

图3-2 城乡劳动力转移的费景汉-拉尼斯模型 51

图3-3 1978—2015年中国与其他国家公有财产的占比情况 59

图3-4 1978—2017年按现价美元计算的中国和美国人均GDP落差(中国/美国) 62

图3-5 我国城乡经济关系问题的政治经济学分析框架 70

图4-1 1952—2017年我国城乡人口和就业结构的变化情况 91

图4-2 1952—2017年我国三大产业的比较劳动生产率差别情况 95

图4-3 1952—2017年我国城乡居民消费差距的变化情况 97

图4-4 1978—2017年我国城乡居民收入差距的变动情况 107

图5-1 1952—1977年我国社会农副产品收购总额及其结构变化 129

图5-2 1952—1977年我国工农业劳动者人数及其结构变化 132

图6-1 1978—2017年我国财政收入占比以及中央财政收入占比的变化情况 177

图7-1 2003—2017年我国外出农民工数量的变化情况 193

图7-2 1981—2017年我国城乡恩格尔系数的变化情况 194

图7-3 我国城乡经济关系失衡型融合的形成逻辑 199

图 8-1　1978—2017 年我国总体和三大产业劳动生产率的变化情况　220

图 8-2　城乡二元经济结构下的劳动力流动及福利效应　232

图 9-1　1978—2017 年中美日 GDP 占世界 GDP 的份额变化　255

图 9-2　1978—2016 年我国与世界及主要经济体的居民消费支出占比　260

图 9-3　1949 年以来我国农地产权制度的演变历程　273

第1章

导 论

1949年中华人民共和国的成立是我国发展史,甚至人类发展史中的重大事件。1949年以来,中国现代化事业面临的根本命题是:一个实行社会主义制度的发展中大国如何实现持续发展和共同富裕目标。在回应这个根本命题的过程中,中国的经济发展以1978年为分界点区分为两个阶段。特别是,相对于1978年之前强调中央政府高度集权的计划经济体制,从1978年开始,中国启动了对内的市场化改革和对外积极融入全球化的重大战略。改革开放40年以来,中国经济总量保持了持续高速的增长态势,并在全球范围内创造了增长的"奇迹"。相对于中华人民共和国成立初期或者改革开放初期,现阶段中国的经济实力、综合国力和国际影响力得到了显著增强,城乡居民的收入水平和社会福祉也有了快速提升。从纵向比较的角度看,1978年以来的改革开放确实深刻地改变了中国的整体面貌,推动中国社会发生了深层次、根本性的变革,并将中国经济从高速增长阶段带入高质量发展阶段。

值得强调的是:改革开放40年不仅深刻地影响了中国经济社会的整体格局,而且深刻地影响了中国经济领域不同组成部分的关联状态和结构特征。伴随着市场化改革和对外开放进程的持续推进,中国的城乡经济关系也发生了持续性、系统性的变化。作为一个具有二元结构特征的发展中大国,中国的城乡经济关系始终是现代化进程中需要直面的重大问题,城乡经济关系演变也是1949年以来、尤其是改革开放之后中国现代化进程的重要组成部分,它嵌入整体经济发展进程中并与其他领域的变革产生交互作用。从时序的角度看,现阶段我国的城乡经济关系已经显著区别于中华人民共和国成立初期或改革开放初期,从割裂到融合、且融合的程度渐趋提升是这种关系演变的主要趋势。基于这种实践格局,在理论探究中就引申出这样的问题:中国城乡经济关系的演变逻辑和机理究竟是什么?从学理层面系统而深入地解答这一问题就构成了本书的核心议题。

1.1 问题的提出

从国际经验来看,城乡二元结构是发展中国家面临的普遍问题,推动二元结构转化也是发展中国家实现经济发展的共同使命,发展经济学由此也形成了极具影响力的二元经济理论。然而,对于中国这样实行社会主义制度的发展中大国而言,在改革开放业已推进到 40 年的特定时期,讨论城乡经济关系的演变逻辑和内在机制,不是简单地对已有理论进行直接应用或对国际经验开展本土检验,显然它具有较为独特的理论关切和实践背景。

1.1.1 发展经济学经典理论的本土化审视

中国城乡经济关系的研究涉及发展经济学经典理论的本土化审视问题。对城乡经济关系问题的关注最早可追溯至威廉·配第、亚当·斯密等建构的古典政治经济学,马克思主义政治经济学也涉及对工农、城乡关系的论述和研究(蒋永穆、鲜荣生、张晓磊,2015;刘国新,2017)。然而,20 世纪 40 年代之后兴起的发展经济学则集中研究贫困落后的农业国家或发展中国家走向繁荣和富裕的内在规律,这种研究旨趣使其立足于发展中国家的经济特征提出了系统化的二元经济理论。特别是,刘-费-拉模型作为最具代表性的二元经济理论,揭示了发展中国家普遍并存以农业为代表的传统部门和以工业为代表的现代部门,进而论证了农村剩余劳动力非农化转移这种核心机制如何导致这些国家从城乡二元对立格局走向城乡一体化状态。改革开放 40 年以来,伴随着市场资源配置功能的不断凸显,我国也发生了农村劳动力进入乡镇企业就业和以"农民工"方式进入城市就业。这种实践格局导致在理论研究中,诸多文献从刘-费-拉模型切入来分析中国的城乡经济关系。问题在于,刘-

费-拉模型突出了农村劳动力非农化转移的重要作用,但它并未细致解释二元结构的形成原因以及劳动力流动的具体方式。更重要的是,该模型背后隐含的要素市场完备假设也与中国现阶段的经济体制转型背景存在着区别。

上述情形意味着:将发展经济学的二元经济理论与中国的发展实践相对接,首先需要厘清理论隐含假设与本土化背景之间的契合问题。这样才能较好地说明中国城乡经济关系演变的一般属性与独特性质,不能先验地推断这些理论可以直接移植过来并完全地解释中国问题。就此而言,探究中国城乡经济关系的演变逻辑,在理论研究中具有重要意义,它是基于本土化实践、审视和辨析发展经济学经典理论解释力的必要工作。

1.1.2 中国特色社会主义政治经济学的建构素材

中国城乡经济关系的研究涉及中国特色社会主义政治经济学的建构问题。1949年以来,中国在不同时段的经济发展既具有继承性,也具有演进性。特别是,改革开放以来中国的经济增长取得了举世瞩目的成就,这种发展实践及其绩效需要进行理论阐释。这种阐释在学理层面推动了马克思主义政治经济学的当代化和中国化,以及中国特色社会主义政治经济学的建构诉求。与其他理论学说相类似,中国特色社会主义政治经济学也是对经济问题的规律性认识,但与其他理论学说相区别,中国特色社会主义政治经济学旨在保有政治经济学科学内核的基础上,提炼出中国这个社会主义制度的发展中大国实现经济繁荣发展的系统规律,进而形成对中国经济持续发展和共同富裕目标实现的理论指引。这种系统学说构成了中国哲学社会科学话语体系的组成部分,同时也为丰富和发展已有经济理论提供了中国贡献。中国特色社会主义政治经济学是由不同部分组成的、且具有内在逻辑内洽性的知识体系,而城乡经济关系的理论研究恰好为这种知识体系提供了一个支撑。

从形成动因的角度看,中国的城乡经济对立与计划经济时期的国家重工业优先发展战略紧密相关,它不唯一起源于城乡之间的劳动力资源配置;从转化路径的角度看,中国的城乡劳动力再配置涉及职业转化和身份转换两个环节,它不单纯是农村劳动力的非农化流动问题;从转化机制的角度看,中国的城乡经济关系演变是在市场化转型阶段和市场化程度不均等的背景下发生的,它区别于要素市场完备假设下的二元经济结构转化。上述这些特征均需要立足于社会主义制度、发展中大国、经济体制转型阶段等本土化特征,在联系政治社会制度的背景下分析城乡经济关系这个发展问题。显而易见,探究中国城乡经济关系演变机制是构建中国特色社会主义政治经济学的内在要求和组成部分。

1.1.3 新时代背景下城乡融合发展的政策选择

中国城乡经济关系的研究涉及新时代背景下城乡融合发展的政策选择问题。相对于计划经济时期,改革开放以来中国的城乡经济关系呈现从割裂到融合的转变,但在中国特色社会主义进入新时代的背景下,我国城乡经济的融合发展正站在新的起点上,并面临着新的使命和挑战。这主要表现为:2009年以来我国城乡收入差距在持续缩减,但这种缩减态势的持续性需要放在更长时段来观察,从跨国比较角度看现阶段的中国城乡收入差距仍是突出的。在城乡收入差距缩减的背景下,我国农村劳动力流动之后形成的城镇"新二元结构"并未根本破解,近年来农村内部不同农民的收入和消费分化特征也日趋显著,这意味着城乡二元反差仍是我国面临的一个重要结构性问题。从发展理念的角度看,进入新世纪以后,我国提出要贯彻落实以人为本、全面协调可持续的科学发展观,近年来更是明确提出要贯彻落实"创新、协调、绿色、开放、共享"等新发展理念。中国共产党的十九大报告则基于中国特色社会主义进入新时代的实践变动,指出我国的社会主要矛盾转化为人民日益增长的美好生活需要与不平衡不充分发展之间的矛盾,经济发展从高速增长阶段转向高质量发展阶段,中国要在全面建成小康社会的基础上基本实现现代化和建成现代化强国。回应新发展理念、解决社会主要矛盾需要着力推进城乡二元结构转化,使我国的城乡经济关系演变成为支撑现代化经济体系和现代化建设的重要支柱。

从上述实践背景出发,新时代我国的城乡经济关系在内涵上更为丰富,在功能上更为重要,它不仅是城乡两个部门之间的经济关联问题,而且是我国整体经济发展理念和方式转变的问题。从践行新发展理念的角度看,改革开放以来、特别是进入21世纪之后,我国实施了一系列"支农、惠农、强农"政策,现阶段则着力推进乡村振兴战略和农业农村优先发展战略,精确评估这些政策的实施效力并探寻新时代城乡融合发展路径是我国面临的重要课题。从逻辑上说,回应这个课题首先需要深刻地理解中国城乡经济关系的演变逻辑,只有厘清"来时的路"才能更为准确地把握"未来的路"。就此而言,探究中国城乡经济关系的演变逻辑是新时代我国有效制定和实施城乡发展公共政策的前置条件。

概括地说,本书集中研究中华人民共和国成立以来、尤其是改革开放之后我国城乡经济关系的演变逻辑和内在机制。本书在学理层面试图立足于中国的本土化实践,形成对发展经济学中二元经济理论的再认识,进而从政治经济学视角提出契合中国自身特征的城乡经济关系理论框架。这种分析框架对理解发展中大国的城乡经济问题提供了一个新的视角,并在城乡关系维度形成对中国特色社会主义政治经济学的有力支撑。本书在实践层面则试图回应中国经济阶段、发展理念和社会主要矛盾的转变,在廓清城乡经济关系演变逻辑的基础上,明确新时代我国推动城乡经济关系实现更高层次融合的制度条件,进而提出与高质量发展阶段相契合的城乡关系演变路径和政策方案。显而易见,本书的研究主题具有极为突出的理论价值和实践意义。

1.2 重要概念的界定

经济理论研究是从确立概念并分析概念的关联中来把握经济活动的内

在规律。本书集中研究中华人民共和国成立以来、尤其是改革开放之后中国城乡经济关系的演变逻辑,并将这种演变趋势用"从割裂到融合"来加以概括。这种研究也是建立在对相关概念展开分析的基础之上,概念构成了理解中国城乡经济关系问题的切入点。由此延伸开来,在展开具体的分析之前,对本书涉及的几个核心概念进行界定就极有必要。

1.2.1 城镇和农村

城镇和农村通常被简称为"城"和"乡",它们构成了本书研究主题涉及的一对核心概念。从人类发展史来看,城镇和农村并不是伴随着人类产生伊始就存在的,在人猿相揖别之后的漫长时期,人们主要从事植物栽培业和动物饲养业。这种产业活动严格依赖于地表分散化的土地资源,由此就导致了人们的生产生活具有空间分散特征,在这个阶段并不存在城镇和农村之间的严格区别。伴随着原始社会末期的三次社会大分工,特别是手工业和商业逐渐从农业分离出来,整个人类社会的交易频度在渐趋提高,交易范围在逐步拓宽,不同社会群体的生产方式和生活方式开始出现分化,基于交易成本下降的人口空间集聚也就不断兴起。这样城镇就成为脱胎于农村、但区别于农村的新社会形态,特定国家的居民也因其从事产业和居住空间的差异而区分城镇居民和农村居民,城乡之间的经济关系也就随即成为特定国家现代化进程中需要直面的重大主题。

从理论上说,城镇和农村是构成特定国家整体国民经济体系的两个部分,这两者之间当然会因为商品和要素交换等而产生关联,但同时也必定存在着一系列的"差别性"或"异质性"。事实上,如果没有这种"异质性",则城乡二元结构、城乡经济关系、城乡结构转化等均会成为"伪问题"。在长时期的社会演变中,城镇和农村逐步成为内涵经济、社会、政治、文化、生态等多个维度的复合体,从任何维度出发均可以刻画、阐释和理解城乡之间的差别性。然而,经济维度的比较仍是理解城乡差别的基础性、决定性工作,这不仅是因为城镇和农村的对立起源于经济逻辑——两者具有差别化的产业和空间集聚特征,而且是因为经济层面的差别派生出城乡其他维度的落差,即城乡在社会、政治、文化、生态等方面的差别往往导源于经济差距,这些维度的城乡差距缩减也高度依赖城乡经济的一体化进程。从经济的角度看,高帆(2016a)指出了理解城乡之间"异质性"的三个视角:一是产业视角,即城镇和农村的经济性质差别首先导源于产业形态,以种植业和养殖业作为表征的农业集中于农村,而以制造业等作为主体的工业及其衍生的服务业则集中于城镇。农村部门虽然可能存在工业和服务业,但农业主要分布在农村是城乡之间的一个重要差别。二是空间视角,即城镇和农村两部门的经济差异性不唯一体现在产业维度,还体现为在经济组织方式、商业化和货币化进程等方面的空间差异。城镇部门相对于农村部门具有更高的经济组织、商业化和货币化程度,这种空间差别集中体现为两部门具有差异化的要素配置方式以及要素配置效率。三是居民视角,即城镇和农村两部门的经济活动展开均是由城乡居民(以及城乡劳动力)推进的,这样就必须关注城乡居民经济目标、约束条件以及行为方式的分析,特别是,城镇居民和农村居民原本只是具有经济分工意义的两大社会群体,但很容易被赋予不同公共产品和社会保障资源配置的身份属性。

从实践来看,产业、空间和居民三个视角刻画了城乡经济"异质性"的不同表现,它们对于理解城镇和乡村这两个部门及其相互关系是重要的。尽管这三个视角不存在严格的对应关系,即不能从产业视角差别直接推演到空间和居民的差别,但它们之间仍是存在关联关系的。在某种程度上,产业视角差别与其他因素的结合共同导致了空间、居民视角的城乡差异。这主要是因为:相对于工业和服务业,传统农业往往面临着更高的自然风险、需求风险和市场定价风险(产业视角),即相对于第二产业和第三产业,传统农业往往面临着产业弱质性或比较收益偏低的境遇。这种产业特征与其他因素的结合导致农村经济活动的风险规避和自然经济特征更强,农民经济学的研究往往强调农业生产者具有更强的风险规避特征或"安全第一"性质(弗兰克·艾利思,2006),且农业经营在地域层面具有较为突出的分散化特征,这些导致出农业经营的商品化和货币化相对较低(空间视角)。农民的产业特征以及空间分散化使其组织的成本较高,其结果是在发展中国家的政治结构中,农村居民相对于城镇居民对政策影响力是相对较小的(Lipton,M.,1977),这意味着在公共政策制定以及公共资源获取中,农村居民也往往处在社会群体的劣势地位(居民视角)。

正是考虑到上述三个视角的差异性和关联性,本书侧重从空间视角出发来理解城镇和农村的经济"异质性"。这不仅是因为空间视角将城乡问题归结为资源配置方式这个经济学的核心主题,而且是因为空间视角构成了产业视角和居民视角连接的纽带,即城乡之间的产业特征差别是构成空间特征差异的重要原因,而空间特征差异又构成了居民视角差异的重要原因,这样从空间视角切入来分析城镇和农村问题就具有举足轻重的作用。基于这种理解,本书强调城镇和农村是特定国家内部依托不同地理空间而形成的具有差别化经济组织方式、要素配置方式以及效率的两个部门。产业差别是构成这种部门差异的一个原因,而这种部门差别由构成了城乡居民经济权利和生活状态差别的一个因素。

值得强调的是,从空间视角出发来理解城乡两个关键概念,也可以得到我国经济统计实践的支持。1955 年 11 月 7 日国务院全体会议第二十次会议通过《关于城乡划分标准的规定》,该规定是中华人民共和国成立以来首次从计划、统计、业务核算、社会管理等角度,对我国城镇和乡村进行的系统划分,规定指出"由于城市人民同乡村人民的经济条件和生活方式都不同,政府的各项工作,都应当按照城市和农村有所区别,城乡人口也需要分别计算",在具体划分中则提出了城镇、城镇型居民区和乡村三个统计类别。针对该规定的说明则指出"拟订城乡划分标准基本上应分为城镇和乡村:城镇人口比较集中,工业商业比较发达,居民以非农业人口为主;乡村则人口比较分散,居民主要靠农业为生;这样划分不仅因为它是简单明确的,而且因为它能够反映出社会经济生活中城乡区别的基本方面"。在此之后,伴随着城乡产业结构和人口结构的变化以及国家市镇建制标准的变化,我国对城镇和农村的统计口径也做了相应调整。例如:1999年12月6日国家统计局发布了《关于统计上划分城乡的规定(试行)》,2006年3月10日国家统计局发布了《关于统计上划分城乡的暂行规定》(国统字〔2006〕60号)。2008年7月国务院则批复同意国家统计局与民政部、住建部、公安部、财政部、国土部、农业部共同制定的《关于统计上划分城乡的规定》(国函〔2008〕60号)①,自2008年8月1日实施。2008年国务院批复的规定正式奠定了统计上划分城乡的政策依据和方法基础,其在区分城镇和农村的基础上将我国城镇划分为城区和镇区,并依据这种划分获取我国城镇和农村两个部分的统计资料。容易看出,中国统计口径的"城镇"和"农村"力图在变化的实践背景下反映这两个部门的经济差异,这种经济差距集中体现为城乡两大部门具有差别化的要素配置方式及其空间结构特征。考虑到数据的可得性和说服力,本书所使用的城镇和农村经济资料与国家统计局的统计口径保持一致并主要来自国家统计局的统计结果。

1.2.2 城乡经济关系

人类社会的发展依赖于物质以及服务产品的生产和消费,经济活动是指

---

① 该政策文件的内容是"一、为了科学、真实地反映我国现阶段城乡人口、社会和经济发展情况,准确评价我国的城镇化水平,制定本规定。二、本规定作为统计上划分城乡的依据,不改变现有的行政区划、隶属关系、管理权限和机构编制,以及土地规划、城乡规划等有关规定。三、本规定以我国的行政区划为基础,以民政部门确认的居民委员会和村民委员会辖区为划分对象,以实际建设为划分依据,将我国的地域划分为城镇和乡村。实际建设是指已建成或在建的公共设施、居住设施和其他设施。四、城镇包括城区和镇区。城区是指在市辖区和不设区的市、区、市政府驻地的实际建设连接到的居民委员会和其他区域。镇区是指在城区以外的县人民政府驻地和其他镇,政府驻地的实际建设连接到的居民委员会和其他区域。与政府驻地的实际建设不连接,且常住人口在3 000人以上的独立的工矿区、开发区、科研单位、大专院校等特殊区域及农场、林场的场部驻地视为镇区。五、乡村是指本规定划定的城镇以外的区域。六、本规定由国家统计部门负责解释。七、本规定自2008年8月1日起施行。"

人们围绕物质和服务产品供给而形成的生产、分配、交换、消费等活动,特别是,人们在稀缺资源背景下要展开物质服务产品生产,总是需要考虑资源或要素的优化配置问题。由此推演开来,城乡经济关系就是在特定国家或地区,城乡两大部门在经济活动开展的过程中所形成的连接方式和关联状态。在现有研究中,人们通常从城乡收入差距视角来理解城乡经济关系,城乡收入差距从经济活动结果的视角反映了城乡两大部门的相对关系,它是城乡经济关系的一个组成部分甚至是主要组成部分,但不是城乡经济关系的全部内容。从较为宽泛的角度看,城乡经济关系可以从如下不同的维度进行理解:

一是城乡之间的产品和要素关联。作为国民经济体系的两个组成部分,城镇和农村存在着产业特征的差别。植物栽培业和动物饲养业主要集中在农村,这导致农村部门通常提供与人类生存需要紧密相关的农产品或食品,但制造业等工业部门以及服务部门主要集中在城镇,这导致城镇部门通常提供与人类发展和享受需要紧密相关的工业品和服务产品。这种产业分布特征意味着城乡之间需要进行不同产品的再配置,无论是在计划经济体制还是在市场经济体制下,城乡两部门之间的产品配置均会发生。区别在于:前者是依靠政府的指令性计划在两部门间强制进行,在这种情形下,由于价格机制和供求机制事实上是缺失的,因此城乡两部门展开的是产品配置;后者是依靠微观经济主体的价格谈判在两部门间自发进行,在这种情形下,城乡两部门依据价格信号自发地展开交换,因此产品配置就转化为商品交换。正是导源于城乡之间的产品关联,人们才可能理解中国计划经济时期的工农业产品价格"剪刀差"为何会发生,也才可以理解农村部门对城镇部门的产品生产为何具有市场贡献。

除产业特征之外,城乡两部门通常还存在着资源禀赋或要素条件的落差。相对于城镇部门,农村部门往往在劳动力和土地要素拥有方面占据优势,而城镇的规模效应、集聚效应和网络效应则导致劳动力和土地的产出效率更高,这通常会导致农村的劳动力和土地要素转向城镇部门。考虑到城镇部门在资本和知识信息等要素的占有中更具优势,伴随着要素供求关系以及边际回报的变化,则不排除部分资本和知识信息要素从城镇流向农村。上述情形意味着城乡两部门之间存在着要素的再配置,这种再配置也可以通过计划经济体制和市场经济体制两种方式来实现,特别是,市场导向的再配置通常会因为微观经济主体的自发选择而提高城乡要素的配置效率。立足于城乡之间的要素关联,人们才可能理解二元经济理论为何强调农村劳动力转移这个推动结构转化的核心机制,也才可能理解农村部门对整个国民经济发展为何具有要素贡献。上述理解意味着:城乡之间的产品和要素关联是城乡经济关系的一个重要表现,也是观察和分析城乡经济关系及其变动的一个可选视角。

二是城乡之间的收入和消费差距。城乡两大部门的商品和要素再配置总会产生相应的结果,这种结果集中表现为城乡居民之间的收入差距变动。现有文献通常将城乡收入差距视为城乡经济关系的核心部分,进而分析特定国家城乡收入差距的基本特征、演变趋向、主要成因及其改进方案,改革开放以来围绕我国城乡收入差距的研究也形成了庞大的文献资料库。然而,从测度角度看,城乡收入差距因是否剔除价格因素、是否引入人口结构等存在着结果分歧。城乡收入差距是伴随着经济发展而出现的特定经济现象,这涉及这种差距的"最适区间"如何确定,即怎样的差距对经济发展是有利的或不利的。这种判定也涉及对政府政策制定依据以及实施方式的选择,即政府政策是在城乡收入差距发生怎样变动时而实施的,以及缓解城乡收入差距的最优政策方案和实施条件是什么。在中国这样的发展中大国,人们将城乡收入差距理解为城乡经济关系的主要部分,还是因为这在实证研究中更能获得相关统计资料的支持,以及城乡收入差距通常被视为影响整个国家收入分配格局的重要因素。

然而,经济活动的落脚点是提高社会成员的生活状态和福利水平,收入是影响人们生活状态和福利水平的一个因素,但不是全部因素。相对于收入这个"工具",消费更能反映不同社会群体的福利获取情况,因此它对理解城乡经济关系更具有"价值"功能。已有文献也强调:相对于城乡收入差距,城乡消费差距是一个直接标度生活状态的指标,能够更好地反映城乡居民福利的差异(林毅夫、陈斌开,2009),这种差距是衡量城乡经济差距更理想的代理变量(徐振宇、郭志超、荆林波,2014)。这意味着:城乡消费差距相对于城乡收入差距更能在结果意义而不是工具意义上反映城乡经济关系。

从消费差距视角理解城乡经济关系,在两个方面形成了对收入差距的补充:一是根据宏观经济学的消费函数理论,居民消费水平取决于收入(即期收入和持久收入)、收入分布、居民预期、经济政策等诸多变量,自然地,城乡消费差距的影响因素包括但不局限于城乡收入差距,城乡居民在公共产品和社会保障获取中的差别,因其影响居民消费预期而可以纳入城乡消费差距的分析框架之中。二是城乡消费差距与我国经济发展方式的转变直接相关,现阶段我国经济正在从高速增长阶段转向高质量发展阶段,经济增长则需要更为充分地发挥居民消费、创新等因素的贡献度。从经济发展方式转型的阶段看,城乡收入差距直接影响到我国的整体收入分配,但其与经济发展方式转变的联系是间接的。现阶段我国的经济高质量发展不仅包括不同社会群体应该相对均等地分享发展的成果,也包括国内居民消费的扩展从而形成对政府投资和产品出口的有效接替,在这个意义上,城乡消费差距直接关联到我国经济发展方式的转变进程。由此可见,城乡消费差距也是反映城乡经济关系的重要维度,它与城乡收入差距组合起来,共同在经济运行结果的角度体现出城乡经济的对立和趋同状态。

三是城乡内部各部分的经济状态。在现有针对城乡问题的研究中,一个普遍倾向是将城乡经济关系直接等同于城乡两大部门之间的二元结构及其转化,城乡关系问题就是城乡二元结构问题。这里的一个隐含判断是:特定国家的城镇和农村内部是"同质化"的,因此,研究的重心自然就是城乡两大部门之间的商品、要素配置,以及与要素配置相关联的城乡收入、消费差距。

从社会实践来看,城乡两大部门之间的经济关联是城乡经济关系的主体部分,但城镇内部、农村内部不同部分之间的经济关联也值得重视,城乡经济关系是一个包括城乡之间、城乡内部不同部分之间经济关系的复杂概念。其原因在于:伴随着经济社会的发展,特别是伴随着要素在不同领域的流动性增强,城镇和农村内部不同群体之间也往往存在较为显著的经济差异,即城乡内部也具有突出的"异质性"特征。例如：农村劳动力流入城市之后必然涉及城市就业和融入问题，这就派生出其与城市居民之间的经济关联；在城乡之间商品和要素流动性增强的前提下，农村内部不同群体因为资源禀赋和个体能力的差别，其就业选择、收入水平、消费结构以及生活状态也开始出现分化。对于中国这样的发展中大国而言，我国不同层级城镇和不同区域农村的经济发展水平存在落差，在城乡经济结构转化的过程中，以"农民工"所标度的农村劳动力外流体现出微观经济主体的自发选择。然而，这种选择却伴随着城市内部户籍人口-外来人口之间的"新二元结构"，而农村内部则开始出现小农户和专业大户、家庭农场、专业合作社等新型经营主体之间的差异。显然，城乡之间的反差和结构对立是发展中国家普遍存在的现象，理解城乡经济关系除了探究城乡两大板块的关系之外，还应引入两大板块内部不同组成部分之间的经济关联格局。

概括起来，特定经济体的城乡经济关系可以从多个视角进行理解和阐述，城乡之间的商品和要素关联侧重于经济活动的"过程"，城乡之间的收入和消费差距则侧重于经济活动的"结果"。上述两者均将分析视角投放在城乡两大部门之间，这是板块间的结构分析；城乡内部各部分的经济状态则引入了城乡各自的结构特征，这是板块内的结构分析。本书集中研究中华人民共和国成立以来、尤其是改革开放之后我国城乡经济关系的演变逻辑。迄今为止，我国仍是一个正处在经济体制转型阶段的发展中大国，要素配置是贯穿整个考察期尤其是市场化转型阶段的核心议题，且中国的城乡问题具有内涵的多元性和区域的差异性，这种研究对象内在地决定了本书对城乡经济关系的概念界定。本书将城乡经济关系定义为：在中国这样特定的发展中大国，城乡两大部门之间及其内部不同部分围绕要素优化配置而形成的经济关联状态，这种关联对城乡之间的收入和消费差距变动也产生了影响。显然，这个定义将分析重心放置在要素优化配置这个基点之上，而将城乡之间的收入和消费差距视为这种配置的一个结果。同时，本书以城乡板块之间的经济关系作为分析的主体，也兼顾城乡内部不同组成部分之间的结构特征。这种定义能够较好地契合城乡经济关系的理论内涵以及中国的实践特征。

1.2.3 割裂和融合

城乡经济关系往往在不同的时空背景下具有不同的表现,割裂和融合分别表述了不同国家、或同一国家在不同时期城乡经济关系的两种状态。

在本书中,"割裂"不是指城乡两个部门各自在"真空"中开展活动,彼此之间不产生任何经济交往,而是说这两个部门的产品和要素配置主要不是微观经济主体自发进行的,两个部门因为政府的经济干预和指令计划而相互割裂开来。正是导源于这种产品和要素配置的割裂状况,城乡两大部门的生产生活方式相对固化,其内部往往具有较强的同质化特征,同时城乡之间可能存在收入和消费差距,但这种差距往往处在一个相对稳定、波动较小的状态。其原因是微观经济主体很难通过城乡要素再配置,来改变自身的要素回报率和经济收益,从而导致城乡收入差距和消费差距发生显著变化。

与此相对,"融合"则首先表现为城乡两部门的微观经济主体基于各自的禀赋条件开展经济活动,他们主要依据市场价格信号在城乡之间自发地进行产品和要素配置,并因这种配置效率提高而改善自身的经济收益、收入水平和消费状况。换言之,城乡微观经济主体基于各自的利益最大化而更为紧密地连接起来,且这种连接是依据市场、价格、竞争等机制而自发进行的,政府干预作为城乡之间的割裂机制已经渐趋消除甚或不存在,城乡之间的商品和要素流动性随即得到了显著增强,城乡之间的商品和要素交易的广度、深度和频度也得到了明显提高。导源于微观经济主体的直接市场对接,以及商品和要素流动性的增强,城乡两部门之间的收入和消费差距也呈现出变动态势,特别是,在要素边际回报趋同的背景下,城乡收入和消费差距开始表现出逐步收敛态势,而城乡内部不同组成部分之间的关系也具有类似的发展态势。

容易发现,上述对城乡经济关系"割裂"和"融合"的界定,主要是依据商品关联方式和要素配置方式,同时也兼顾城乡收入和消费差距这个要素配置的"结果",因此,它和前文对城乡经济关系的概念理解是内在一致的。

本书采用"从割裂到融合"来表述中华人民共和国成立以来我国城乡经济关系的演变轨迹,这里的"割裂"和"融合"分别刻画的是不同时段我国城乡经济关系的核心特征。在利用这两个概念做阶段特征分析时,还应特别强调以下四个方面:

(1) 中华人民共和国成立迄今,我国始终是一个在全球范围内地理和人口规模超大的国家。这种大国特征意味着,在某个特定的时段内,我国不同区域之间往往存在显著的经济社会发展落差。由此出发,在某个考察期内我国整体的城乡经济关系具有"割裂"或"融合"特征,但不同地区的割裂和融合状态可能并不完全一致。相对于不同地域的程度差别,本书更关注在不同时段中我国整体城乡经济关系的基本演变态势。

(2) 对中国这样的发展中大国而言,城乡经济关系的"割裂"和"融合"并不意味着两者完全不能交织。原因在于:城乡之间的产品和要素关联在主导方式之外,还可能存在辅助或补充类型。在国家干预主导的背景下,城乡之间还可能存在少部分的微观主体自发配置,反之亦然,这意味着城乡经济关系的割裂和融合可能是有交织的。本书试图展示不同时段城乡经济关系的基本特征及其成因,这些时段的辅助和补充部分并不构成分析的主要内容。

(3) 就城乡经济关系而言,"割裂"和"融合"也具有动态变动特征。我国城乡经济关系在不同时段割裂和融合的表征并不一致,即使在同一时段,城乡经济关系割裂和融合的表现和程度也不完全相同。特别是,城乡经济关系融合是一国现代化进程的基本目标诉求,我国在改革开放40年的现代化进程中,导源于发展理念、约束条件、战略目标和经济制度的差别,城乡经济关系融合的具体内涵和实现程度也有区别。当前,我国正处在贯彻落实新发展理念和实现经济高质量发展的阶段,这意味着相对于改革开放初期甚至21世纪初期,现阶段我国城乡经济关系融合的条件更为厚实、内涵更加丰富、目标更加高远。

(4) "割裂"和"融合"分别揭示了城乡经济关系的两种状态,理解特定国家的城乡经济关系首先要确定状态特征,但更重要的是,要细致分析城乡经济关系从割裂到融合的发生背景、推动主体、转变方式和客观效应。理解城乡经济关系的变动"过程"要比确定"状态"更为关键,因为只有精确地把握这种变动的内在逻辑和机制,人们才能揭示割裂、融合这些不同状态"背后的故事",并据此更为有效地提出推动特定国家城乡结构持续转化的公共政策。

正是基于上述考虑,本书使用"割裂"和"融合"这样的概念来解析中国城乡经济关系问题。在解析中既要判定城乡经济关系在不同时段是什么状态、具有哪些特征,也要基于可靠的分析框架来说明不同状态之间是如何转化的,以及为何会发生这种转化,以此在系统的逻辑推演中凸显研究的理论创新价值和实践启示作用。

1.3 研究思路和框架

本书针对中国城乡经济关系问题的研究遵循逻辑实证主义的分析思路,即按照"概念界定—逻辑建构—实证研究—政策含义"的基本框架依次展开论证,这种基本框架力图将城乡经济关系问题研究放置在一个可靠的分析程式中进行。从研究程式来看,概念界定、理论建构、实证研究、政策含义构成了分析的四个环节,且这些环节之间存在着相辅相成的紧密关联。概括地说,这种程式首先需要对研究涉及的核心概念进行界定,进而通过阐释概念之间的关系构建理论,即形成对经济研究主题的逻辑解释框架。为了检验这种解释框架的说服力,就须依据解释框架并利用经验资料展开实证分析,而逻辑建构和实证研究的契合将形成对经济问题的规律性认识,即能够通过实证检验的理论建构就是具有解释力的,从这种理论建构中可以引申出相应的政策含义和趋势分析。显而易见,逻辑实证主义力图体现理论抽象"逻辑"与实践变动"轨迹"的一致性,它能够在理论和实践逻辑的契合中形成对中国城乡经济关系的规律性认识。这种分析思路体现出理论与实践相结合、逻辑与历史相统一的研究特征,同时也体现出从具体到抽象、再从抽象到具体的社会科学研究方法。从方法论的角度看,本书采用逻辑实证主义方法来研究中国城乡经济关系就是合适的、可取的。

按照逻辑实证主义研究方法,本书的研究思路和分析框架可以用图 1-1 来表示。该图显示:本书在第 1 章导论部分首先阐述问题的提出,并界定研究涉及的三个核心概念:城镇和农村、城乡经济关系、割裂和融合。第 2 章对现有关于城乡经济关系的研究文献进行梳理,并评述已有文献的主要贡献及不足之处,第 1—2 章为本书的研究提供了实践和理论背景,它们共同构成本研究的概念界定部分。

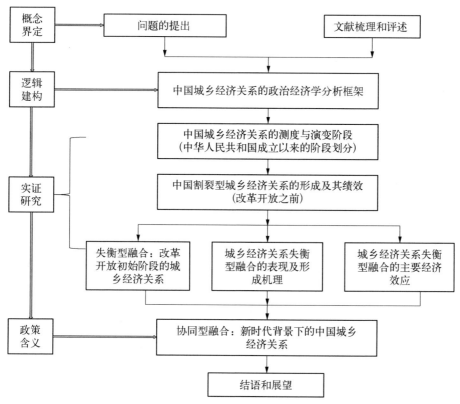

图 1-1 本书研究思路和分析框架的示意图

在概念界定之后,本书将在第 3 章从剖析发展经济学的二元经济理论切入,重点解析刘-费-拉模型的理论内核,指出该理论的隐含假设与中国的经济发展实践存在着差别。由此强调解析中国城乡经济关系不能简单套用或移植二元经济理论，必须从本土化实践出发提出新分析框架，该分析框架应契合我国社会主义制度、发展中大国以及经济体制转型等重要特征，并在经济制度中涵盖政府-市场关系、政府间结构和市场间结构等多个维度。由于这种分析框架凸显了政治社会因素对经济发展的影响、凸显了中国特色经济制度的生成及其功能，因此它具有极为显著的政治经济学特征，即本书试图在这部分提出区别于刘-费-拉模型，并契合于本土化特征的中国城乡经济关系政治经济学分析框架，这种研究工作构成了本书的逻辑建构部分。

利用契合本土化实践的政治经济学分析框架，本书在第4章提出多种城乡经济关系的测度指标，并利用这些指标从多个视角对中华人民共和国成立以来我国的城乡经济关系进行测度，进而将我国城乡经济关系在时序维度区分为不同阶段，并刻画不同时段这种关系的基本特征及其主要表现。由于本书的研究时期是中华人民共和国成立迄今，因此此部分的研究具有长历史、大跨度的分析特征，这种特征为理解改革开放40年来的城乡经济融合问题提供了历史纵深感。第5章将中华人民共和国成立直至改革开放之前的中国城乡经济关系概括为"割裂"，并利用政治经济学分析框架，重点探究我国城乡经济关系割裂的形成动因及其经济效应。第6章将改革开放之后直至2012年之间的城乡经济关系概括为失衡型融合，进而利用政治经济学分析框架，探究我国城乡经济关系从割裂状态走向失衡型融合的内在动因，以及失衡型融合的逐步表征。第7章将改革开放初期阶段城乡经济关系的失衡型融合视为特征事实，集中分析这种失衡型融合的主要经济效应，特别是经济增长、收入分配、居民消费等重要指标的表现状况。第8章重点解析我国失衡型融合为何会在较长的时期内存在，其核心是立足于政治经济学分析框架研究城乡经济关系融合中的激励相容对政策效力的影响，这种分析也为我国持续推进城乡经济关系融合提供了理论依据。第4—8章构成了本书的实证研究部分。

在实证研究的基础上，本书第9章立足于中国经济社会格局的趋势性变化，结合贯彻落实新发展理念等新趋势、新目标，集中研究新常态背景下我国城乡经济关系的变动趋向。本书倾向于将这种变动趋向概括为"协同型融合",为此就需要结合政治经济学分析框架论证协同型融合的内涵,以及从失衡型融合转向协同型融合的动因、方式及其制度条件。这样就可逻辑一致地提出我国在进入新时代和经济高质量发展阶段,城乡经济关系实现更高层次融合的相关政策建议。显而易见,针对我国城乡经济关系协同型融合的分析构成了本书的政策含义部分,它体现出本课题研究在实践层面的最终落脚点以及政策启示功能。

不难发现,本书试图在一个逻辑内洽的研究框架中研究中国城乡经济关系的演变机理,这种研究的基点是从政治经济学视角解读城乡经济关系这个发展经济学的问题,因此其带有较为突出的"发展的政治经济学"特征。值得强调的是,本书理解的政治经济学旨在凸显中国发展进程中的本土化特征——社会主义制度、发展中大国、经济体制转型阶段等,而政府-市场关系、政府间结构、市场间结构的制度安排均是从这种本土化特征中内生出来的。这样本书的研究不仅试图拓展传统的政府-市场两分思维方式,而且试图捕捉中国经济发展最具"特色"的因素,因此,这种研究体现出对构建中国哲学社会科学话语体系以及中国特色社会主义政治经济学的积极回应。

本书的研究工作力图根植于本土化实践来提出概念并展开分析,因此其基于实证研究所得出的政策建议也就更具针对性、准确性。城乡经济关系从失衡型融合转向协同型融合构成了中国全面建成小康社会、基本实现现代化和建成现代化强国的组成部分,而本书基于理论和实证研究提出的政策含义对于推动这种转化具有启示和借鉴作用。

概括地说,本书提出的本土化城乡经济关系政治经济学分析框架具有创新性质,且这种研究思路可以推广至城乡关系之外的其他经济领域,具有较为广泛的应用价值和理论启示作用。本书论证了我国城乡经济关系从割裂走向失衡型融合,进而走向协同型融合的转变过程,这对我国科学有效地理解城乡经济关系的阶段特征及其政策选择提供了理论基础。总而言之,本书集中针对我国城乡经济关系的演变机制开展深入阐释,其研究思路、论证过程和政策落脚点具有对已有研究文献的边际改进特征。

第2章

文献梳理与评述

在发展中国家,城乡两大部门之间往往存在着经济社会状况之间的反差。从全球范围来看,城乡二元结构通常是发展中国家的普遍特征,这种实践特征对经济理论研究形成了重要影响。在发展经济学中,二元经济理论具有重要位置且对发展中国家的现代化进程具有较大影响力。就中国而言,中华人民共和国成立之后、尤其是改革开放40年以来,我国的经济总量、综合国力和人民生活状态在时序意义上已经有了显著提高,但迄今为止中国仍是世界上人口规模最大的发展中国家,城乡二元结构仍是我国需要直面和着力化解的一个主要结构问题。正是导源于上述理论和实践背景下,以发展经济学的二元经济理论为蓝本,学术界从不同视角探究了我国的城乡经济关系问题。从研究内容来看,这些文献主要是沿着城乡经济关系的内涵、我国城乡经济关系的现状以及推动城乡经济关系改善的方案等线索展开的,这些研究线索意味着当前针对我国城乡经济关系的研究具有较强的广泛性。依据逻辑实证主义的研究思路,梳理和评述已有相关文献构成了本书研究展开的基础工作,其原因是:已有文献为本研究提供了必要的思想养分和方法论启示,更为重要的是,基于已有文献的不足和缺陷很可能会延伸出本研究的拓展空间及创新方向。

2.1 针对中国城乡经济关系内涵和测度的研究

从逻辑上说,城乡经济关系是从城乡关系这个概念中派生出来的,因此,理解城乡经济关系可以放在更为广泛的城乡关系之中。就学术界的研究工作而言,城乡关系中的"关系"通常被表述为 relationship、connection、interaction、 linkage、partnership 等,从词源学的角度看这些表述均强调了连接、关联和交互作用。这意味着城乡关系的主要含义是将城市和农村视为通过人口、商品等要素流动而彼此紧密联系、相互依赖的两个共生系统,城乡关系是城乡之间要素流动和功能耦合的状态(陈方,2013)。城乡两者之间存在差别,这种差别孕育出产品和要素流动,而从产品和要素流动则可以引申出功能互补,这是城乡关系这个概念所强调的核心内容。城乡关系按照不同的角度有不同的分类,它包括空间上的关系,例如,人口、商品、货币、信息和废弃物在城乡之间的流动;也包括部门或行业间的关系,例如,城市和农村生产活动间的交叉渗透,以致形成了三次产业在城乡之间的交叉和融合形态——都市农业和农业服务业化等(Veenhuizen,R.,2006;Overbeek,G.&Terluin,I.,2006;陈方,2013)。除了关注城乡空间和部门关系之外,叶超、陈明星(2008)还基于城镇和农村居民的认知特征以及交往方式,强调指出:城乡关系是城市和乡村这两种客观实体之间的关系,这种关系通过人的活动形成和维系。当人们居住在城市或乡村,并以这两者之一的生活方式去看待它们之间的联系时,则个人经历、经验、信息就成为判断城乡关系的重要依据。

已有研究文献强调:从时间序列的角度看,依据城乡两部门的依存关系,人类社会城乡关系大致可以划分为早期、二元结构时期、20 世纪 80 年代后三个阶段,它们分别对应着乡育城市、城乡分离和城乡融合这三种不同的城乡关系模式(Bengs,C.,2000;叶超、陈明星,2008;郑国、叶裕民,2009;孙文华、方心清,2014)。就人类历史演变在城乡关系中呈现的特征而言,这种划分方式与马克思、恩格斯对城乡关系的理论具有内在一致性(蒋永穆、鲜荣生、张晓磊,2015)。按照这种划分方式,当前主要发达国家的城乡关系已经处于第三阶段,其都市与农村的产业、空间、公共服务边界趋于模糊,经济社会发展的重点和目标也基本从城乡分割状态转向城乡之间人流、物流、信息流、资金和技术流形成的网络结构。与此相对,大多数发展中国家的城乡关系目前还处于第一阶段或第二阶段,即农业主导阶段或乡村依附于城市阶段,城乡之间的经济社会反差相对突出,工业化和城镇化正处在推进过程之中。尽管存在着发展阶段的差异,但从发达经济体的城乡关系演变实践来看,现阶段人们针对城乡关系的界定日益强调:城乡关系是两者因功能各异且互补产生的一种共生关系;研究城乡关系问题的着眼点是区域网络,而不仅仅是单独的村庄和城市;城乡之间部门关系已经超越了传统的城乡分工关系,且农业部门与非农业部门之间的相互作用也有一个空间维度(陈方,2013)。

上述有关城乡关系概念的梳理对人们准确把握中国的城乡经济关系是重要的,特定国家的城乡关系总是表现在诸多方面,它涉及城乡两大部门在经济、社会、空间甚至文化等领域的相对状态和关联关系。然而,城乡经济关系则侧重于刻画城乡两大部门(以及两大部门内部不同组成部分)之间的经济相对状态及其关联关系,这种经济关联通常表现在产业形态、要素配置方式以及收入-消费差距等方面。由于经济活动对其他领域的活动具有基础性、前置性作用,因此,城乡关系往往首先表现为城乡经济关系,而城乡经济关系通常构成了特定国家城乡关系整个系统的主要内容。

从逻辑上说,发展经济学的二元经济理论就是以分析城乡经济关系作为核心议题。二元经济理论强调:相对于发达国家,发展中国家的城乡之间存在较为突出的劳动生产率落差,以农业或农村为代表的传统部门相对于以非农产业或城镇为代表的现代部门,其劳动生产率和劳动者的工资水平更低。因此,必须通过城乡之间的要素流动和再配置实现二元结构的转化,二元经济结构转化的过程就是发展中国家实现工业化、城镇化和经济现代化的过程。在这方面,Lewis, W. A(1954)指出发展中国家存在城乡二元反差,农村劳动力流出是二元结构转化的关键。Fei, J. C. H & Ranis, G. (1964)则强调劳动力转移取决于人口增长率、农业技术进步和工业资本增长。上述理论可称为"刘易斯-费景汉-拉尼斯模型"(Lewis-Fei-Ranis Model,即"刘-费-拉模型"),该模型奠定了发展经济学中的城乡二元经济理论的分析基础,后续针对城乡关系问题的研究基本是基于此模型的修正、改进、反思而展开的。这集中体现为:以发展经济学的二元经济理论为出发点,在新古典框架下探究城乡二元结构的成因、农村劳动力转移的影响因素(Bardhan, P. & Udry,

C.,1999;Fields,G. S.,2005;Chernina,E. *et al.*,2014)或农业发展的路径选择(Hayami,Y. & Ruttan,V. W.,1985;Fei,J. C. H & Ranis,G.,1999;Cao,K.H. & Birchenall,J. A.,2013)。除此之外,还有文献实证研究经济发展进程中城乡两部门的相对变化规律(Shifa,A.B.,2013)。

作为世界上最大的发展中国家,中国长期以来也面临着城乡二元结构的转化使命,城乡关系尤其是城乡经济关系在我国历史上一直扮演着重要角色。中华人民共和国成立以来,我国在不同时期工农关系、城乡关系具有不同特征并存在动态演化性质(张汝立,2003;武力,2007;韩俊,2009;林刚,2014)。从跨国比较的角度看,我国城乡二元结构的形成以及城乡经济关系的转化除了具有其他国家的一般特征之外,还具有属于中国这个特定经济体的异质性特征(白永秀,2012;吕炜、高飞,2013;孙文华、方心清,2014)。尤其是,进入21世纪以后,我国在把握经济社会发展新特征、新格局的基础上,明确提出我国在整体上已经处于工业化进程的中后期,已经进入以工促农、以城带乡的发展阶段,已经面临着力破除城乡二元结构、形成城乡经济社会发展一体化新格局的重要使命。与这种判断相适应,在全面建成小康社会背景下,更要基于"创新、协调、绿色、开放、共享"五大发展理念加快推进城乡一体化进程,着力形成以工促农、以城带乡、工农互惠、城乡一体的新型城乡关系。

根据上述实践背景,许多文献侧重从城乡经济关系转变的视角,探究了我国城乡一体化的内涵和进程。例如:洪银兴、陈雯(2003)认为我国的"城乡一体化"是指城市和乡村这两个不同特质的经济社会单元和人类聚落空间,在一个相互依存的区域范围内谋求融合发展、协调共生的过程。城乡一体化是指城市和乡村是一个整体,其间人口、资金、信息、物质等要素在城乡间自由流动,城乡经济、社会、文化相互渗透、相互融合、高度依存。宋洪远(2004)认为调整我国城乡经济关系变动的实质是要通过工业化和城市化实现农业人口向非农业产业转移,借以促进二元经济社会结构的转变。郑有贵(2010)则提出了我国新型工农、城乡关系的具体内涵和指向,指出构建新型工农、城乡关系应当以实现工农、城乡协调和融合发展、结构的协同转换为主要政策目标,以大力发展现代农业、建设社会主义新农村为战略重点,以统筹农业现代化、工业化、城镇化和大力推进城乡经济社会一体化为战略思路,并实施强化农民的主体地位等有利于实现工农、城乡协调和融合发展、结构的协同转换的重大政策。从这些对城乡经济关系转变的理解出发,顾益康、许勇军(2004)从理论沿革出发提出了城乡一体化评估指标,类似文献也依据指标测度了我国城乡一体化水平(焦必方、林娣、彭婧妮,2011;刘红梅、张忠杰、王克强,2012)。

2.2 针对中国城乡经济关系现状及成因的研究

在刘-费-拉模型中,发展中国家的二元经济结构首先表现为城乡两部门在劳动生产率、居民收入水平等方面存在显著差距。在全面建成小康社会背景下,我国的新型城乡经济关系首先需要回应城乡收入差距问题,因此,有文献从城乡收入差距角度实证研究了我国的城乡经济关系问题。从我国城乡收入差距的程度看,已有文献显示:现阶段中国城乡收入差距的绝对数过大,不仅高于发达国家,更高于绝大多数发展中国家(陈斌开、林毅夫,2013)。蔡昉(2003)将36个国家城乡收入差距的数据进行对比后发现,中国的城乡收入差距长期处于2—3之间,而大多数国家都低于1.5。Kanbur, R. *et al*.(1999)、高帆(2012a)等还通过对收入差距分解研究发现,城乡收入差距是我国总体收入差距的主要构成部分。

改革开放以来,我国城乡收入差距在不同时段的表现存在着差异。针对我国城乡收入差距的时序演变趋势,学术界存在着扩大、缩小和"倒U型"三种不同观点。例如:蔡昉(2003)发现,中国城乡收入差距在1978—2002年间,经历了一个先缩小、随后扩大并且日趋严重的过程,城乡收入差距整体上趋于扩大,该结论能够得到其他研究的支持(王建农、张启良,2005;Wu X. M. & Perloff, J. M.,2005;程永宏,2006、2007;Ravallion, M. & Chen S.,2007;

王亚峰,2012;Li S.& Sicular, T.,2014;陈斌开、林毅夫,2013)。相反地,丁焕峰、刘心怡(2017)运用探索性空间数据分析方法研究发现:改革开放以来,我国城乡收入呈现先扩大后缩小的演变轨迹。张涛(2016)基于最大熵密度的GMM方法,利用1985—2012年收入分组数据,发现我国城乡收入差距表现为"倒U型"趋势,王韧(2006)、周云波(2009)也为我国城乡收入差距的"倒U型"变动态势提供了支撑。作为一个发展中大国,我国的城乡收入差距在不同区域的表现并不一致,石磊、高帆(2006)利用二元经济结构和城乡收入差距的空间特征,解释了我国不同省份的经济增长差距。近年来,许芳(2015)基于地理加权回归,发现我国城乡收入差距存在"从东到西,从南到北"逐渐上升的分布格局,该结论能够得到其他文献的验证(吕炜、储德银,2011;龙海明、凌炼、谭聪杰、王志鹏,2015;丁焕峰、刘心怡,2017)。此外,江春、司登奎、苏志伟(2016)还利用灵活性傅立叶函数研究发现:我国大西南综合经济区的城乡收入差距在稳定收敛,而大西北、中南和中北综合经济区的城乡收入差距则表现出发散趋势。

城乡收入差距是影响我国新型城乡关系构建的重要因素,对于我国城乡经济差距及其变动的成因,存在着城市偏向政策、经济发展战略、要素市场扭曲、户籍歧视、金融非均衡、人力资本差异等多种解释,例如:Lipton, M.(1977)、Krueger, A., Maurice, S.& Alberto, V.(1992)强调发展中国家在经济发展中实行城市偏向政策,这会引致或加剧城乡收入差距,并对二元经济结构的形成和转化产生重要影响。国内许多学者也研究发现:中国城乡二元经济与经济政策的制定和实施紧密相关,城市偏向政策是我国城乡收入差距不断扩大的基本原因(蔡昉、杨涛,2000;蔡昉、都阳、王美艳,2003;陆铭、陈钊,2004)。除城市偏向政策之外,还有文献从发展战略的视角出发来解释我国的城乡收入差距,即认为我国实施偏离禀赋条件和比较优势的赶超型发展战略,是引致城乡收入差距加剧的关键因素(林毅夫、刘明兴,2003;林毅夫、余淼杰,2009;陈斌开、林毅夫,2010;陈斌开、林毅夫,2013)。

在发展经济学的刘-费-拉模型中,农村劳动力的非农化流动是推动城乡二元结构转化的主要途径和核心机制。这意味着：农村劳动力自由流动能够抑制城乡收入差距，而劳动力市场的扭曲则对我国城乡收入差距缩减产生了负面影响(辜胜阻、李正友,1998;Hertel,T.& Fan Z.,2004;孙宁华、堵溢、洪永淼,2009)。这里的主要机制是劳动力市场扭曲影响了农村劳动力的非农化流转,进而延缓或阻滞了城乡收入差距的持续缩减。由此延伸开来,以户籍制度为核心的城乡二元结构是影响城乡收入差距的最主要因素(Bourguignon, F.& Morrison,C.,1998;Ravallion,M.,Chen S. H.,2004;Chun-Chung Au & Henderson,J. V.,2006;Whalley,J & Zhang S. M.,2007;万海远、李实,2013;宁光杰、李瑞,2016;江春、司登奎、苏志伟,2016)。例如：万海远、李实(2013)采用倾向得分匹配与双重差分的方法来构造反事实,发现我国户籍歧视对城乡收入差距具有显著负面影响,减少户籍歧视可以有效提高农民收入。杨楠、马绰欣(2014)使用面板非参数时变系数模型进行研究后发现,我国金融发展对城乡收入差距的作用机制存在动态"倒U型"特征和显著的地区间差异。类似的实证研究还显示：金融的非均衡发展确实会加剧城乡收入差距(姚耀军,2005;张立军、湛泳,2006;孙君、张前程,2012;钱龙、叶俊焘,2017;刘冠春,2017)。此外,郭剑雄(2005)认为人力资本和生育率是影响城乡收入差距的重要变量；陈斌开、张鹏飞、杨汝岱(2010)则发现教育水平差异是中国城乡收入差距最重要的影响因素。

全面建成小康社会背景下我国构建新型城乡关系,不仅需要缩减城乡收入差距,而且需要回应城乡消费差距。现有研究中国城乡差距的文献,相当一部分选取收入作为代理变量,这是因为收入数据更容易获取,具有随时间推移可以进行比较、数据整体质量高等特点(刘靖、李实,2013)。但近年来,越来越多的学者认为城乡消费差距是衡量城乡差距更为理想的一个指标(Knight,J.,Song L& Huaibin,J.,1999;王德文、何宇鹏,2005;邹红、李奥蕾、喻开志,2013)。在发展中国家的城乡关系研究中强调使用城乡消费差距,是因为：消费指标往往能够随着时间而平滑,且相对比较稳定,它能够更好反映居民福利的变动,不容易谎报和隐瞒(刘学良,2008;Meyer,B. &

Sullivan,J.,2011、2013;杨继东,2013;徐振宇、郭志超、荆林波,2014)。

就我国而言,已有文献首先从实证角度分析了我国城乡消费差距的演变趋势。采用差距倍数、泰尔指数等多种方法进行研究,可以发现:尽管对"转折点"出现的时点判断各有不同,我国城乡消费差距总体呈现出"倒 U 型"变动趋势(高帆,2014a;徐振宇、郭志超、荆林波,2014;张伟进、方振瑞、黄敬翔,2015;王小华、温涛,2015)。然而,林毅夫、陈斌开(2009)的实证研究并不支持"倒 U 型"假说,其结论是:在市场化和经济开放过程中,中国城乡消费差距在逐渐扩大。除城乡居民消费的支出水平差异之外,部分文献还研究了我国城乡居民的边际消费倾向以及消费行为的差异,这些研究强调:相对于城镇居民,农村居民消费存在着更为突出的"预防性储蓄"动机,他们通常具有相对较小的边际消费倾向。城乡居民消费行为的差异性意味着:在城乡经济政策制定和实施中应充分考虑政策的针对性,应对城乡两个部门实施不同的消费政策(周建、杨秀祯,2009;潘文轩,2010;凌晨、张安全,2012;王小华、温涛,2015)。

就城乡消费差距影响因素而言,大多数学者认为,城乡收入差距是引致城乡消费差距的最重要原因(苏良军、何一峰、金赛男,2006;方福前,2009;朱信凯、骆晨,2011;陈斌开,2012;高帆,2014b)。然而,吴迪、霍学喜(2010)通过建立城乡居民收入和消费差距误差修正模型(VEC)后发现,城乡居民消费差距引起城乡居民收入差距,而城乡居民收入差距不能引起城乡居民消费差距。彭定赟、陈玮仪(2014)的研究则提出,城乡收入差距和消费差距不存在长期均衡关系,尽管城乡收入差距是消费差距的格兰杰成因。李江一、李涵(2016)检验了我国城乡收入差距对居民消费结构的影响,研究结果发现:城乡收入差距扩大显著促进了农村家庭的人力资本和社会资本投入,但挤出了生存型和享受型消费;相反,城乡收入差距扩大对城镇家庭的人力资本投入有负向影响,但显著促进了他们的享受型商品消费。

除城乡收入差距之外,张利痒(2007)的研究表明,二元结构的体制和垄断厂商供应歧视是导致城乡消费差异的原因。林毅夫、陈斌开(2009)则表明,重工业优先发展战略与城乡消费不平等密切相关,且赶超程度越大,城乡消费差距越大。吴海江、何凌霄、张忠根(2014)根据生命周期假说,实证研究发现城乡少儿和老年人口抚养系数比与我国城乡居民消费差距分别呈负相关和正相关关系。李永友、钟晓敏(2012)发现财政政策的运用对城乡居民边际消费倾向具有非对称的影响,这是导致城乡消费差异的一个重要原因。徐敏、姜勇(2015)运用空间计量模型实证研究发现:中国城乡消费差距存在显著的省份空间依赖性,产业结构升级可有效缩小城乡差距,但在不同时期、不同区域的作用效果存在差异。刘后平、李源、张国麒(2015)通过分位数回归模型研究发现:显性因素(收入、养老保障、年龄、受教育年限等)是影响我国城乡消费差异的主要因素,且对不同消费水平城乡家庭的影响程度不同,城乡消费差异随分位数增加而减小,隐性因素(偏好、习惯以及所处的发展阶段等)作用减弱是差异减小的主要原因。

城乡消费差距的影响因素不仅涉及城乡收入与差距,还涉及城乡之间在公共产品和社会保障资源获取中的差别。据此,有些文献指出:现阶段我国不仅存在城乡二元经济结构,而且存在城乡二元社会结构,城乡差距不仅表现在收入水平的差距上,更体现在农村的基础设施、教育、医疗、卫生和社会保障等公共品供给的差距上(陈雪娟、余向华,2011;余长林,2011),社会学家甚至将我国城乡公共产品获取的不均等特征称为"城乡分治、一国两策"(陆学艺,2000、2002)。全面建成小康社会需要城乡居民相对均等地分享经济社会发展的成果,构建新型城乡关系、推动城乡一体化必然要求尽可能缩小这种差距,让农村居民与城市居民在公共品供给方面享受平等的政策和机会(洪银兴、陈雯,2003;王伟同,2009)。相关学术研究发现:现阶段我国农村公共品供给整体上存在总量不足、资金来源单一、产品结构不合理、城乡地区不平衡等问题(张林秀等,2005;赵宇、姜海臣,2007)。举例来说:吴愈晓(2013)使用CGSS2008的数据,对我国初中、高中和大学三个教育阶段升学机会的影响及其作用变化趋势进行了研究,结果发现:初中升学机会的城乡差异没有变化,高中和大学升学机会的城乡不平等有扩大趋势,这种研究能够得到李春玲(2014)等相关文献的支持。刘小鲁(2017)则以中国健康与养老追踪调查(CHARLS)数据为基础,通过倾向匹配得分法研究城乡居民医疗保险对居民门诊和住院医疗服务利用水平的影响,结果发现:中国城乡居民医疗保险并未显著缩小医疗保险实际补偿率的城乡差异。城乡二元社会结构意味着我国要全面推进城乡一体化战略,必须深化城乡综合配套改革以实现城乡居民生活质量的等值化,使城乡居民能够享受等值的生活水准和生活品质(魏后凯,2016)。

2.3 针对城乡经济关系完善思路和方案的研究

在发展经济学的二元经济理论中,刘-费-拉模型将农村劳动力的非农化转移视为推动二元经济结构转化的核心机制。由此出发,国内外有文献从劳动力流动视角切入来论证我国新型城乡关系的推进方案。就中国而言,全面建成小康社会背景下的新型城乡关系需要基于协调和共享等发展理念,实现城乡经济社会发展的一体化,这就要求市场在城乡资源配置中发挥实质性作用,提高资源配置效率(曲福田、田光明,2011)。有学者强调:城乡一体化是城乡统筹的重要目标,通过消除城乡二元结构,促进城乡协同发展,形成"以城带乡、以工促农"的新型城乡关系,促使农村居民与城市居民共享现代化成果,推动城乡一体化进程,实现城乡全面统筹发展(刘红梅、张忠杰、王克强,2012;魏后凯,2016)。国务院发展研究中心农村部课题组(2014)认为我国依然存在明显的城乡二元结构,这可谓中国最大的结构性问题。为了加快形成新型城乡关系和城乡一体化新格局,我国必须拓展城乡发展一体化的视角,要从释放国民经济增长潜力的视角来推动城乡发展一体化;以保障农民公平分享土地增值收益为重点,加快构成用途管制、权能平等、增值共享的城乡统一建设用地市场;以缩小城乡劳动生产率差距为重点,加快构建择业自由、同工同酬、同城同权的城乡统一就业市场;加快构建竞争适度、服务便捷、普惠

"三农"的农村金融市场体系；以推进城乡公共资源均衡配置为重点，加快构建制度统一、标准统一、服务可及的农村公共服务体系。在这种对新型城乡关系的分析中，农村劳动力的非农化流动（或者说城市化进程）扮演着至关重要的角色。

改革开放以来，伴随着市场化导向的经济体制改革，我国农村劳动力出现了大规模、持续化的非农化流转，与这种流转相对应的是我国城市化进程的急速推进。农村劳动力的非农化流转促进了经济增长，改善了城乡居民的福利状态（Hayashi，F. & Prescott，C. E.，2008；Hsieh，C. T. & Klenow，P. J.，2009；Vollrath，D.，2009；潘越、杜小敏，2010；张广婷、江静、陈勇，2010；牛建林，2013；黎德福、唐雪梅，2013；郝大明，2016）。例如：张广婷、江静、陈勇（2010）通过构建劳动力配置效应模型，以此研究城乡二元经济结构背景下中国农村剩余劳动力转移对国民经济增长的作用，结果发现：1997—2008年中国农村剩余劳动力转移对劳动生产率提高和GDP增长率的贡献度分别为16.33%、1.72%。Vollrath，D.（2009）研究发现劳动力要素扭曲对中国人均收入的解释力度为30%—40%，对全要素生产率的解释力度超过80%。这些文献判断中国如果能有效实现劳动力要素从农村向城镇的流动，则可以显著地促进经济的持续快速增长。此外，还有文献研究了农村劳动力转移对我国储蓄率的影响（李扬、殷剑锋，2007；樊纲、吕焱，2013；张勋、刘晓光、樊纲，2014）。例如：樊纲、吕焱（2013）指出在1978—2008年中国经济高速发展过程中，农村剩余劳动力的存在导致企业利润增长、企业储蓄率上涨，进而提升了中国整体的国民储蓄率。张勋、刘晓光、樊纲（2014）则将储蓄率分为三种类型（城市居民、农民工、农民），其研究发现：在农村剩余劳动力持续向非农部门转移过程中，农民工群体随着非农部门的资本积累而不断扩大，农民工群体的高储蓄率也提升了农户储蓄率和国民储蓄率。

劳动力流动对我国新型城乡关系构建具有重要影响，但户籍制度对中国城乡劳动力流动产生了制约（Chun-Chung Au & Henderson，J. V.，2006；Whalley，J & Zhang S. M.，2007；万海远、李实，2013；宁光杰、李瑞，2016）。

基于此,我国城市化就呈现出政府偏好主导、城镇户籍居民与流动人口二元分割等特征(罗翔、朱平芳、项歌德,2014;陈云松、张翼,2015),户籍制度改革对我国城乡一体化发展具有重要作用(孙文凯、白重恩、谢沛初,2011;尹虹潘、刘渝林,2016)。从机制来看,户籍制度通过三个渠道影响了我国的城乡一体化和城乡统筹发展:一是人口流动(陈益龙,2008;梁琦、陈强远、王如玉,2013;朱江丽、李子联,2016;Liu Z.,2005;Bosker,M. et al.,2012)。例如:梁琦、陈强远、王如玉(2013)通过数值模拟发现,户籍制度会阻碍劳动力流动,放开小城市、小城镇的户籍,可以引导农村剩余劳动力转移,有利于构建新型城镇化范式的城市群和都市圈布局。二是工资差异(孟凡强、邓保国,2014;章莉等,2014;常进雄、赵海涛,2016;Meng X. & Zhang J.,2001;Demurger, S. et al.,2009、2012)。例如:常进雄、赵海涛(2016)使用中国健康与营养(CHNS)数据来分析我国农村户籍劳动力工资歧视,结果发现城镇户籍劳动力在国有企业得到的工资溢价要显著地高于农村户籍劳动力。Demruger 等(2009)的研究显示,严格的户籍管制导致中国农民难以向城市的公共部门流动,这导致了城乡不同居民之间的工资差异,城市户籍劳动力收入是农村户籍劳动力的1.3倍。三是土地流转(陆铭、陈钊,2009;张梦琳,2014;周文等,2017;Lu M. & Wan G.,2014;Wen G. & Xiong J.,2014)。例如:周文等(2017)构建了一个包含农村和城市两类异质性劳动力和土地的内生城市化模型,研究发现户籍制度影响了土地流转,土地流转加快和户籍制度松绑能够加快城市化进程。Lu M. & Wan G.(2014)则发现:中国农地流转长期受到严格管制,而户籍制度管制很大程度上制约了农村土地的流转。

在刘-费-拉模型中,以工业为代表的现代部门和以农业为代表的传统部门工资趋同具有重要含义:当农村劳动力转移以致出现自身部门工资上涨时,则意味着农村剩余劳动力消失,劳动力工资决定方式的转折点——即刘易斯拐点(Lewisian Turning Point)到来。我国农村劳动力的大规模、持续化非农流转改变了城乡关系,并引致了学术界对我国刘易斯拐点问题的讨论。在这种讨论中,有些文献认为中国的刘易斯拐点已经到来(蔡昉,2008、2010;

王德文,2009;Islam,N.&Yokota,K.,2008;Cai F.&Wang M.,2008),但也有文献认为中国的刘易斯拐点还未来临(Knight,J.&Li S.,2005;Meng X.&Bai N.,2007;Kwan,F.,2009;汪进、钟笑寒,2011;毛学锋、刘靖,2011;余宇新、张平,2011;高帆,2012b)。在前种观点中,Islam,N.& Yokota,K.(2008)利用中国省级面板数据测算了农业工资和劳动力边际生产率的动态趋势,发现劳动力边际生产率一直保持上升趋势,上升速度超过工资的上涨速度,由此可知刘易斯拐点已经到来。但在后种观点中,毛学锋、刘靖(2011)发现:农村劳动力边际产出有较大幅度提高,但仍旧赶不上农业部门工资;尽管名义工资有所上涨,但实际工资却经历了先下降后上升的过程,始终没有恢复到之前的最高水平;城市劳动力市场倾向于在较低工资水平上雇用更多的技能工人,但在给定的低于生存型工资水平下,非技能工人可能供给不足,这些判断意味着中国的刘易斯拐点还没有到来。

在刘-费-拉模型中,农村劳动力的非农化转移与农业部门的发展程度紧密相关,据此,城乡二元结构的转化进程以及我国新型城乡关系的构建需要关注农业发展以及与此相关的农民增收问题。在农业发展维度,已有研究显示:我国的城乡一体化应适时调整政策以提高农业生产率(李明、邵挺、刘守英,2014;欧阳志刚,2014)。进入新世纪以来,我国的农业发展尤其是粮食增产取得了显著成效,然而,我国的粮食生产和农业发展容易受到环境变化(麻吉亮、陈永福、钱小平,2012;陈帅、徐晋涛、张海鹏,2016;Kanwar,S.,2006;Chen S.,Chen X.,Xu J.,2016)、劳动力外流(石智雷、杨云彦,2011;王跃梅等,2013;盖庆恩、朱喜、史清华,2014;Rozelle,S. et al.;Chang H.et al.,2011;Chiodi,V. et al.,2012)、农业补贴(钟春平、陈三攀、徐长生,2013;王欧、杨进,2014;李江一,2016;Fan S. et al.,2008;Just,D.R.,2011)等诸多因素的影响。在农业供给侧结构性改革、农村土地和劳动力要素供给约束的条件下,全要素生产率(TFP)对我国农业发展方式转变以及工农城乡关系变动发挥着重要作用。据此,学术界采用了增长核算法、数据包络法(DEA)、随机前沿方法(SFA)等多种方面研究了我国农业 TFP 演变轨迹及其内在机制(周端明,2009;Xin X.F.& Qin F.,2011;朱喜、史清华、盖庆恩,2011;高帆,2015;韩海彬、张莉,2015;付明辉、祁春节,2016)。例如:朱喜、史清华、盖庆恩(2011)强调如果能够有效地消除资本和劳动配置的扭曲,我国的农业 TFP 有望增长 20% 以上,而东、西部地区的改进空间将超过 30%。

我国城乡经济关系转变还意味着农业经营方式的变化,事实上,农业生产率的提高通常以经营方式变革为前提。据此,有文献研究了农业经营的内涵与功能(郭庆海,2013;廖祖君、郭晓鸣,2015;韩朝华,2017;Brookfield,H.,2008;Graeub,B. E. et al.,2016)。例如:郭庆海(2013)认为新型农业经营主体是以家庭经营制度为基础,具有相对较大的经营规模,与现代农业及市场经济相适应的农业经济组织。当前我国的新型农业经营体系包括家庭农场、农民合作社、农业企业,家庭农场是未来农业经营组织的发展方向。Graeub,B. E.等(2016)也发现家庭农场占全球农场总数的 98%,说明家庭农场在农业中占据主导地位。此外,还有文献研究了我国农业经营方式创新的福利与效率(孔祥智,2014;鲁钊阳,2016;Chavas,J. P.,2001;Chaplin,H. et al.,2004)。例如:鲁钊阳(2016)研究发现,我国新型农业经营主体发展的收入效应和就业效应是显著的,在西部民族地区和非民族地区新型农业经营主体发展的福利效应存在差异,非民族地区的新型农业经营主体发展的效果明显优于民族地区。农业发展和农业经营方式变革与土地制度紧密相关,曲福田、田光明(2011)认为城乡统筹发展须变革土地产权制度,黄季焜等(2012)发现农地确权激发了农户长期投资。我国应加快构建权能平等、增值共享的城乡建设用地市场(国务院发展研究中心农村部课题组,2014),形成农地所有权、承包权和经营权的三权分置模式(孙宪忠,2016)。除了土地制度之外,还有文献基于金融在经济增长和结构变动的作用(Kumbhakar,S.C.&Christopher,F. P.,2009),从农村金融发展视角,集中研究了我国的农村金融抑制、发展方向及其经济社会效应(洪正,2011;董晓林、徐虹,2012;何志雄、曲如晓,2015;粟芳、方蕾,2016)。从总体上看,土地和金融制度的这些变革有助于我国农业经营规模化、新型经营主体壮大和城乡一体化发展(倪国华、蔡昉,2015)。

城乡收入差距在城乡经济关系转变中具有举足轻重的作用,我国的城乡经济关系改善需要着力解决城乡收入差距问题。在这方面,现有文献主要从三个视角切入来分析我国农民的收入增长渠道:一是土地制度(许庆等,2008;冒佩华、徐骥,2015;骆永民、樊丽明,2015;Jin S. Q. & Deininger, K.,2009;Winters, P. et al., 2009;Gray, C. I. & Bilsborrow, R. E., 2014)。例如:冒佩华、徐骥(2015)采用农户家庭微观调研数据和反事实方法来分析土地经营权流转对农户家庭收入的影响,得出的结论是:土地流转能显著地提高农户家庭的收入水平,土地流转能够使全样本的农户家庭收入增加19%,使已流转土地的农户家庭收入增加33%。二是人力资本(邢春冰、贾淑艳、李实,2013;骆永民、樊丽明,2014;Yang D. T., 2004;Parman, J., 2012)。例如:骆永民、樊丽明(2014)实证研究了中国农村人力资本与农民增收之间的联系,结果显示:农村人力资本对本省农民的工资性收入和非工资性收入均产生了正向促进作用。三是农业技术(肖卫、肖琳子,2013;周振、马庆超、孔祥智,2016)。例如:肖卫、肖琳子(2013)遵循"农业部门输出劳动力—产生劳动节约型技术需求—现代产业部门供给技术—两部门要素均衡配置"的传导机制,论证了我国农业技术进步与农民增收之间的关系,其结果表明:优化城乡要素配置,加强现代部门对农业部门的技术支持,这些政策举措有助于实现农民的持续增收目标。

2.4 对已有相关文献的评述

导源于中国仍存在城乡二元经济结构的实践背景,以及城乡经济关系变动对整个现代化进程的重要作用,学术界围绕中国的城乡经济关系问题已经展开了广泛研究。这些研究涉及城乡经济关系的界定、城乡经济关系的集中表现——城乡收入差距和城乡消费差距,以及城乡经济关系的完善方式和政策等诸多领域,相关文献在研究范围上具有广泛性,研究视角上具有差异性,研究方法上具有多样性。从理论出发点来看，现有文献集中运用了发展经济学的经典二元经济理论——刘-费-拉模型，以此展开对中国城乡劳动力流动、农业发展、二元结构转化效应等问题的研究。这样就避免了从现象角度对中国城乡关系进行描述，从而使得研究具有比较突出的逻辑推演和理论探究特征。正是导源于研究范围的广泛性和研究基点的理论性，已有相关研究对于推进我国的经济发展实践也就发挥了不容否认的积极作用。例如：从刘-费-拉模型出发，相关文献强调深化城乡户籍制度改革有助于推动我国城乡劳动力的充分流动，这对我国有效地制定城乡发展一体化政策具有借鉴作用。与此同时，研究范围的广泛性和研究基点的理论性，也能够使不同研究文献之间形成相互补充的效果。例如：城乡收入差距的相关研究和城乡消费差距的相关研究之间通常紧密相关，且可相辅相成、彼此验证。概括起来，已有相关文献对人们深化对我国城乡关系问题的研究具有重要作用，对本课题的研究展开而言也提供了必要的理论文献资料。

然而，本书旨在探究中华人民共和国成立以来、尤其是改革开放之后，我国城乡经济关系的演变逻辑和内在机制，并立足于这种演变机理的分析提出新时代我国城乡经济关系持续完善的政策方案。从这种研究主题出发，已有文献尽管在某些方面回应了这个主题，但在理论框架、论证过程以及政策含义等方面仍是相对不足的，仍存在较大的改进空间。这主要表现为：

首先，从研究主旨来看，现有文献往往是侧重于分析中华人民共和国成立之后"某个时段"的城乡经济关系，特别是，研究某个时期我国城乡收入差距的水平、成因、效应以及缩减思路，聚焦于某个特定时段的分析对阐释我国的二元经济结构特征是必要的。然而，本书却试图分析中华人民共和国成立以来、尤其是改革开放40年中国城乡经济关系的整体和长期变动脉络，关注不同时段的城乡经济关系特征及其演变机制是本研究的核心工作。就逻辑展开而言，本书会依据实证数据将中国的城乡经济关系进行"分段"，并利用割裂、融合等核心概念来刻画不同时段城乡经济关系的基本特征。除此之外，本研究的一个重要工作是要立足于中国本土化的分析框架，来阐释不同时段的城乡经济关系是如何演变的,中国的经济制度安排与这种演变是如何互动的,以及从不同时段的城乡经济关系演变机制中如何引申出相应的政策含义。显而易见,相对于已有文献,本书的研究主旨具有较为突出的长时段、大跨度的特征,并突出对长时段中城乡经济关系演变内在规律的解析。

其次,从理论取向来看,现有研究通常基于发展经济学中的经典二元经济理论——刘-费-拉模型来展开对中国城乡关系问题的研究,这从已有文献关注农村劳动力流转、城乡户籍制度改革、城乡收入差距和消费差距变动等可以得到证实。问题在于:在研究中使用刘-费-拉模型等二元经济理论,一个隐含的前提条件是,中国的城乡二元对立成因和这些模型的二元对立成因是相同的。刘-费-拉模型强调:以工业为代表的现代部门和以农业为代表的传统部门存在着劳动生产率的偏差,这种偏差主要导源于两部门存在着截然不同的要素禀赋条件:与城镇部门相比,农村部门存在着大量边际生产率极低甚至为零的劳动力,农村部门劳动力过剩而现代部门劳动力短缺是城乡二元经济反差的经济成因。然而,1949年以来,中国是一个实行社会主义制度、且人口和地理规模庞大的发展中国家,在不同的时期,中国往往依据不同的发展战略趋向而制定相应的制度安排和政策举措,发展战略自然会对城乡经济关系的表现形态产生影响。这意味着:从成因来看,我国的城乡二元结构既与部门间的禀赋条件有关,也与整个国家的发展战略和制度安排相关。研究我国的城乡经济关系问题必须突破刘-费-拉模型的隐含假设,回应城乡二元结构形成动因的本土特征和复杂性质。

第三,现有文献立足于发展经济学的刘-费-拉模型来理解中国城乡经济问题,其在城乡经济关系转化中就凸显了劳动力流转、城镇化的重要性,这种理解捕捉到了城乡经济关系的若干重要方面。然而,刘-费-拉模型除了有特定的二元结构成因假定之外,在二元结构的转化方式中同样存在多种隐含假设,例如:城乡要素市场是完备的,因此,农村劳动力可以依据准确的价格信号(工资水平)以及极低的交易成本进行城乡之间的就业转化;工业等现代部门通常采用劳动密集型的生产方式,以工业为代表的现代部门可以持续保持对农村劳动力的突出吸纳能力；资本和劳动的比例固定不变，因此，工业等现代部门具有显著的资本积累能力进而从农村部门汲取剩余劳动力。然而，这些隐含假设与中国的本土化特征存在重大差别。例如：1978年中国启动并实施了改革开放的重大战略，迄今为止我国仍是一个正处在体制转型阶段的发展中大国，市场化导向的经济体制转型正在进行，且不同领域的市场化进程并不完全同步。从总体上看，要素市场化程度落后于商品市场化进程（王小鲁、樊纲、余静文；2017），这就使得中国的城乡要素流动尤其是劳动力要素流动面临着独特的市场化程度格局。刘-费-拉模型假定"要素市场有效率"，然而，"要素市场在完善"是我国城乡经济关系演变的基本背景，这种背景意味着中国的城乡二元结构转化以及城乡经济关系演变具有属于自身的独特性质。

第四，现有文献立足于刘-费-拉模型来理解中国的城乡经济关系，该模型与城乡劳动力等生产要素的再配置紧密相关，从逻辑上说，城乡要素再配置则需要充分发挥市场的价格机制作用和政府的公共产品供给作用。据此，现有多数文献侧重于从"政府-市场"两分框架来研究我国城乡一体化或新型城乡关系的政策方案，即市场在资源配置中发挥关键作用，政府则通过提供公共产品弥补市场失灵。这种研究的隐含假设是：政府和市场不存在内部的结构特征，即政府内部是同质的，市场内部也是同质的。问题在于：1978年以来，中国是一个正处在经济体制转型中的发展中大国，政府和市场这个维度均存在显著的结构特征，例如：Xu Chenggang(2011)指出改革开放以来尤其是20世纪90年代中期以来，我国形成了独特的地方分权式治理体制（regionally decentralized authoritarianism，RDA），该体制的基本特征是政治和人事控制权在中央层面的高度集中，以及经济与行政权在地方层面的高度放权。巫永平（2017）结合中国台湾地区的经济发展实践，强调指出理解经济发展过程必须要基于政治过程对经济的影响，并应关注市场的结构特征（即上层市场和下层市场之间的相互作用）。1978年以来中国市场化导向的经济体制改革具有显著的渐进特征，这意味着不同市场间的结构特征是值得关注的。政府和市场均具有结构特征,研究全面建成小康社会背景下的新型城乡关系应该突破"政府-市场"两分法,内生政府内部的结构、市场内部的结构对新型城乡关系构建的作用。

最后,在我国经济处于新常态且转向高质量发展的特定背景下,针对我国城乡经济关系演变机理的研究,其最终落脚点是在政策含义中提出有针对性的城乡经济关系完善方案。围绕城乡二元结构转化、城乡经济关系完善这个目标取向,已有文献从户籍制度改革、土地制度改革、金融制度改革、农业补贴制度改革、城乡公共产品配置制度改革等方面提出了一系列的完善方案。然而,这些完善方案大多是在"应然"层面讨论问题,而不是在"实然"层面讨论问题,即它们基本是在分析我国实现城乡经济关系完善"应该"采取哪些政策举措,而往往难以回答:这些政策方案是如何制定和实施的?逻辑完美的某些方案"为何"难以在实践中被有效实施?这样也就影响了已有文献政策建议对城乡经济关系改进的实践价值。在政策含义分析中需要从"应然"走向"实然",需要深刻解析城乡经济关系演变的基本趋势和内在逻辑,洞悉城乡经济关系演变的制度基础和不同主体的行为方式。简单地说,在我国着力解决不平衡不充分发展的情形下,我国推动城乡经济关系持续完善不仅需要精确理解现有政策的实施效力,而且需要基于机制设计理论,在城乡经济关系实施机制中凸显不同参与者的参与约束和激励相容约束。

概括起来,现阶段学术界针对我国城乡经济关系问题已经展开了较多研究,并形成了较为丰富的研究成果。就实践背景而言,这些研究成果回应了中国迄今为止仍存在城乡二元结构这种现实格局,就理论渊源而言,这些研究成果则体现出对发展经济学二元经济理论的应用。已有研究文献涵盖了中国城乡经济关系的内涵和测度、现状和成因,以及完善思路和方案等多个方面,其在内容上具有广泛性,视角上具有差异性,方法上具有多样性,这些文献对人们深刻理解中国城乡经济关系问题具有启发和借鉴作用。

然而,已有文献往往集中于中国某个时段的城乡经济关系问题分析,且分析主要采用了发展经济学中的刘-费-拉模型,而并未细致地辨析该模型隐含假设与中国本土化实践的匹配问题。此外,在逻辑论证和政策含义中往往立足于政府-市场的两分框架,相对地对政府内部、市场内部的结构特征关注较少。这些情形意味着已有文献并未穷尽中国城乡经济关系的全部内容,它们仍存在较为广泛的改进空间。本书试图立足于本土化特征来构建城乡经济关系政治经济学分析框架,进而阐释中华人民共和国成立以来、尤其是改革开放40年以来中国城乡经济关系的演变逻辑,并将这种演变机制概括为从割裂到失衡型融合、再到协同型融合的变动过程,而分析机制中则突出了政府间、市场间等多个维度的制度特征。这种分析视角具有长时段、大跨度,以及立足于本土化特征来形成论证逻辑的特征,它力图在分析主旨和论证视角等方面形成对已有研究成果的补充,进而深化对中国城乡经济关系的理论认识并凸显对相关政策选择的启示作用。

第3章

中国城乡经济关系的政治经济学分析框架

从逻辑上说,理解中国城乡经济关系的演变机理首先需要确立恰当的分析框架。事实上,发展经济学已经捕捉到发展中国家普遍面临着城乡二元反差,并由此形成了以刘-费-拉模型为集中代表的二元经济理论。前文的文献综述显示:针对中国城乡经济问题的已有文献,也通常以该模型作为研究展开的主要理论来源。刘-费-拉模型以发展中国家存在城乡两部门之间的经济对立作为既定条件,将农村剩余劳动力的非农化转移视为城乡经济关系转变的核心机制,这种分析思路对中国的经济实践具有启示意义。然而,与其他经济理论相类似,刘-费-拉模型也具有一系列的隐含假设,这些假设与中国的本土化特征并不完全一致。特别是,1949 年以来,中国是一个实行社会主义制度的发展中大国,以 20 世纪 70 年代末期为分界点,中国的经济发展存在着改革开放之前和之后两个时段。迄今为止,中国的改革开放重大战略已经推进了整整 40 年,但当前仍处在市场化导向的经济体制转型进程之中。上述实践背景必定会派生出相应发展战略以及经济制度,这些经济制度会对中国城乡经济关系的形成、演变以及绩效产生影响。简单地说,解析中国的城乡经济关系必须内生这些经济制度以及经济制度背后的发展战略、约束条件和社会结构。在这个意义上,政治经济学为探究中国城乡经济关系这个经典的"发展"问题提供了思想基础,"发展的政治经济学"对解析中国的城乡经济关系问题是至关重要的。

3.1 刘-费-拉模型及其在中国的适用性

第二次世界大战之后,发展中国家普遍面临着急迫的经济发展使命。这种实践背景促使许多学者开始将研究视野投向发展中国家的经济特征及其社会发展问题,而"二元性"(duality)就是社会科学学者对发展中国家现实的一个著名概括。从词源学的角度看,二元结构最初是针对发展中国家的特殊社会形态而提出的,例如:Boeke J. B.(1953)就提出了"社会二元主义""二元社会"(dual society)的概念,并探究了印度尼西亚殖民地"飞地"部门与本土传统部门之间的经济社会差别。在此之后,许多学者对发展中国家二元性的分析逐渐从社会维度拓展至经济、技术、文化等诸多领域,特别是,伴随着发展经济学兴起的二元经济理论逐步成为人们理解城乡经济关系的理论基础。

在发展经济学中,二元经济理论最具代表性的模型是刘-费-拉模型,该模型是由刘易斯、费景汉和拉尼斯等学者在20世纪50—60年代相继提出并逐步完成的。作为对发展中国家经济结构特征的回应,Lewis, W. A.(1954)集中探究了劳动力无限供给条件下的经济发展问题,从而在理论层面形成了具有逻辑内洽性的二元经济发展模型。刘易斯模型强调:发展中国家或不发达经济普遍存在两个截然不同的部门——传统部门或维持生计部门(subsistent sector)和现代部门或资本主义部门(capitalist sector),这两个部门之间的对立和并存是发展中国家经济体系的基本特征。传统部门主要是指农业部门(traditional agriculture sector),它使用土地、劳动力等传统要素进行生产,要素生产率、劳动者报酬或工资水平均偏低;而现代部门主要是指非农业部门或工业部门(modern manufacture sector),它使用资本等具有可再生特征的现代要素以及其他要素开展经济活动,能够较快地采用科学和技术的创新成果,且要素生产率、劳动者报酬或工资水平较高。传统部门存在着边际生产率为零的劳动力,这些劳动力追求由最低生存费用所决定的生存工资(subsistence wage)。在农村剩余劳动力被汲取完毕之前,现代部门只要能支付稍高于生存工资的固定工资就能得到任何数量的劳动力,但在农村剩余劳动力被汲取完毕之后,现代部门必须支付高于生存工资的报酬才能从农村继续获得劳动力。在上述背景下,发展中国家的二元经济结构转化可用图3-1来表示。

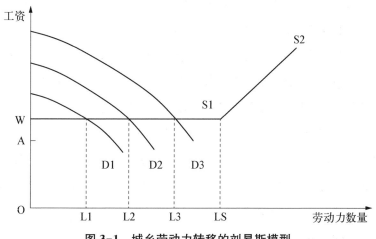

图 3-1 城乡劳动力转移的刘易斯模型

如图 3-1 所示,发展中国家并存着以农业(或农村)为代表的传统部门和以非农产业(或城镇)为代表的现代部门,这两个部门之间存在着劳动力的禀赋差异及其转移问题,这种劳动力的部门再配置构成了城乡经济关系变动的核心内容。在该劳动力转移示意图中,横轴表示城镇部门从农村部门汲取的劳动力数量,纵轴表示城乡两部门的实际工资水平,其中 OA 表示农村部门的生存工资,OW 表示城镇部门从农村部门汲取劳动力时支付的固定工资,D1、D2、D3 分别代表城镇部门不同资本投入水平下的劳动边际生产率或劳动力需求。在图 3-1 中,依据劳动力的转移数量以及两部门的工资决定方式,发展中国家的二元经济结构存在两个截然不同的变动阶段:

第一阶段是农村部门存在着近乎无限供给的劳动力,因此,工业部门只要能支付高于农村生存工资 OA 的固定工资 OW,就可以从农村部门获取任何数量的劳动力要素。在这一阶段,城镇部门先从农村部门获得 L1 数量的劳动力,这些劳动力的边际生产率用曲线 D1 表示,但固定工资水平是 OW,因此,曲线 D1 高于 OW 的差额部分构成了城镇部门的生产盈余(利润),而生产盈余随即转化为资本积累。进一步地,城镇部门利用资本积累扩大生产并从农村部门吸取 L2 数量的劳动力,其固定工资水平仍是 OW,因此,曲线 D2

与 OW 的差额部分继续形成城镇部门的生产盈余或资本积累，这种过程持续进行直至从农村部门汲取的劳动力达到 LS。

第二阶段是农村劳动力在持续流出的背景下出现供给短缺，其边际生产率开始提升，且工资水平已不再停留于生存费用基准所形成的生存工资 OA。在这一阶段，城镇部门要继续从农村部门继续获取劳动力，不能始终支付稍高于农村生存工资 OA 的固定工资 OW，而需要按照劳动力供求关系以及劳动力的边际生产率给予农村劳动力报酬，该报酬随着从农村获取劳动力数量的增加而逐步提高。在图形上表现为在 LS 的右侧，城镇部门如果需要从农村部门获取劳动力，则应按照 S1 到 S2 这个劳动力供求曲线决定的均衡点提供不断走高的工资，基于 OW 这个固定工资水平来获取农村劳动力这一此前的机制出现失灵了。

显然，在刘易斯模型中，农村部门存在着边际生产率为零的剩余劳动力，城镇部门的劳动边际生产率高于其汲取劳动力的固定工资，这种差额导致了城镇部门的资本积累和农村剩余劳动力的持续流出。农村部门存在的剩余劳动力意味着城镇部门开展经济活动的低成本，与低成本相伴随的高利润、高积累则成为城镇部门从农村部门不断汲取劳动力的前置条件。城镇部门从农村获取劳动力以致工资决定机制发生变化时，城乡经济关系随即到达"刘易斯拐点"或"刘易斯转折点"(Lewisian Turning Point)：农村劳动力的工资也由其边际生产率来决定，城乡两部门的工资决定机制开始趋同，城乡收入差距也因劳动力再配置而出现收敛，发展中国家的二元经济状态随之转向一元经济格局。上述分析思路将城镇部门的资本形成和生产规模扩张与农村部门的劳动力转移结合起来，从而在理论层面论证了发展中国家二元经济结构转换的核心机制，这对经济理论的拓展以及发展中国家的经济实践均具有重要的启示意义。

然而，刘易斯模型因隐含假设缺陷而存在需要被改进的空间，特别是，Ranis，G.&Fei，J.C.H.(1961)、Fei，J.C.H. & Ranis，G.(1964)强调刘易斯模型存在这样的缺陷：没有关注农村部门在促进城镇部门发展中的作用，没有关注农业生产率提高所导致的剩余产品出现是农村劳动力流动的先决条件。换言之，刘易斯模型将农村视为一个依附性的、等待被改造的部门，城镇等现代部门的扩张是消除二元经济结构、实现经济现代化的动力源泉。然而这种理解并不能契合二元经济结构转化的实践，农村经济发展和生产率的提高对二元经济结构转化也是至关重要的。作为对上述缺陷的回应，拉尼斯和费景汉提出了伪装失业（disguised underemployment）概念，它不仅包括边际生产率为零的劳动力，也包括边际生产率大于零但小于不变制度工资的劳动力。在费景汉和拉尼斯看来，传统部门面临的不变制度工资（constant institutional wage）即为农业劳动者的平均产出或收入水平，该工资水平主要不取决于市场力量而取决于习惯和道德等制度因素。容易看出，费景汉和拉尼斯所提出的伪装失业概念，拓展了刘易斯模型中边际生产率为零的劳动力假设，从而使其对城乡经济关系的分析变得更具多样性和实践针对性。

依据对核心概念的拓展性界定，费景汉和拉尼斯将发展中国家的城乡二元结构转化区分为三个阶段（如图3-2所示）：

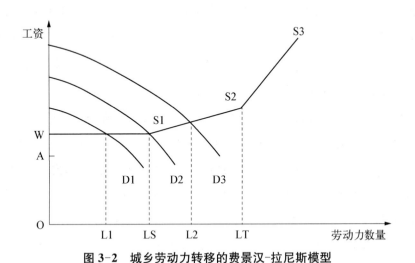

图3-2 城乡劳动力转移的费景汉-拉尼斯模型

第一个阶段是农村部门的边际生产率等于零，即横轴中O到LS这个阶段。在这个阶段，农村部门的劳动力转移不会对农产品总量产生任何影响，而城镇部门则可按照某个固定工资水平(不变制度工资OW)从农村部门获取劳动力。从逻辑建构的角度看,这个阶段农村部门转移出的劳动力属于伪装失业的第一种情形,它和刘易斯模型的第一阶段是完全等同的。

第二阶段是农村部门劳动力边际生产率大于零但小于不变制度工资,即横轴中LS到LT这个阶段。在这一阶段,农村部门劳动力转向城镇部门会对农业产出产生影响,即因劳动力流出而导致农业总产出的降低,这个阶段农村部门转移出的劳动力属于伪装失业的第二种情形。进一步地,农业总产出降低会引致农产品价格上涨和工资水平抬高,即城镇部门从农村部门要获取劳动力必须要小幅度地提高工资水平,工资水平从S1到S2的上涨就反映了这种变化态势。这意味着城镇部门的劳动供给曲线出现了轻微向右上方的变化。

第三阶段是农村剩余劳动力全部转移至城镇部门,即横轴中LT右侧这个部分。在这个阶段,农村部门的剩余劳动力完全消失,城镇部门要从农村获取劳动力则工资由劳动力的边际产出决定,这样城乡两部门的劳动力工资决定机制完全一致了,城乡两部门之间的劳动力流动取决于边际产出的变化和比较。这一阶段工资决定机制与刘易斯模型的第二阶段是相同的。显而易见,在第三阶段要实现农村劳动力的持续转移,必须确保农业生产率增长满足农业总产出稳定甚至提高这个条件,农村部门的生产率增长是实现城镇部门扩张和农村部门劳动力持续转移的前提条件。

从上述两类模型的演变和比较中可以发现,费景汉-拉尼斯模型从三个维度拓展了刘易斯模型:第一,在农村剩余劳动力的理解中,费景汉-拉尼斯模型关注到边际生产率大于零但小于不变制度工资这部分劳动力,这突破了刘易斯模型仅仅局限于农村劳动力边际生产率为零的情形;第二,在城乡二元结构转化中,费景汉-拉尼斯模型强调了农村部门生产率提高对城镇部门扩展和自身劳动力流出的重要作用,这样就不再将农村视为被动的、等待被改造的部门,农村部门的生产率提高本身也成为二元结构转化的重要组成部分;第三,依照农村劳动力的流出状况和工资决定机制,费景汉-拉尼斯模型发现了二元经济结构转化中的两个转折点——短缺点(shortage point)和商业化点

(commercialization point)。前者是指第一阶段走向第二阶段时因农村劳动力转移导致的农产品供给短缺状况,后者是指第二阶段走向第三阶段所导致的传统部门商业化程度提高格局。

正是导源于上述拓展工作,相对于刘易斯模型,费景汉-拉尼斯模型从动态视角研究了城乡两部门均衡增长背景下的二元结构问题,这对于人们准确理解发展中国家的城乡经济关系,尤其是农村部门发展的积极作用是至关重要的。尽管刘易斯模型和费景汉-拉尼斯模型存在着隐含假设和设定细节的差别,但这两个模型的实质是内在一致并存在承继关系的:它们均关注到发展中国家存在着城乡两大部门的经济对立,均强调农村部门存在着边际生产率极低的剩余劳动力,均认为农村剩余劳动力的再配置是二元经济转化的核心机制,均认为农村劳动力再配置会导致城乡一体化或收入差距收敛等。正是因为如此,这两个模型通常被合称为"刘易斯-费景汉-拉尼斯模型"("刘-费-拉模型"),刘-费-拉模型随即成为二元经济理论的集中代表以及理解城乡经济关系问题的理论基础。

刘-费-拉模型促使人们关注发展中国家存在的经济结构特征,促使人们从城乡结构视角理解发展中国家的经济发展问题,并促使人们关注城乡劳动力要素配置对二元结构转化的重大作用,据此,该模型无疑具有重大的理论价值和实践意义。然而,与任何经济理论相类似,刘-费-拉模型是在一系列隐含假设的背景下提出的,例如:该模型假定城镇部门均采用劳动力密集型的生产方式,即其资本积累必定意味着大规模的劳动力需求,从而为农村部门剩余劳动力转移提供了持续的市场拉力。

就中国而言,城乡结构对立贯穿于中国经济社会的漫长发展时期,中华人民共和国成立之后我国始终存在着城乡二元结构问题,促进城乡二元结构转化是中国现代化进程中需要直面的一个重大问题。改革开放40年以来,伴随着经济实力和综合国力的快速提升,我国在不同时期强调要将城乡一体化放在整体发展的重要位置。特别是,党的十九大报告基于中国特色社会主义进入新时代提出了社会主要矛盾的转化,不平衡不充分发展成为我国现代化进程中面临的主要瓶颈问题,这种不平衡不充分发展的一个重要表现是城乡两大部门之间的发展落差,而现代化经济体系则强调通过实施乡村振兴战略等来建立健全城乡融合发展新机制。作为对上述实践背景的回应,理论层面需要系统深入地研究中国城乡经济关系的形成、现状和发展趋向。从学术研究的角度看,由于刘-费-拉模型已经提供了相对成熟的理论资源,且这种理论资源在许多发展中国家是具有影响力的,因此借用该模型来分析中国本土化问题就是一个自然的选择。但需要强调的是,1949年以来中国始终是一个实行社会主义制度的发展中大国,而1978年之后中国则开始了对内的市场化改革和对外的融入全球化战略。上述格局意味着中国的城乡经济关系既具有契合于已有理论的一般性,也具有发端于本土实践的独特性,不能直接套用刘-费-拉模型来解释中国城乡经济关系,而应该关注到该模型与中国本土化实践的若干差别,这种差别具体表现在以下几个方面:

首先,从城乡二元反差的成因来看,以刘-费-拉模型为代表的二元经济理论通常将城乡二元反差归因于要素禀赋差异,即以农村为代表的传统部门相对于以城市为代表的现代部门拥有着过剩劳动力,这些劳动力在农村部门的边际生产率接近或等于零。因此,农村劳动力的非农化转移可以通过要素再配置来化解资源禀赋落差,并提高要素配置效率,它是发展中国家实现二元结构转化的核心机制。然而,在中华人民共和国成立之后的较长时期,我国不仅存在着城乡之间的要素禀赋差别,而且需要在资本高度短缺的条件下实施重工业优先发展战略,这是在那个时段我国建设独立工业体系、恢复经济秩序以及确保国家战略安全的重大选择。这种战略选择在城乡关系维度就内生出农产品统购统销制、人民公社制、户籍制度等一系列制度安排。这些制度安排随即成为我国城乡二元结构形成的重要动因,且城乡二元结构就随即体现在经济、社会、甚至文化等多个维度。就成因而言,中国的二元反差不仅是城乡两部门之间的资源禀赋问题,而且是发展战略和制度选择在城乡两部门之间产生特定经济社会效应的问题,实现城乡二元结构转化和城乡一体化需要对这些制度安排做出回应。

其次,从城乡结构转化的路径来看,刘-费-拉模型强调农村劳动力的非农化转移是二元结构转化的核心机制,即工业化和城镇化是发展中国家城乡关系演变的基本趋势。但作为世界上最大的发展中国家,我国城乡关系在这种趋势的实现路径上却具有鲜明的自身特色。按照发展经济学的二元经济理论,农村劳动力的非农化转移既是就业岗位变化的过程,也是农民身份转变的过程。由此,农村劳动力非农化转移会同时推动工业化和城镇化进程,而工业化率和城镇化率的提高就是大致同步的。

然而,1978年中国开启了改革开放的伟大征程,由于市场化改革的渐进特征以及不同领域之间的制度耦合问题,我国农村劳动力非农化转移主要体现为职业转变而不是身份转换。职业转变和身份转换的分离成为我国城乡关系变动的特征事实,"农民工"就是对这种分离特征的一个形象表述。统计资料显示:2017年底我国农民工数量为2.8652亿,其中本地农民工和外出农民工的数量分别为1.1467亿和1.7185亿。在农村劳动力职业转变和身份转变不同步的背景下,我国国民经济就出现了工业化率和城镇化率、常住人口城镇化率和户籍人口城镇化率的显著偏差。2017年我国常住人口城镇化率和户籍人口城镇化率分别为58.52%和42.35%,第二三产业产值占比和常住人口城市化率分别为92.09%和58.52%。横向比较来看,中国的工业化和城镇化、不同城镇化之间的结构问题都具有自身特色,这些已成为中国实施供给侧结构性改革、推动现代化经济体系建设需要直面的重要问题。上述问题也暗示出:中国的城乡二元结构转化在路径上具有独特性,从刘-费-拉模型出发并不能直接推演出中国的二元结构转化方式。

最后,从城乡关系转变的机制来看,刘-费-拉模型揭示的二元结构转化对劳动力市场的完备性具有很强的要求,市场机制通常被视为城乡二元结构转化的关键制度要件。在发展经济学的二元经济理论中,"要素市场有效率"是一个至关重要的隐含假设,即城乡劳动力可依据完备的市场价格信号自主进行要素再配置。然而,改革开放40年以来,中国仍然是一个正处在经济体制转型中的发展中大国,经济体制转型意味着中国仍处在市场化体制改革的进程中,土地、劳动力、资本等要素的市场化程度还滞后于商品的市场化程度,

"要素市场在完善"是中国二元结构转化的现实制度背景。更值得强调的是，作为绝世罕见的发展中大国，我国存在着不同地区、不同居民、不同政府层级之间的结构关系，我国的经济体制转型不仅需要推动政府-市场关系的良性化，而且需要关注政府内部（中央政府-地方政府）、市场内部（核心要素等上游市场-竞争性产品等下游市场）的结构特征。特别是，20世纪90年代中期以来我国在不同层级政府间实施了分权化改革，这导致地方政府的行为选择对经济社会发展产生了重要影响。从这种结构特征出发，不同层级的政府以及不同类型的市场往往不是"同质化"的，这样，政府间和市场间的经济制度安排就具有重要性，它们会通过影响地方政府以及微观主体的行为选择而对城乡关系变动产生影响。针对中国城乡经济关系问题的分析，必须能够契合中国的经济体制转型背景以及政府内部、市场内部的结构特征，这对于理解改革开放40年以来中国城乡经济关系的变动机理尤为重要。

概括地说，城乡二元结构是发展中国家的普遍结构特征，刘-费-拉模型是发展经济学中的经典二元经济理论。然而，中国城乡经济关系既具有演变趋势的一般特征，也具有与本国国情相联系的独特性质，中国的城乡二元结构转化由此就呈现出区别于其他经济体的"自身的故事"。这种对中国城乡关系演变"异质性"的理解具有重要的经济学含义。城乡二元结构是发展经济学关注的经典问题，以刘-费-拉模型为代表的二元经济理论隐含地假设城乡反差导源于禀赋条件、劳动力职业转化和身份转换同步、城乡要素市场有效率，这与中国的实践状态并不一致。阐释中国的城乡经济关系应借鉴、但不应照搬发展经济学的二元经济理论，相反地，必须立足于本土化特征形成契合于中国特色的城乡经济关系分析范式，这是深刻阐释中国城乡经济关系演变逻辑的客观需要。

3.2 中国城乡经济关系演变的社会背景

作为一个发展中大国，中国的城乡经济关系不是单独存在的，它嵌入整个国家的现代化进程之中,并受到国家整体发展使命以及社会条件的影响,理解中国城乡经济关系问题必须根植于中国这个特定经济体的社会背景。20世纪20年代以来,我国在中国共产党的领导下相继取得了抗日战争和解放战争的胜利,并在1949年建立了中华人民共和国。中华人民共和国成立是我国发展史、甚至人类发展史上的重大事件。1949年以来我国在经济领域始终面临着这样的主题:一个实行社会主义制度的发展中大国如何实现经济持续发展和共同富裕目标,社会主义制度、发展中大国、持续发展目标等共同构成了中国经济发展的"关键词",高帆(2016b)将这种主题概括为中国经济发展的根本命题。以1978年开始实施改革开放为分界点,我国通过计划经济体制和市场化体制转型两个阶段的实践来回应这个主题,我国的城乡经济关系就是在这个宏大的经济发展命题中被内生出来并不断发生动态演变的。由此出发,理解中国城乡经济关系演变的社会背景就具有举足轻重的作用,而理解社会背景的核心是要清晰地理解中国经济发展命题的主要内涵。从概括的角度看,中国经济发展的根本命题是由如下重要概念组成的:

(1)中国是一个实行社会主义制度的国家。作为一种学说和思想思潮,社会主义(socialism)主张由整体的社会基于公众利益,来拥有、管理、分配产品和生产要素,这种思潮最早可追溯至16世纪的空想社会主义。19世纪30—40年代,马克思、恩格斯在批判吸收空想社会主义思想成果以及总结工人阶级运动经验的基础上,以剩余价值理论为逻辑主线解析了资本主义经济的运动规律和发展趋势,进而创立了科学社会主义。科学社会主义随即成为后续国际共产主义运动、以及社会主义国家产生和发展的思想渊源。中华人民共和国成立之前,中国共产党在领导中国革命事业时就确立了社会主义基本制度。1949年3月中国共产党七届二中全会就提出:"中国革命在全国胜利后,我们要迅速恢复和发展生产,对付国外的帝国主义,使中国稳步地由农业国转变为工业国,由新民主主义国家转变为社会主义国家。"1949年9月29日,中国人民政治协商会议第一届全体会议通过的《共同纲领》第一条明确提出:"中华人民共和国为新民主主义即人民民主主义的国家,实行工人阶级领导的、以工农联盟为基础的、团结各民主阶级和国内各民族的人民民主专政,反对帝国主义、封建主义和官僚资本主义,为中国的独立、民主、和平、统一和富强而奋斗。"

中华人民共和国成立之后,我国随即开展了从新民主主义时期向社会主义制度的过渡。1953年9月25日《人民日报》正式发布了中共中央提出党的过渡时期总路线和总任务,即要在一个相当长的时期内,逐步实现国家的社会主义工业化,并逐步实现国家对农业、对手工业和对资本主义工商业的社会主义改造。按照过渡时期的总路线和总任务,我国按照互助组—初级社—高级社的次序推动了农业合作化运动,按照生产合作小组—供销合作社—生产合作社的次序推动了手工业合作化运动,同时采用和平赎买、公私合营、实行国家资本主义等多种方式推动对资本主义工商业的改造。1956年年底农业、手工业和资本主义工商业三大改造基本完成,这样按照过渡时期的总体工作部署,我国就胜利完成了从新民主主义时期向社会主义制度的过渡,社会主义基本经济制度也就在中国全面地建立起来。

从横向比较的角度看,中国的社会主义制度在经济层面集中表现为如下三个维度:

一是中国共产党领导了中国的革命和现代化建设事业。中华人民共和国是中国共产党在领导人民取得革命胜利之后缔造的,中国共产党是中国各项事业的领导核心。就性质而言,中国共产党是以实现共产主义为最高理想和最终目标的马克思主义政党,中国共产党人追求的共产主义最高理想,需要在社会主义社会充分发展和高度发达的基础上才能实现。解放和发展生产力并在生产力发展的基础上实现共同富裕,是中国共产党领导全国人民实现社会主义现代化在经济层面的基本目标诉求。

二是中国的经济体系具有生产资料公有制等重要特征。中华人民共和国成立之后的较长时期,我国在苏联体制的影响下将社会主义制度理解为生产资料公有制、计划经济体制和按劳分配,这是从"工具"视角来界定社会主义制度的。20世纪70年代末期之后,中国共产党对我国社会主义所处的历史阶段进行了新的探索,逐步作出了我国还处于并将长时期处于社会主义初级阶段的科学论断,而社会主义初级阶段需要我国通过实施改革开放来大幅度解放和发展生产力。在此背景下,我国的生产资料所有制也从公有制占绝对优势逐步转向以公有制为主体、多种所有制经济共同发展,经济运行机制从计划经济体制逐步转向社会主义市场经济体制,分配制度也从按劳分配逐步转向按劳分配与按生产要素贡献分配相结合。尽管如此,中国的生产资料所有制、经济运行机制和分配制度仍与主要资本主义国家存在差别,例如:Piketty, T., Yang, L. & Zucman, G. (2017)比较了中国与主要资本主义国家公有财产占国民收入的比重。如图3-3所示,1978年以来中国的公有财产占比始终高于美国、日本、法国、英国和德国,即使在2015年中国的公有财产占比仍高于30%,这显著高于主要发达国家5%或以下的水平,也高于20世纪70年代主要发达国家15%—25%的水平。值得强调的是,2008年之后中国和主要发达国家在公有财产占比方面呈现出了不同的变动态势,中国有所回升,而主要发达国家却在持续下降。按照陈宗胜、高玉伟(2015)的测算,我国全社会总资产包括经营性资产、公共性及公益性资产以及资源性资产,当

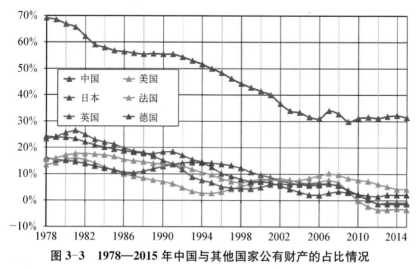

图3-3 1978—2015年中国与其他国家公有财产的占比情况

资料来源:Piketty, T., Yang, L. & Zucman, G., 2017. Capital Accumulation, Private Property and Rising Inequality in China, 1978-2015. NBER Working Paper 23368.

前虽然公有资产在经营性资产中占比略超50%左右,但在全社会总资产中的占比达到81%,仍然占据全社会总资产的绝对主体或绝对优势地位。上述格局说明：从横向比较的角度看,生产资料所有制、特别是公有制经济的占比特征等仍是理解中国社会主义制度一个重要的切入点。

三是中国经济发展具有持续发展和共同富裕的目标取向。作为中国推进现代化事业的领导核心,中国共产党代表了中国最广大人民的根本利益。党的十一届三中全会之后,我国在中国共产党的领导下启动了对内市场化改革和对外开放程度提高的重大战略,这相对于此前的计划经济体制而言是影响广泛且深刻的经济转型。1978年开始实施改革开放以来,我国在"工具"视角之外,强调从"功能"和"价值"视角来理解社会主义制度,指出社会主义制度相对于资本主义制度的最大优势体现为：更能促进生产力的解放和发展,并在生产力发展的基础上实现共同富裕。特别是,中国共产党的十九大报告明确提出我国要在2020年全面建成小康社会,在2035年基本实现社会主义现代化,在本世纪中叶建成富强、民主、文明、和谐、美丽的现代化强国,而全面建成小康社会、基本实现现代化和建成现代化强国均包含对"共同富裕"目标的强调。这意味着：中国不仅要极大地解放和发展生产力,推动经济总量的高速增长,而且要在经济增长的基础上着力解决不平衡不充分发展问题,以此实现经济的持续、协调和高质量发展,回应城乡居民日益增长的美好生活需要,促使不同群体能够相对均等地分享经济发展的成果。

总而言之,社会主义制度在中国集中体现为中国共产党的领导、公有制经济的占比特征、以及对持续发展和共同富裕目标的强调,这三者分别从领导力量、物质基础和发展目标等维度标度了中国的社会主义制度。社会主义制度也就成为理解中国经济问题的制度基础,这种制度基础自然也会对城乡经济关系及其演变产生影响。

(2)中国是一个举世罕见的发展中大国。发展中国家(developing country)是与发达国家(developed country)相对而称的国家类别,这些国家在经济、技术、人民生活水平等方面通常处在比较落后的状态。尽管发展中国家与发达国家存在着多个维度的差别,但以国内生产总值所标度的经济增长水平是区别这两类国家的核心指标,国内生产总值(GDP)以及考虑人口因素之后的人均国内生产总值(人均GDP)也就成为衡量一个国家经济发展水平的主要依据。中华人民共和国成立以来,中国的经济发展水平与其他主要资本主义国家存在着明显落差,这也是中国在计划经济时期推动重工业优先发展、以及快速形成独立工业体系的重要原因。20世纪70年代末期,生产力水平落后仍是中国经济社会发展面临的基本格局,这也是中国提出社会主义初级阶段重大论断并推动改革开放重大战略的实践动因。中国需要通过经济体制变革来推动社会生产力的解放和发展,这集中体现为中国经济需要实现持续较快的增长速度。

自1978年启动改革开放伟大征程以来,导源于经济体制变革和融入世界经济的双重力量驱动,中国的生产力水平在时序意义上得到了极大解放和提高。CEIC数据库提供的统计资料显示:1978—2017年中国GDP从3 678.7亿元持续增加至82.7万亿元,人均GDP从385元持续增加至59 660元,改革开放40年中国的GDP和人均GDP年均增长率分别为9.59%和8.55%。如果以1978年为100,则2017年中国的GDP指数和人均GDP指数分别达到了3 452.1和2 380.8。上述数据表明:1978年以来中国经济总量保持了持续高速的增长态势,在全球范围内创造了增长的"奇迹",并由此显著地提升了中国的经济实力、综合国力、居民福利和国际影响力。从解放和发展生产力的角度看,中华人民共和国成立之后、尤其是改革开放40年以来,中国作为在全球经济格局中举足轻重的发展中国家已经取得了极为突出的绩效。

尽管如此,改革开放40年的高速经济增长仍未根本改变中国的国家类别,中国仍与全球中的主要发达国家存在着经济发展落差,仍是世界银行等国际组织定义的发展中国家。"无论从主要国际组织的界定还是从中国经济自身的发展来看,中国仍然是一个发展中国家"(刘伟、蔡志洲,2018)。从时序的角度看,绝大多数国家伴随着时间推移均会发生经济增长,因此,理解中国的经济格局必须考虑全球经济以及其他主要经济体的动态变动特征,即在相对状态或者发展速度比较中准确把握中国的经济发展水平。按照世界银行提供的数据,如图3-4所示,依据名义汇率计算,1978—2017年中国的人均GDP从156.4美元提升至8 827.0美元,而同期美国的人均GDP则从10 587.3美元增长至59 531.7美元,中国人均GDP相当于美国的程度从1.48%提高至14.83%,这既表明中国持续的高速增长使其人均GDP呈现出向美国等主要发达国家的快速"追赶",也表明迄今为止中国与美国等主要发达国家的人均GDP仍存在极为显著的落差。此外,世界银行按照人均国民收入把世界各国经济发展水平分为四组:低收入国家、中等偏下收入国家、中等偏上收入国家和高收入国家,区分上述四类国家的依据是人均GDP低于1 036美元、1 036—4 085美元、4 086—12 615美元、高于或等于12 616美元,其中前四类国家均可归为发展中国家。在改革开放业已推进到40年的特定时期,2017年中国的人均GDP为8 827.0美元,这说明中国已经处在世界银行定义的中等偏上收入国家,但仍属于发展中国家行列。

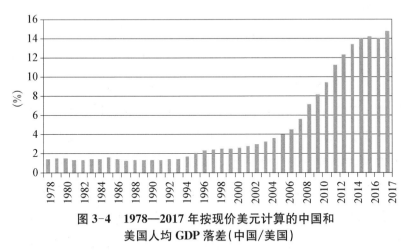

图3-4　1978—2017年按现价美元计算的中国和美国人均GDP落差(中国/美国)

数据来源:世界银行数据库(World Bank Data)。

改革开放以来,中国经济的持续高速增长仍未在根本上改变中国是发展中国家这个基本国情。不唯如此,在人口和地理规模等方面中国均超过其他发展中国家。根据世界银行提供的数据,2017年中国人口总量为13.86亿,

第3章 中国城乡经济关系的政治经济学分析框架

这一规模超过了印度(13.39亿)、巴西(2.09亿)、俄罗斯(1.44亿)、巴基斯坦(1.97亿)等发展中国家。2017年世界人口总量为75.30亿,且全球人口超过1亿的只有13个国家,中国的人口规模占到世界人口总数的18.41%。从国土面积来看,中国在全球范围内是仅次于俄罗斯、加拿大的第三地理大国。综合上述因素,可以判定:迄今为止中国仍是世界上最大的发展中国家,发展中的人口和地理大国是中国现代化进程面临的客观背景。这个判断在经济、政治、社会、文化、生态等方面具有多重含义。

从经济的角度看,发展中大国意味着中国不同群体、不同区域之间往往存在着较为突出的发展差距,将中国内部不同部分视为一个高度"同质化"的概念,可能会出现对本土化实践的理解偏差或严重误读。发展中大国意味着中国的经济发展除了在整体上需要解放和发展生产力之外,还需要关注和舒缓这种结构性的发展落差,不平衡、不协调、不可持续发展问题在中国这样的国家可能要比其他国家来得更为严重。发展中大国意味着中国需要在驱动内部发展和融入世界经济之间找寻平衡点,中国不能像"小国开放经济"(small open economy)那样主要依靠融入世界来解决自身的经济发展问题,而必须依据自身的基本国情、阶段特征、目标追求等形成具有自身特色的经济发展方式。发展中大国还意味着中国的经济发展需要在保持秩序平稳和追求发展速度之间做出权衡,依靠激进式改革在中国容易形成大范围的社会震荡。更重要的是,从社会治理的角度看,中国作为发展中大国不能依靠中央政府直接实施对微观经济主体的制度供给,而必须通过不同层级政府之间的协同来完成行政过程。这在经济发展中就必然会面临不同政府间的互动问题,即中央政府需要通过特定的制度安排来推动地方政府实现对不同地区的经济社会发展目标。总而言之,发展中大国是中国经济发展面临的客观背景,这种背景会通过多重渠道影响中国的经济制度选择以及城乡经济关系演变。

(3) 中国现阶段是一个处在经济体制转型进程中的国家。作为一个发展中大国,我国在中国共产党领导下面临着实现经济持续发展和共同富裕的重大使命。中华人民共和国成立之后,我国为了回应这个重大使命先后经历了计划经济时期和改革开放时期两个阶段。1949—1956年我国快速完成了对农业、手工业和资本主义工商业的社会主义改造,并在此基础上推动和实施了以重工业优先发展为主旨的赶超战略。这一战略是导源于理论认知和国际环境考量等多种动因(高帆,2016a)。在理论层面,这种战略取向受到苏联教科书以及马克思主义政治经济学中社会再生产理论的影响;在国际层面,这种战略选择则导源于与美国、英国等主要发达国家的经济结构比较,以及朝鲜战争爆发之后导致的国内国防安全需要。在战略确定之后,重工业优先发展战略与当时我国资本短缺、劳动力充裕的禀赋条件存在冲突,作为解决这种冲突的主要方式,我国在经济体系中就内生出以扭曲要素和产品价格为主要内容的宏观政策环境、高度集中的资源计划配置制度和缺少自主权的微观经济机制(林毅夫、蔡昉、李周,2012)。追求纯粹的生产资料公有制、按劳分配以及计划经济体制,随即成为此时段我国经济运行的基本制度特征(高帆,2018a)。

就经济制度的实施结果而言,一方面,计划经济体制促使中国在初始条件极度不利的条件下,在短时间内形成了一个较为系统和独立的工业体系;但另一方面,计划经济体制也因为政府对经济活动的过度干预而导致微观主体活力不足,整个经济体系的资源错配严重,数量庞大的国有经济普遍面临着预算软约束,国民经济因为效率低下而濒临崩溃的边缘。统计数据显示:1956—1977年我国职工平均货币工资从601元下降至576元,同期,我国居民的人均粮食产量则从306.8千克下降至297.7千克。这意味着,在计划经济时期城乡居民的收入水平和生活状态长期处在相对困难的境地。从逻辑上说,作为一个发展中大国,1949年之后中国确实需要通过工业化进程来重建经济秩序并应对外部挑战,但在独立的工业体系形成之后,经济效率的提高和微观主体活力的释放就成为发展经济的内在要求,而计划经济体制导致的严峻经济格局也倒逼中国重新思考经济运行机制的选择问题。

20世纪70年代末期,中国的改革开放战略就是在上述实践背景下展开的。改革开放的思想基础是1978年5月开始的真理标准问题大讨论,实践先导则是1978年11月安徽小岗村在全国率先实施"分田到户、自负盈亏"的大包干制度。在诸多前期准备工作的交互作用下,1978年12月中国共产党十一届三中全会作出了实施改革开放的重大战略举措。十一届三中全会公报指出"把全党工作的着重点和全国人民的注意力转移到社会主义现代化建设上来",强调"实现四个现代化,要求大幅度地提高生产力,也就必然要求多方面地改变同生产力发展不适应的生产关系和上层建筑,改变一切不适应的管理方式、活动方式和思想方式,因而是一场广泛、深刻的革命"。这种表述意味着:改革开放被视为大幅度提高社会生产力的内在需要,被视为关系到社会主义制度自我完善的深刻变革。

以中国共产党的十一届三中全会召开为标志,中国随即启动了从计划经济体制转向社会主义市场经济体制的经济转型。这种转型的核心是资源配置主体从各级政府转向企业和居民等微观主体,资源配置方式从政府的强制性指令转向主体间平等谈判形成的市场价格,因此,这种转型可以被概括为市场化导向的经济体制变革。这种变革的内在逻辑是:在资源稀缺的条件下,我国这个发展中大国实现长期经济增长的核心是提高资源配置效率,而提高资源配置效率的前置条件是增强资源依据价格信号在国内外的流动性,资源的国内流动需要推进经济体制的市场化改革,资源的国际流动则需要提高融入全球化的程度。如果将对外开放视为面向国际领域的市场化程度提高,那么改革开放的实质就是引入和扩大市场机制的资源配置功能。换言之,只有将计划经济时期的经济运行方式转变为价格信号有效的宏观政策环境、企业和居民分散化决策的资源配置制度以及拥有自我选择权的微观经济机制,我国才有可能探寻到能够推动经济长期发展的动力源泉。

在思想认识层面,1978年中国共产党的十一届三中全会之后,我国对市场化导向的经济体制改革存在着一个观念逐渐解放、认识不断深化、理解逐步清晰的过程。1982年中国共产党的十二大报告提出要正确贯彻计划经济为主、市场经济为辅的原则,1987年中国共产党的十三大报告强调社会主义经济是公有制基础上的有计划的商品经济,1992年中国共产党的十四大报告提出我国经济体制改革的目标是建立社会主义市场经济体制,直至2013年中国共产党的十八届三中全会强调深化经济体制改革的核心是处理好政府和市场的关系,促使市场在资源配置中起决定性作用和更好发挥政府作用。这在理论认识或政策文本层面集中体现出市场化转型以及市场机制作用的渐次增强。从社会实践层面,我国以市场化导向的经济体制转型为依据,先后推进了从农村经营方式到城市企业经营体制、从民营企业增量调整到国有企业存量改革、从各类企业变革到财税金融体制改革、从产品市场价格放开到要素市场化提高、从价格"双轨制"到价格逐渐并轨的系统性变革。与此同时,依托从沿海到内地、从商品到要素、从试点到推广的策略,我国经济领域对外开放的程度也在渐次提高,直至2001年以加入WTO为标志,中国经济实现了从有限开放格局向全面开放格局的深刻转变。

相对于计划经济时期,我国改革开放40年以来,资源配置主体、方式以及范围均发生了深刻变化,企业和居民等微观经济主体在资源配置中的自主权在不断扩大,市场价格机制在资源配置中的信号作用、调节功能在不断凸显,市场活动范围也经历了从地区到全国、以至全球的依次拓展,这意味着迄今为止中国已经发生了深刻且广泛的经济体制变革。从经济理论和国际经验来看,经济体制转型程度集中表现为经济自由度指数的变化。如表3-1所示,根据加拿大弗雷泽研究所发布的《2017年世界经济自由度报告》(*Economic Freedom of the World: 2017 Annual Report*),1980—2015年中国的经济自由度指数从3.64分提高至6.40分,这说明改革开放以来中国的经济体制转型取得了显著成效。在该报告中,经济自由度指数又可细分为5个子系统:政府规模,法律结构与产权保护,获得和使用稳健货币,国际贸易自由度,对信贷、劳动和商业的管制。改革开放以来,中国这些子系统在整体上也呈现出市场化转型和自由度提高的基本态势,例如:1980—2015年获得和使用稳健的货币分解指数从6.18分提高至8.28分,国际贸易自由度分解指数则从2.72分提高至6.63分。

表 3-1　1980—2015 年中国经济自由度指数的变化情况

年　份	1980	1990	2000	2005	2010	2013	2014	2015
综合指数（排序）	3.64（96）	4.09（100）	5.75（100）	6.05（104）	6.24（115）	6.37（110）	6.38（116）	6.40（112）
分解指数 1：政府规模	2.63	3.65	3.43	4.54	4.48	5.00	5.08	5.08
分解指数 2：法律结构与产权保护	—	5.79	4.95	5.60	6.13	5.54	5.51	5.63
分解指数 3：获得和使用稳健货币	6.18	6.73	8.12	8.18	7.89	8.26	8.19	8.28
分解指数 4：国际贸易自由度	2.72	2.72	6.46	6.64	6.68	6.73	6.79	6.63
分解指数 5：信贷、劳动和商业的管制	3.04	1.58	5.79	5.31	6.04	6.34	6.31	6.37

资料来源：加拿大弗雷泽研究所（Fraser Institute），《2017 年世界经济自由度报告》。指数范围在 0—10，排序共有 157 个国家或地区。

尽管相对于计划经济时期，20 世纪 70 年代末期以来，我国已经发生了市场化取向的经济体制转型，但迄今为止这种转型"还在路上"，中国仍是一个正处在经济体制转型过程中的国家。这主要是因为：

首先，从跨国比较的角度看，中国的经济自由度指数仍存在较大的改进空间。如表 3-1 所示，尽管在时序上我国的整体经济自由度指数在提高，但在全球范围内仍排在较为靠后的位置。2015 年中国整体的经济自由度指数在 157 个国家或地区中排在第 112 位，这意味着中国的经济体制转型并未完成，我国仍需要通过深化市场化改革来释放经济活动潜能。

其次，从市场化指数的结构来看，市场化体制转型是涉及诸多维度的系统复杂工程，而我国的经济体制转型具有渐进特征，这导致不同领域的市场化进程存在着较为显著的落差，这种落差很容易因为"制度互补"而影响到经济的持续发展。如表 3-1 所示，在特定年份我国整体经济自由度指数的各个子系统存在着较大差异,例如:2015年我国获得和使用稳健货币的分解指数较高,但政府规模、法律结构和产权保护以及对要素的管制等分解指数仍然偏小。

最后,从时序的变动态势来看,我国的市场化体制转型并不是一帆风顺、一马平川的,它在不同的时段往往有着差异化的表现。例如:王小鲁、樊纲、余静文(2017)的实证研究显示,我国的市场化进展在2008—2010年期间出现了某种程度的放缓、停滞甚至下降,大致自2011年以后市场化指数才呈现缓慢上升趋势。显然,中国的经济体制改革还是"正在进行时",而不是"一般过去时"。深化经济体制改革仍是新时期我国实现现代化目标面临的重大任务,理解改革开放以来我国的城乡经济关系问题必须根植于这种体制转型的特定背景。

概括地说,中国的城乡经济关系问题不是一个孤立的城乡系统内部的问题,也不是一个单纯的城乡二元结构及其转化问题,它是根植于中国特定的社会背景并受到这种背景深刻影响的经济发展问题。与其他经济体相比,中国实行社会主义制度,属于发展中大国,且现阶段正处在经济体制转型之中,这些特征同时存在、相互交织在全球范围内是极为独特的。社会背景的独特性导致出中国的经济发展具有自身特征:在更为严苛的条件下(世界范围内人口和地理规模罕见的发展中国家)实现更为高远的目标(中国的社会主义制度内含着对持续发展和共同富裕目标的追求),且成熟市场经济条件下的经济理论也因为中国的特定实践条件(中国现阶段仍处在经济体制转型进程之中)而难以直接应用,二元经济理论隐含的要素市场完善等假设就与中国的实践背景存在明显差别。由此延伸开来,中国的城乡经济关系是在上述特定社会背景下产生和演变的,因此,就必须立足于这些社会背景提出相应的城乡经济关系分析框架。以此回应并阐释中国城乡经济关系在不同时段的演变逻辑,而不能直接套用发展经济学的二元经济理论以形成对中国本土问题的现成解释。

3.3 政治经济学视域下的中国城乡经济关系

立足于社会主义制度、发展中大国、经济体制转型等本土背景来分析中国的城乡经济关系,一个切入点是要关注经济制度的生成及其对城乡经济关系的影响。换言之,不能将城乡经济关系简单视为部门之间的要素禀赋问题、特别是劳动力要素配置问题,而应该追问导致特定要素配置格局以及要素配置方式变化的制度成因,制度因素及其变迁是理解中国城乡经济关系演变问题的分析起点。就此而言,政治经济学应成为理解中国城乡经济关系问题的主要理论依据,这里的原因是:从经济学说演进的角度看,古典政治经济学具有社会嵌入、价值评判和制度反思等主要特征,政治经济学向主流经济学的转型在增强学说"科学性"的同时削弱了这些特征,现阶段新制度经济学、新古典政治经济学、新马克思主义经济学分别从社会嵌入、价值评判和制度反思等维度体现了"政治经济学回归"(高帆,2016c)。

从经济实践的角度看,作为一个实行社会主义制度、当前正处在经济体制转型阶段的发展中大国,中国的城乡经济关系形成和变动必定与特定的经济制度紧密相关。经济制度选择与城乡经济关系之间存在着互动关系,且经济制度选择和城乡经济关系都不是恒定不变的,即经济制度选择导致了相应的城乡经济关系,而城乡经济关系变动又导致经济制度变迁,进而引致城乡经济关系在不同时段的动态调整。从这种互动关系引申出来,理解城乡经济关系的演变逻辑必须引入对经济制度及其变迁问题的探究。概括地说,我国城乡经济关系是嵌入在整个国家发展战略和经济体制转型之中的,而发展战略调整和经济体制转型与政府行为、制度选择等因素紧密相关,政治社会因素对二元结构转化这个发展经济学的经典问题会产生重大作用,这就需要超越单纯从城乡要素禀赋出发来分析问题的思路。从研究思路上看,政治经济学就成为理解城乡经济关系这个发展问题的恰当选择,"发展的政治经济学"(political economy of development)对阐释中国长时段城乡经济关系的演变是极为重要的。

利用政治经济学思路来分析中国的本土化经济问题,已有研究文献已经做过尝试,例如:高帆(2016b)提出了一个我国协调发展问题的政治经济学分析框架,随后高帆(2018b)立足于此分析框架探究了不同时期我国城乡差距的内涵转变。如果将上述分析思路进行延续和改造,则可以得到图3-5,该图展示了我国城乡经济关系问题的政治经济学分析框架。在该分析框架中,中国是一个实行社会主义制度的国家,这不仅体现为中国经济发展的最终目标是实现持续发展和共同富裕,而且体现为中国在经济运行机制中具有生产资料公有制为主体、多种所有制经济共同发展等特定安排。中国是一个人口和地理规模举世罕见的发展中国家,这意味着中国需要在不同时段完成有区别、但存在时序继承关系的阶段性任务(例如:首先解放和发展生产力,进而实现共同富裕),且需要高度关注不同群体的发展落差以及转型和发展进程的稳定性。在社会主义制度和发展中大国这两个本土特征的作用下,我国在某一时段总会形成相对具体的经济发展战略,而实施这种战略又会面临一系列的约束条件,不同时段的经济发展战略连续进行其根本指向是为了达成持

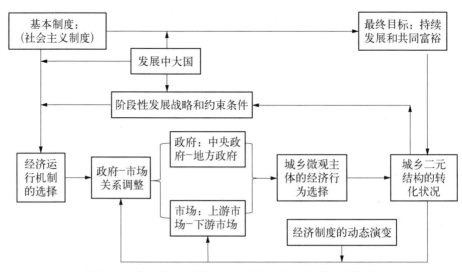

图3-5 我国城乡经济关系问题的政治经济学分析框架

第 3 章　中国城乡经济关系的政治经济学分析框架

续发展和共同富裕的最终目标。

从经济学的角度看,在给定约束条件下追求发展目标的实现必定会形成一定的经济制度安排,经济制度是解决发展战略和约束条件之间"紧张"关系的产物。这意味着:在某个特定时段,我国的发展战略和约束条件形成了特定的组合状态,这种组合状态会内生出相应的经济运行机制,而经济运行机制的核心是政府-市场关系的调整。新制度经济学强调:制度是一系列被制定出来的规则、守法程序和行为的道德伦理规范,它旨在约束主体福利或效用最大化利益的个人行为(道格拉斯·诺思,1994)。由此延伸开来,经济制度集中体现为特定时期国家针对政府-市场关系而形成的一系列规则、程序和行为规范,经济制度即政府-市场关系的相关安排及其调整方式。进一步地,针对政府-市场关系的制度安排又影响了企业和居民等微观经济主体的行为选择,原因在于:微观经济主体的经济行为总是在给定的经济制度安排(政府-市场关系)中做出的。例如:政府采用指令性计划来进行资源配置,将会导致城乡居民的资源配置权利受到束缚,微观主体的自主选择空间也被大幅度压缩。反过来说,政府向微观经济主体进行放权让利,并促使市场在资源配置中起基础性甚至决定性作用,则企业和居民可自主地依据市场价格信号开展经济活动,这会对资源配置状态以及不同群体的经济收益产生影响。如果政府-市场关系或经济制度安排出现了从计划经济体制向市场经济体制的转型,则这种格局就与中国现阶段所处的经济体制转型背景关联起来,即中国城乡经济关系所面临的第三个社会背景在该框架图中也就体现出来了。概括起来,针对政府-市场关系的经济制度决定了微观经济主体的选择,而城乡微观经济主体的行为选择总会带来相应的结果,在城乡经济关系层面这种绩效集中表现为二元结构是否发生转化,以及转化程度究竟怎样。

显而易见,在社会主义制度、发展中大国等特定背景下,中国在不同时段会形成特定的发展战略和约束条件的组合状态,这种组合状态决定或影响了经济制度选择。经济制度的核心是以政府-市场关系为主线的运行机制,经济制度会影响城乡微观经济主体的行为选择,城乡微观经济主体的行为选择进一步会导致城乡二元结构的变化。因此,在不考虑时序动态变化的背景下,我国存在着发展战略和约束条件、经济制度、城乡微观主体经济行为、城乡二元结构变动的依次影响关系,这种影响关系可以解释特定时段的城乡经济关系及其主要特征。

从动态的角度看,特定时段的城乡二元结构变动既可以视为该时段经济制度的实施结果,也可以视为后时段经济制度的变迁动因。原因在于,对城乡经济关系的绩效评估会在两个方面形成"反馈机制":一是人们将实际的城乡经济关系与共同富裕最终目标进行比对,从而在分析这两者之间契合程度的基础上推动经济制度变革;二是城乡二元结构的变化状况会导致此前的发展战略和约束条件发生变化,进而导致发展战略和约束条件的组合状态出现演变,这在客观上需要立足于新的发展战略-约束条件组合形成新的经济制度。就城乡经济关系而言,上述两种反馈机制均意味着中国的经济制度选择(政府-市场关系)不是恒定不变的,而是会随着发展战略和约束条件的调整而动态变化,这自然会引致城乡微观主体行为方式以及行为选择结果(城乡二元结构状态)的变动。在时序意义上,中国的城乡经济关系在不同时段呈现出差异化特征,且不同时段之间存在着动态演变特征。就此而言,图3-5不仅在静态意义上、而且在动态意义上反映出中国经济制度选择与城乡经济关系之间的互动机制。

更值得强调的是,作为一个实行社会主义制度的发展中大国,我国以政府-市场关系调整为核心的经济制度既有一般特征,也具有自身特色。一般特征集中体现为:与其他经济体相类似,中国也强调通过凸显市场机制的作用,或通过市场化体制转型来推动经济增长。自身特色则集中表现为:政府和市场均存在较为显著的结构性特征,即政府内部和市场内部可能并不是完全"同质的",这在改革开放之后的经济体制转型进程中表现得尤为突出。高帆(2018a)就从政府间和市场间的结构特征来理解我国经济发展相对于其他经济体的"异质性"特征。中华人民共和国成立直至20世纪70年代末期,我国主要通过重工业优先发展战略以及计划经济体制等完成了社会主义大国的经济秩序重建，但对资源配置效率和长期发展绩效的追求却促使我国走向了改革开放的经济转型道路。1978年实施改革开放以来，我国对社会主义制度的认识逐步从"工具理性"深入到"价值理性"，即社会主义制度并不直接等同于纯粹的公有制、按劳分配和计划经济，而是在功能意义上体现为社会生产力的解放和发展，以及共同富裕目标的实现。由于将计划经济和市场经济均视为实行经济运行、优化资源配置的工具，而不是区分社会主义和资本主义两种制度的基准，这样我国就可以通过市场经济的引入、政府-市场关系的动态调整来推动经济发展，进而在价值或功能意义上更好地回应社会主义制度的实质。

区别于其他经济体，中国是一个实行社会主义制度的发展中大国，在这样的国家推动经济体制转型必定具有独特的目标要求和策略安排。这主要体现为：

首先，中国在经济层面实现持续发展和共同富裕最终目标是有策略的，即首先通过经济增速的提高、经济总量的扩大来解放和发展社会生产力，以此为持续发展和共同富裕目标提供坚实基础，并在此基础上通过解决不平衡不充分发展问题来回应共同富裕这个更为高远的目标。简单地说，中国实现其经济发展目标采用了非均衡、分步骤的发展方式，即从计划经济的普遍贫困首先走向持续高速的经济增长、进而再走向持续发展和共同富裕。

其次，中国在引入市场机制以提高资源配置效率时也是有策略的，即采用从农村到城镇、从试点到推广、从增量到存量的渐进方式，渐进式改革被视为中国市场化体制转型的重要特征。这种渐进方式充分考虑了不同地区、部门和群体在市场化转型中的差别化特征，在一个发展中大国的所有领域同步推进市场化转型很容易引致经济社会秩序震荡，而渐进方式则可以在秩序相对平稳状态下实现体制转型和资源配置效率的提高。

最后，中国在体制转型进程中涉及政府-市场关系的整体调整，但在这种调整中应关注政府内部和市场内部的结构特征，即在中国这样的发展中大国，政府和市场都不是一个内部高度均齐、完全同质化的概念。政府内部和市场内部的制度安排是政府-市场关系的组成部分，也是影响微观主体选择和经济发展绩效的重要变量。从跨国比较的角度看，政府内部和市场内部的制度安排随即成为中国经济发展"自身特色"或"异质性"的集中体现（高帆，2018a）。

从逻辑上说，经济制度是特定国家在给定约束条件下，实现某种经济发展战略的产物。在计划经济时期，我国在重工业优先发展战略的目标取向和经济基础薄弱的约束条件下，采用计划经济体制来解决快速工业化进程的资本形成问题，这就派生了相应的政府-市场关系、以及政府间和市场间制度安排，即政府采用指令性计划来进行各类要素配置，而政府内部和市场内部也因为"全国一盘棋""集中力量办大事"而具有高度均齐化特征。改革开放之后，中国经济面临的核心问题是一个发展中的大国，在长期实行纯粹公有制、按劳分配和计划经济体制的初始条件下，如何通过引入市场机制来提高社会生产力，推动经济总量持续高速增长，从而在规模维度为持续发展和共同富裕目标的最终达成奠定坚实的基础。这种目标诉求与约束条件之间的组合形态，必然衍生出政府-市场关系的趋势性调整以及独特的政府内部和市场内部的制度安排，这些制度安排均服从于或服务于这样的目标：在确保整体社会秩序平稳的前提下推动经济总量的持续高速增长。

从政府内部的角度看，作为一个人口和地理规模举世罕见的国家，中国的国家治理是通过不同层级政府间的分工和协作实现的，这导致我国在历史上始终存在着中央统辖权和地方治理权之间的博弈和互动（周雪光，2015）。由此延伸开来，不同层级政府间的关系以及相应的制度安排就是理解我国经济社会发展的重要切入点。特别是，改革开放以后，我国在市场化取向的经济体制改革中，逐步形成了独特的政府间行为方式和制度安排。已有研究文献也关注到地方政府面临的财税制度、目标函数对中国经济发展不同维度的影响（Li H.& Kung J.，2015；谢贞发、张玮，2015）。Xu Chenggang（2011）则将改革开放之后中国政府内部的制度安排定义为地方分权式治理体制（RDA），并强调指出这种体制的基本特征是政治和人事控制权在中央层面的高度集中，以及经济与行政权在地方层面的高度放权。就经济制度比较而言，如表3-2所示，从全国决策机构、决策过程、地方官员激励、地区竞争和地方实验等视角来看,地方分权式治理体制均区别于苏联体制和联邦体制。例如:从地区竞争角度看,中国的地方分权式治理体制主要是不同地方政府围绕经济增长进行锦标赛式竞争(yardstick competition),而竞争结果则影响地方政府干部在纵向行政层级中的升迁。然而,在强调中央政府高度集权的苏联体制下,不同地方政府之间的竞争是不重要的,这种体制背景甚至也缺乏政府间竞争展开的社会条件,因为所有的地方政府充当的是中央政府指令性计划的执行机构。在强调地区之间自治的联邦体制下,不同地方政府之间往往是围绕财政收支状况而展开竞争,且竞争结构则影响地方政府官员的连任或再选。显然,中国地方分权式治理体制是一种独特的政府间经济制度安排,它区别于苏联体制和联邦体制下的央地关系。由此,中国改革开放之后的央地关系就具有区别于其他国家的决策方式和行为逻辑,这种行为逻辑也通过影响微观经济主体的制度环境而对经济发展绩效产生影响。既然政府间的制度安排也是政府-市场关系的重要组成部分,那么其必定会通过影响微观经济主体的行为选择而对中国城乡经济关系产生作用。

表 3-2 中国地方分权式治理体制与其他制度相比的特征

比较因素	中国地方分权式治理体制	苏联体制	联邦体制
全国决策机构	中央、地方和部委官员	中央和部委官员	代表地区选民的联邦立法机构
决策过程	中央-地方协商;形成共识;将地方试验作为策略	自上而下;国有企业与部委协商	立法机构投票;联邦政府-州政府协商
地方官员激励	升迁;绝对和相对绩效;对上级负责;人事控制	升迁;绝对绩效;对上级负责;人事控制	选举产生;独立于联邦政府外;对选民负责
地区竞争	锦标赛式的竞争;竞争影响地方官员的升迁	不重要	财政竞争;竞争影响官员的再选
地方试验	地方试点是中央决策过程的组成部分;试点结果可能成为全国政策	不重要	州是政策"实验室";自愿开展试验

资料来源:Xu Chenggang(2011)。

政府-市场关系除了关注政府内部的结构特征之外,还应考虑市场内部的结构特征。事实上,在不同层级政府间的独特制度安排之外,中国作为发展中大国在经济体制转型进程中还形成了独特的市场间结构安排。就政府间和市场间两类制度的关系而言,政府间的地方分权式治理体制提供了政府(特别是地方政府)影响经济活动的可能,它必须通过市场间的结构安排使这种可能性转变为现实性,改革开放之后我国不同领域的市场化转型落差恰好提供了这样的条件。巫永平(2017)在解释中国台湾地区20世纪50—80年代中叶的经济起飞时,依据产业结构提出了二元市场结构以及上游市场、下游市场的概念。如果借用这种概念来理解中国大陆的经济发展问题,并与地方分权式治理体制相对应,则可以提出中国在改革开放之后形成上游管控型市场扩展格局,这种格局是体制转型阶段中国市场间制度安排的基本特征。上游管控型市场扩展的基本内涵是:1978年中国开启了市场化导向的经济体制转型,但这种转型并不是在所有领域齐头并进地、以同样的速度或方式推进,在下游市场(通常与消费产品和一般性生产要素配置相关)快速市场化的过程中,各级政府对上游市场(特别是与土地、资本、重要能源等核心生产要素相关)仍具有较为显著的干预或介入。换言之,改革开放以来中国不同领域的市场化进程并不是一致的,前文对中国体制转型背景下经济自由度指数的分析就证实了这点。从体制转型方式来看,这种不同领域的市场化进程落差也是我国渐进式转型的一个重要表现,它导源于一个发展中大国试图在经济体制转型和社会秩序平稳之间找寻平衡点。

从制度比较的角度看,如表3-3所示,上游管控型市场扩展是一种独特的市场间制度安排,与严格管控的计划经济体制以及完全自由的市场经济体制相比,中国上游管控型市场扩展在资源配置主体、资源配置工具、上游市场特征、上游市场目标、下游市场作用等方面均存在明显区别。例如:就资源配置主体而言,计划经济的资源配置主体是各级政府(尤其是中央政府,地方政府通常是中央政府指令性计划的执行者),完全自由市场经济的资源配置主体是企业和居民等微观经济主体,但上游管控型市场扩展则是各级政府(包括中央政府以及不同层级的地方政府在内)、企业和居民等微观经济主体。

就上游企业特征而言,如果说国有企业(特别是中央管理企业)是政府影响或介入经济的组织载体的话,那么计划经济体制下因强调生产资料所有制的"一大二公三纯",则国有企业数量庞大,占据着企业数量的主体部分,且分布于从要素供给到商品供给的产业链各个环节;完全自由的市场经济体制下,国有企业数量极少甚至为零,在产业链的各个环节既不占据数量优势,也不占据功能优势。然而,在中国上游管控型市场扩展格局中,国有企业(尤其是中央管理企业)虽然数量少,但通常分布于核心要素、上游产业或基础设施等领域,在关系国家安全和国民经济命脉的主要行业和关键领域占据支配地位,其在经济发展进程中往往起着主导、调控或执行政府发展战略的作用。就形成条件而言,前文探究的我国社会主义制度中公有制经济的占比特征恰好为上游企业的功能发挥提供了物质基础,这种物质基础与计划经济体制下的农业、手工业和资本主义工商业改造是存在前后关联关系。总而言之,改革开放以来伴随着渐进式的市场化体制转型,我国在政府间形成了上游管控型的市场扩展格局,这使得中国的市场内部存在着突出和独特的结构特征,这种结构特征与计划经济体制和完全自由市场经济体制均存在明显差别。

表3-3 中国上游管控型市场扩展与其他制度相比的特征

比较因素	中国上游管控型市场扩展	计划经济	完全自由市场经济
资源配置主体	各级政府;微观经济主体	各级政府	微观经济主体
资源配置工具	价格;政府调控;政府直接干预	政府直接干预	价格
上游企业特征	国企主导、数量少,分布于核心要素、上游产业、基础设施等领域	国企数量庞大,占据企业主体,分布于产业链所有环节	国企数量无或极少,在产业链各环节不占据优势
上游企业目标	效率等经济目标;稳定等社会目标	稳定等社会目标	效率等经济目标
下游企业的作用	"拖船"效应,拉动上游市场的演变	嵌入指令性计划中	与上游企业各自发展

作为一个实行社会主义制度的发展中大国,我国要在更为严苛的条件下实现更为高远的目标,这必然会派生出相应的经济制度安排。理解中国的经济制度必须要有系统和整体思维,即除了关注政府-市场关系之外,更要关注中国政府内部和市场内部的制度安排。尤其是,改革开放之后,中国在经济维度逐步形成了地方分权式治理体制和上游管控型市场扩展,它们分别在政府间和市场间体现出中国经济制度的"异质性"。从发生学的角度看,这种异质性均导源于发展中大国这个约束条件与追求高速增长这个阶段目标之间的权衡。因为中国是发展中大国,所以就需要强调和保持社会基础和体制转型的平稳性,由此,确保中央政府对经济发展的统辖权、以及实现对上游市场的相对管控就是至关重要的。因为中国要快速地解放和发展社会生产力,而解放和发展生产力依赖于微观主体的活力和资源配置效率,由此,赋予地方政府以自主权并推动不同地方政府"为增长而竞赛",同时广泛地推进商品和一般性生产要素的市场化改革也是至关重要的。

更值得强调的是,地方分权式治理体制和上游管控型市场扩展分别刻画了中国政府间和市场间的结构特征,但从功能角度看,这两者并不是相互割裂的,而是存在着相辅相成的"镜像互补"关系。例如:在地方分权式治理体制下,中央政府对地方政府进行经济放权以及地方政府"为增长而竞赛",一个支撑条件是地方政府事实上仍可能对金融、土地和能源等核心要素的配置施加影响。反过来说,在上游管控型市场扩展中,市场化取向的经济体制转型以中央政府的决断和制度选择为保障,且市场化进程也受到中央政府和地方政府之间经济互动状况的影响。上述分析意味着:地方分权式治理体制和上游管控型市场扩展两者之间相互嵌套、相互支撑,共同构成了改革开放之后我国经济制度选择中的重要特色,并使得中国的经济制度突破了单纯的政府-市场两分的已有范式。

就制度实施结果而言,特定的经济制度总通过影响人们的行为选择而产生相应的经济绩效。改革开放以来,我国地方分权式治理体制和上游管控型市场扩展的相互组合,首先带来了经济总量的持续快速增长,中国长期落后的社会生产力也因这种增长而得到了深刻改变,1978年以来中国年均接近两位数的GDP增长率、以及人均GDP向美国等主要发达国家的持续追赶就是明显例证。这里的核心机制是:地方分权式治理体制和上游管控型市场扩展均是在市场化转型中发生的,市场化取向的经济体制改革为各类资源的跨地区、跨部门、跨时期、跨国界再配置提供了有利条件,且企业和居民等微观经济主体拥有了不断扩大的经济自主权,这导致其为了追求自身经济利益而开展经济决策,即微观经济主体为经济增长形成了广泛和持久的"自我激励"。资源配置优化和激励机制矫正是改革开放以来中国经济持续高速增长的主要驱动力量。此外,地方分权式治理体制导致地方政府具有了促进经济发展的重要使命,"为增长而竞赛"则导致地方政府将驱动本地经济增长视为其行为决策的关键目标。地方政府对经济增长目标的强调可以通过在特定年份绝大多数地方的GDP增速高于全国平均水平得到证实。与此同时,上游管控型市场扩展也为地方政府推动经济增长提供了条件,地方政府部分地可以通过影响核心生产要素配置,提高本地区在短时期内的经济增长率进而在行政锦标赛中占据相对优势。地方政府强调招商引资、强调扶持和发展大项目、强调固定资本投资等均是上述逻辑的衍生产物。从解放和发展生产力的角度看,改革开放以来我国所形成的经济制度安排确实取得了引人注目的优异增长绩效。

在经济总量快速增长的背景下,地方分权式治理体制和上游管控型市场扩展的相互结合,也诱发或者加剧了经济体系中的一系列结构性问题,不平衡不充分发展问题则逐步成为制约我国现代化进程的主要瓶颈因素。这里的核心机制是:市场化取向的经济体制改革本身会带来结构性问题,例如,市场经济强调企业和居民等微观主体依据价格机制配置资源并获得相应回报,但企业和居民总是存在着禀赋条件的差异,这必然会导致其在经济收入或财富分配方面出现落差。市场经济一方面提供了要素充分流动、要素优化配置的机制,另一方面也凸显了不同微观主体的禀赋差别,这内在地对政府公共产品的供给能力和方式提出了更高要求。此外,中国作为一个人口和地理规模超大的国家,其市场化经济体制转型也不是在所有领域均齐化进行的,渐进式、非均衡的改革策略本身也会带来经济发展中的结构失衡。除此之外,地方分权式治理体制激励地方政府"为增长而竞赛",且上游管控型市场扩展也提供了竞赛的基本要件。这不仅导致了地方政府的竞赛方式通常聚焦于增加固定资产投资、发展种类有限的特定产业、扶持在短期能带来增长效应的大项目或大工程,而且导致了经济发展的其他维度(例如:能源利用率、生态环境保护、收入分配调整、民生类公共产品供给等)被相对忽略。其结果是投入结构、产业结构、经济增长与能源环境之间的结构、经济增长与社会发展之间的结构等失衡问题不断累积且渐趋加剧,中国经济发展在总量增长的同时面临着不平衡、不协调和不可持续的挑战。改革开放以来,中国经济面临着"总量高速增长-结构问题加剧"的失衡格局,这种格局均是特定经济制度的实施结果,它们是地方分权式治理体制和上游管控型市场扩展这种制度运行的"一枚硬币两个表面",因此,必须而且可以放置在同一个逻辑框架下进行阐释。

综上所述,在中国这样实行社会主义制度且正处在经济体制转型阶段的发展中大国,理解城乡经济关系问题契合本土化的实践特征,必须把握经济制度选择与城乡经济格局的互动机制,而理解经济制度选择则必须把握政府-市场关系调整这个主线。然而,政府内部和市场内部并不是完全同质的,政府-市场两分很容易导致对中国经济制度理解的狭隘化。事实上,政府内部和市场内部的结构安排也是经济制度(政府-市场关系)的重要组成部分,它们均是从社会主义制度、发展中大国、经济体制转型等特定社会背景中内生出来的。改革开放以来,我国政府间的地方分权式治理体制和市场间的上游管控型市场扩展就是明显例证。然而,一旦政府内部和市场内部的制度安排形成之后,它们就构成了政府-市场关系这个经济制度的重要内容,并对微观经济主体的行为选择和城乡二元结构产生影响,进而在动态意义上导致经济制度安排和城乡经济关系的演变。

总之,刘-费-拉模型等二元经济理论的隐含假设与中国实践存在着偏差,不能从这些理论中直接引申出对中国城乡经济关系问题的完整解释。我国的城乡经济关系是发生在社会主义制度、发展中大国以及经济体制转型等特定背景下。在这种背景之下,发展战略与约束条件的组合、经济制度选择、城乡微观主体的经济行为、城乡二元结构状况之间存在着依次影响关系,且经济制度选择内含着政府-市场关系以及政府内部、市场内部的结构安排。这种分析框架试图捕捉我国经济制度选择和城乡经济关系之间的互动机制,并试图内生政府内部和市场内部等更为丰富的经济制度元素。因此,它是基于本土化实践来对刘-费-拉模型进行边际改进,并引入政治经济学视角来探究中国城乡经济关系这个经典的发展问题。这种分析框架或研究视角可称为中国城乡经济关系的政治经济学分析框架,或者针对中国城乡经济关系问题的"发展的政治经济学"。本书的后续工作就是立足于这种政治经济学分析框架,来系统地阐释我国不同时期城乡经济关系的形成机理、演变逻辑以及发展趋向。

第4章

中国城乡经济关系的测度与演变阶段

从世界范围来看,城乡经济关系不是仅存在于中国这个国家的特殊问题。从时段演变来看,城乡经济关系也不是仅存在于中国现阶段的短期问题。伴随着农耕社会背景下人口在城市的逐渐集聚,且城市通常充当着经济、政治、文化中心的角色,这样中国就开始出现城乡之间的对立以及城乡经济关系,城乡经济关系是贯穿中国经济社会长期发展进程的历史问题。1949年中华人民共和国成立之后,中国的城乡经济关系才是在社会主义制度、发展中大国等背景下展开的,1978年之后的改革开放则使城乡经济关系面临着经济体制转型的社会背景。如果将研究时限选择为中华人民共和国成立至今,则可以发现:我国的城乡经济关系在不同时段呈现出差异化的特征。本书集中研究中华人民共和国成立之后、尤其是改革开放以来我国城乡经济关系的演变逻辑,这首先需要借助测度工具刻画我国城乡经济关系的变动轨迹,即回答中国城乡经济关系到底经历了哪些阶段、这些阶段是如何划分的。值得强调的是,1978年开始实施改革开放导致中国进入经济体制转型阶段,改革开放40年以来,中国的城乡经济关系也不是给定不变的。在社会主要矛盾转化和构建现代化经济体系的进程中,中国城乡经济关系的未来走向需要予以研判和有效实现,从当前的城乡经济关系演变为更为理想的城乡经济关系对我国实现现代化强国而言至关重要。这意味着:细致分析改革开放以来中国城乡经济关系的变动轨迹就显得尤为重要。从逻辑实证主义分析思路来看,本部分是要描述和刻画我国城乡经济关系演变的"特征事实",进而为应用前文提出的政治经济学分析框架、以及剖析城乡经济关系演变的机制提供前置条件。

4.1 我国城乡经济关系测度的方法论基础

中华人民共和国成立以来,城乡二元结构始终是中国这个发展中大国的重要特征。作为对这种实践背景的回应,已有文献通常采用城乡收入差距等指标来刻画这种结构变化状态。然而,这种测度将城乡收入差距直接等同于城乡经济关系,且分析往往集中于改革开放以来我国整体和分省区的城乡问题。如前所述,尽管城乡收入差距是城乡经济关系的重要表现,且1978年以来的相关统计数据更为翔实,但这种指标和时段选择仍局限了对中国城乡经济关系问题的精准理解。其原因在于城乡经济关系具有超越城乡收入差距的丰富内涵,且本书侧重于分析长时段中我国城乡经济关系的演变机理。在城乡经济关系的测度和刻画中,问题的核心不在于具体选择哪些指标,而在于究竟为何选择这些指标。指标选择的基准要比指标选定后的直接应用更为重要。换言之,刻画中国城乡经济关系的变动轨迹首先需要回答测度指标背后的方法论依据。

提出城乡经济关系的测度指标首先需要回应这个概念的本质。前文在概念界定中强调:城乡经济关系是在中国这样的特定国家中,城乡两大部门之间及其内部不同部分围绕要素优化配置而形成的经济关联状态,这种关联对城乡之间的收入差距和城乡消费差距变动也产生了影响。容易看出,这个定义将城乡经济关系的重心放置在要素优化配置这个基点之上,而将城乡收入差距和城乡消费差距视为这种配置的一个结果。这意味着:城乡经济关系测度应立足于生产要素在城乡之间(以及城镇和农村内部)的配置这个主线来展开,同时考虑这种配置在收入分配和消费比较中产生的结果,即引入城乡收入差距和城乡消费差距的变动格局,城乡经济关系包含但不等同于城乡收入差距。同时,在前文的政治经济学分析框架中,城乡经济关系被理解为特定制度背景下城乡微观经济主体的行为选择以及与此关联的城乡二元结构转化状态。这里的城乡微观经济主体行为选择即要素配置方式,它是指企业和居民在特定制度下如何开展城乡之间的各类要素组合,二元结构转化状态则是指城乡两部门之间收入和消费落差的变化状态。由此可见,无论是从城乡经济关系的概念界定出发,还是从分析框架的逻辑次序出发,刻画我国的城乡经济关系都需要凸显要素配置及其配置结果这两个维度,要素配置甚至相对于要素配置结果更为重要,而直接采用城乡收入差距来测度和反映中国城乡经济关系的思路是值得商榷的。

就时段而言,本书关注我国城乡经济关系的演变逻辑和内在机理,尤其是改革开放40年以来我国城乡经济关系的变动机制。然而,考察的时段必须延伸至中华人民共和国成立初期,即从1949年迄今这个较长的时段来理解城乡经济关系问题,长周期、大跨度是解析城乡经济关系演变逻辑的内在需求。之所以做出这种时段选择,是因为:

首先,中华人民共和国成立使得中国的社会性质发生了根本变化,中国从此前的半殖民半封建社会转变为中国共产党领导下的社会主义社会,社会主义制度是中国城乡经济关系演变的重要社会背景。尽管中国从1978年开始步入改革开放的伟大征程,但1949—1977年以及1978年至今都是中国社会主义现代化建设的两个阶段,城乡经济关系都是在社会主义现代化建设这个大主题下展开的。因此,将改革开放前后两个阶段完全分割开来进行考察是不恰当的,是不符合历史演变逻辑的。

其次,即使人们关注改革开放40年以来我国城乡经济关系的演变问题,但这种演变并不是脱离特定的时空背景凭空发生的,不同时段的城乡经济关系往往具有极强的"路径依赖"(path dependence)特征。这意味着:改革开放以来的城乡经济关系脱胎于此前的城乡经济关系,此前的状况提供了改革开放以来城乡经济关系的初始条件。前文提出的政治经济学分析框架已经关注到这种前后时段的关联性质,这种关联是通过发展战略与约束条件的组合、经济制度安排、微观主体行为选择、城乡二元结构转化的反馈机制而体现出来的。

最后,对中国城乡经济关系问题的分析重在把握背后的变动机制,但这种机制必须放置在较长时段进行观察才可能得到稳妥检验,长时段的分析结论往往比短时期的分析结论更为可靠。从逻辑实证主义的角度看,逻辑推演的结论必须经过历史过程或资料的验证才能成为具有说服力的理论,也才能形成对未来发展趋势的预测以及提出政策含义的依据。在这个意义上,中华人民共和国成立以来近70年的历史为人们精准理解中国城乡经济关系"背后的故事"提供了有利条件。

上述分析表明:测度我国城乡经济关系应凸显长时段、大跨度这个特征,将中华人民共和国成立以来的城乡经济关系作为测度和分析对象,这比单纯地分析1978年以来的二元结构格局更有价值。

显而易见,中国城乡经济关系的测度应尽量契合两个特征:内涵的综合性和时段的长期性。这两个特征对具体的测度指标提出了两个层面的要求:一是测度指标应具有时段的连贯性。这些指标应能够涵盖中华人民共和国成立迄今的各个时段。在某个时段(特别是改革开放之后)提出的指标因为难以进行前后比较而只能放弃,或放在这个时段内部进行城乡经济关系问题的分析。这里最为典型的就是城乡收入差距,这个指标建立在城镇居民和农村居民人均收入等数据的基础上,但现有的统计资料只提供了改革开放之后的相关数据,1978年之前的城乡居民人均收入数据是缺失的。因此,就不能采用这个指标来反映中华人民共和国成立以来的城乡经济关系,但在改革开放之后这个时段中,城乡收入差距仍是测度城乡经济关系的重要指标。二是测度指标应具有数据的可得性。这些指标应能够从现有的统计资料或调查数据库中获取,这些统计资料或调查数据最好有官方背景以体现可靠性。换言之,在理论上有用但现有统计资料中不能提供的指标也只能放弃。例如:城乡人均物质资本存量是反映城乡经济关系的重要指标,但该指标因改革开放之前的固定资产投资等数据不可获得而难以使用。从技术处理的角度看,难以满足数据可得性的指标也不能用来刻画中华人民共和国成立以来的城乡经济关系。

从测度指标的时段连续性和数据可得性出发,并立足于城乡经济关系的定义,本书强调:测度中华人民共和国成立以来长时段的中国城乡经济关系变动轨迹,可主要依据三个层面的具体指标:一是城乡之间的人口和就业结构变动。该指标反映了特定时期城乡之间劳动力这个要素的配置状态,以及与劳动力要素配置紧密相关的人口结构特征。在物质资本数据不可获取的条件下,观察人口和就业结构的变动就成为理解城乡要素配置的一个重要视角。事实上,人口和劳动力的城乡配置也间接地标度了城乡间的资本分布状况,毕竟劳动力总是倾向于流入资本相对充裕的领域以提高其生产效率。二是城乡之间的产业劳动生产率比较。该指标反映的是不同产业产值占比和就业占比的相对状况,它在产业维度反映出城乡相同份额的"劳动投入"能否带来相同份额的"经济产出"。产业劳动生产率的差别是引致城乡要素流动的重要因素,而城乡要素再配置则很可能导致产业劳动生产率的比较状况发生变化。三是城乡之间的人均消费水平比较。该指标反映的是城乡两大部门的居民在人均消费水平上是否"趋同"。在收入水平数据不可得的情况下,城乡之间的人均消费水平落差就成为反映城乡经济关系的重要标尺,这一标尺相对于收入指标更能解释城乡居民的生活水平和福利获取状态。从逻辑上说,上述三个层面的指标具有内涵上的相互递进和补充特征,人口和劳动力配置结构、劳动生产率比较是在要素配置视角反映城乡经济关系,而人均消费水平比较则是在要素配置结果的意义上反映城乡经济关系。它们均较好地契合了本书的城乡经济关系定义,且与前文中政治经济学分析框架中的城乡二元结构相契合。此外,在现有的统计资料中,上述三个层面的指标也具有时序的连贯性和数据的可得性,因此,它们能够较好地满足本研究对我国城乡经济关系长时段变动轨迹的刻画。

4.2 中华人民共和国成立以来我国城乡经济关系的变动

依据综合性、长期性等方法论基础,可以从城乡人口和就业结构、产业劳动生产率、人均消费水平等视角观察我国城乡经济关系的长期变动。从这些指标的变动来看,中华人民共和国成立以来,我国的城乡经济关系并非一成不变,而是在不同时段形成了差异化的特征。特别是,以1978年改革开放为分界点,中国城乡经济关系经历了重大转折,改革开放前后的城乡经济关系是截然不同的,这种指标差别的变动过程无疑是一个值得阐释的经济主题。有趣的是,三个测度指标对城乡经济关系时段差异性的揭示可以形成相互验证和支持。

4.2.1 城乡人口和就业结构的变化

劳动力是城乡两大部门开展经济活动的重要生产要素,相对于其他生产要素(尤其是土地),劳动力往往更具有部门和地区之间的流动性。在不考虑政府严格管制的条件下,劳动力基于经济收益比较在部门、产业、地区之间进行流动是资源优化配置的内在要求,因此也是多数国家经济运行中的普遍状态。国际经验显示:发展中国家的经济发展通常伴随着农村劳动力的非农化转移,以及与此相伴随的人口向城镇部门的集聚,前文分析的刘-费-拉模型就以农村劳动力转移作为二元经济结构转化的核心机制。值得强调的是:城乡之间就业结构的变动往往伴随着人口结构的变动,即劳动力的非农化转移意味着城镇人口占比的相对提高。由此出发,工业化(industialization)和城镇化(urbanization)往往是一国经济发展进程的重要特征事实,其中,工业化标度的是就业结构的变动,而城镇化标度的是人口结构的变化。反过来说,特定国家的工业化率和城镇化率长期停留在较低水平,这意味着城乡之间的劳动力和人口流动机制遇到了严重阻滞,城乡经济关系也因这种阻滞而保持在相对隔离的状态。

按照上述逻辑分析中华人民共和国成立以来我国的城乡人口和就业结构,可以得到图4-1。该图刻画了1952—2017年我国城乡人口和就业结构的三个指标变化:农村人口占总人口的比重、第一产业就业人数占就业人数的比重、第一产业就业人数占农村就业人数的比重。在这三个指标中,第一产业就业人数占农村就业人数的比重反映了农村内部劳动力资源的分布状况，或者说农村内部从事农林牧渔产业（第一产业）的劳动力在多大程度上可以转向农村内部的其他产业（农村内部的第二产业或第三产业）。第一产业就业人数占就业人数的比重反映了整个社会劳动力资源的分布状况，即从事农林牧渔产业的劳动力在多大程度上可以转向整个社会的其他产业（城镇和农村的第二产业或第三产业）。农村人口占总人口的比重反映了人口在城乡之间的流转情况，即农村人口可以在多大程度上因为就业岗位转换而成为城镇常住人口。这三个指标可以反映出中国的工业化率和城镇化率变动轨迹，如果说第一产业就业人数占农村就业人数的比重反映了农村内部的工业化进程，第一产业就业人数占就业人数的比重反映了整个社会的工业化进程，那么农村人口占总人口的比重则反映了整个社会的城镇化进程。就人口和就业结构而言，上述三个指标可以综合地反映1952年迄今这个长时段内中国的城乡经济关系变动情况。

图 4-1　1952—2017 年我国城乡人口和就业结构的变化情况

数据来源：根据 CEIC 数据库中的人口、就业数据等计算得出。

图 4-1 显示：1978 年是整个考察期内城乡经济关系的重要转折点。在 1952—1977 年这个时段，除了 1958—1961 年（"三年困难时期"——由于天气变化，"大跃进"运动以及牺牲农业发展工业的政策等因素所导致的全国性粮

食和副食品短缺危机时期)之外,这三个指标均表现出在高位水平稳定运行的显著特征。其中,第一产业就业人数占农村就业人数的比重从94.92%变化为96.99%,特别是1961—1977年该比重始终接近或高于97%,这说明该时段第一产业就业人数占据了农村就业人数的绝大多数,第一产业就业人员进入农村内部的其他产业领域几乎是不可能的,或者说农村内部并未形成除农林牧渔之外的其他非农产业就业渠道。第一产业就业人数占总就业人数的比重从83.54%下降至74.51%,26年下降了不到10个百分点,这说明第一产业就业人数占据我国就业人数的大多数,第一产业就业人员进入整个社会的其他领域就业也是极其困难的,或者说整个社会在非农就业岗位的拓展方面并未取得重大进展。同期,农村人口占总人口的比重由87.54%下降为82.45%,26年下降了不到5个百分点,这说明农村人口依然占据我国人口的绝大多数,农村人口难以因为劳动力的城乡再配置而转化为城镇人口,中国是一个极为突出的农民占人口主体、农业就业占就业主体的国家。显而易见,在1978年之前,我国的工业化和城镇化进程均处在"抑制"或相对"停滞"状态,城乡之间的劳动力和人口流动即使会发生,但其程度和范围都是微乎其微的,城乡之间的人口和就业结构具有极为突出的固化和刚性特征。

1978年之后,我国城乡之间人口和就业结构发生了快速且显著的变化,这与此前的结构固化和刚性特征截然不同。如图4-1所示,1978年以来,标度城乡人口和就业结构的三个指标均出现了非常明显的下降,从而改变了此前在高位水平稳定运行的基本格局。1978—2017年,我国第一产业就业人数占农村就业人数的比重从92.43%下降至59.54%,40年下降了32.89个百分点,这和1978年之前的格局截然不同。这说明在农村内部劳动者的就业选择空间被大幅度拓展了,更多的劳动力可以进入农村内部的非农产业从事经济活动。第一产业就业人数在农村就业人数中的"统治地位"已经转变为"半壁江山",农村的就业渠道多元化、产业结构多样性成为此时段经济发展的重要特征事实。第一产业就业人数占总就业人数的比重从70.53%下降至26.98%,40年下降了43.55个百分点,年均下降超过1个百分点。这说明第一产业劳动力可以更为宽松地进入整个社会的非农产业,或者说整个社会已经形成了吸纳农村劳动力的庞大非农岗位。迄今为止,我国已经从第一产业就业占主体的状态转为非农产业就业占主体的格局。在农村内部和城乡之间工业化进程急速推进的背景下,城乡之间的人口结构也发生了深刻变化,1978—2017年,我国农村人口占总人口的比重从82.08%下降至41.48%,即按照常住人口口径计算,我国的城镇化率已经从17.92%提高至58.52%,40年提高了40.6个百分点,年均增长超过1个百分点。这意味着:农村人口可以更为容易地进入城镇部门而成为城镇常住人口,当前我国已经从农村人口占主体的国家转变为城镇人口占主体的国家,中国发生了从"农村中国"迈向"城镇中国"的重要结构变迁。总而言之,从城乡人口和就业结构的变动轨迹可以看出:1978年改革开放以来,我国的城乡经济关系相对于此前发生了深刻转折,工业化和城镇化的进程在大大加快,城乡劳动力和人口流动的抑制、停滞状态转变为活跃、加剧状态。

4.2.2 城乡产业劳动生产率的比较

人口和就业结构反映了城乡之间的要素配置状况,但这种状况并未揭示引致要素城乡配置的动因、以及要素城乡配置产生的结果。从逻辑上说,在不考虑政府严格管控的前提下,城乡之间的要素配置主要导源于经济收益比较,即人口和劳动力在城市部门面临着相对更高的劳动生产率,以及由劳动生产率所形成的相对更高的工资收入和消费水平。微观经济主体总是按照收益比较进行不同部门之间的要素流动,这是引致工业化率和城镇化率提高的动力源泉。基于此,在中国城乡经济关系的测度中,必须引入城乡之间的劳动生产率差异来刻画这种动力源泉。考虑到现有统计资料并未直接给出城乡之间的经济产出数据,据此,可以采用三大产业的劳动生产率来近似地拟合城乡劳动生产率相对状况。这种拟合在1978年之前更具合理性,原因是此阶段第一产业就业人数几乎等同于农村就业人数,第一产业构成了农村经济活动的主体部分。改革开放之后,农村中的劳动力流动也主要是从第一产业流向生产率相对更高的第二产业和第三产业,因此,用三大产业的劳动生产率比较来反映城乡经济关系变化是合适的。

从理论上说,劳动生产率即在特定年份中某个产业的经济产出与劳动力投入的比值,它反映了在该产业中劳动力这个要素的产出效率,提高劳动生产率是任何经济体或经济部门面临的关键问题。在特定经济体中,任一产业存在着经济产出(例如:第一产业 GDP)在经济总产出的占比,简称该产业的产值占比,也存在着劳动力投入(例如:第一产业就业人数)在劳动力总投入中的占比,简称该产业的就业占比。以此为基础,可以定义比较劳动生产率,即第一产业比较劳动生产率等于其产值占比与就业占比的比值,该比值反映了第一产业产出(产值占比)和投入(就业占比)的组合关系。第二产业和第三产业的比较劳动生产率可以按照同样的方法来定义。

从定义出发,比较劳动生产率体现出某一产业产值占比与就业占比的偏离程度,如果某个产业的比较劳动生产率大于 1,这说明其用份额相对较小的劳动力投入形成了份额相对较大的经济产出。因此,这个产业对其他产业的劳动力流入是有吸引力的,反之则反是。就城乡经济关系而言,考虑到第二产业和第三产业(非农产业)往往集中在城镇部门,而第一产业则主要分布在农村地区,因此,可以用非农产业比较劳动生产率与第一产业比较劳动生产率的落差,来反映劳动生产率意义上的城乡经济关系变动。事实上,在现有的城乡经济问题研究中,人们也通常采用二元对比系数(dual contrast coefficient)来反映二元结构的变动状况,二元对比系数即第一产业比较劳动生产率和第二、第三产业比较劳动生产率的比值。从方法论的角度看,二元对比系数和此处采用比较劳动生产率差距来反映城乡经济关系是内在一致的。

借助不同产业的增加值、就业人数等数据,可以计算得出 1952—2017 年我国三大产业的比较劳动生产率,进而可以计算得出第二产业(以及第三产业,第二、第三产业)比较劳动生产率/第一产业比较劳动生产率的变动情况。如图 4-2 所示,以 1978 年为分界点,我国三大产业比较劳动生产率相对格局也发生了深刻变化。在1952—1977年的考察期内,除了1958—1961年之外,其余时期非农产业比较劳动生产率与第一产业比较劳动生产率虽有波动,但波动较小且均处在相对较高的水平。例如:1962—1977年第二、第产业比较劳动生产率/第一产业比较劳动生产率处在7.10—9.52倍之间,其年均值为8.48倍;第三产业比较劳动生产率/第一产业比较劳动生产率处在5.44—6.57倍之间,其年均值为5.99倍;第二、第三产业比较劳动生产率/第一产业比较劳动生产率处在6.24—7.87倍之间,其年均值为7.25倍。总体上看,这个时段非农产业比较劳动生产率远高于第一产业比较劳动生产率,说明其以份额相对较小的劳动力投入形成了份额相对较大的经济产出,其比较劳动生产率具有相对于第一产业的显著优势。这种劳动生产率落差长期处在较高的位置,这既说明整个社会存在着第一产业劳动力进入非农产业的巨大潜能,也说明超越个体力量的体制因素制约了第一产业劳动力进入比较劳动生产率更高的非农部门。

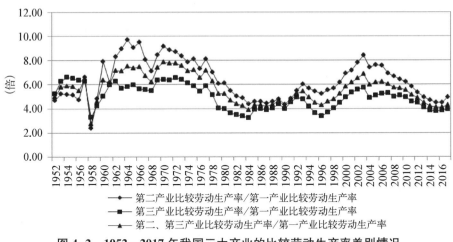

图 4-2　1952—2017 年我国三大产业的比较劳动生产率差别情况

数据来源:根据 CEIC 中我国三大产业的 GDP、就业人数等数据计算得出。

1978年我国开始启动改革开放之后,产业间的比较劳动生产率落差呈现出新的变化形态。这主要表现为:相对于此前落差在高位徘徊的"相对稳定"状态,1978年之后,比较劳动生产率落差的三个指标均出现了较为显著的波动态势。改革开放40年中,这种波动以1984年和2003年为分界点,大致经历了先下降、后攀高、再下降的转变过程。尽管如此,与改革开放之前相比,1978年之后,三个比较劳动生产率落差均出现了较为明显的下降态势,从起止年份来看,1978—2017年第二产业比较劳动生产率/第一产业比较劳动生产率从7.03倍下降至4.91倍,其年均值为5.75倍,考察期内任一年份的落差均低于1961—1977年的年均值8.48倍。第三产业比较劳动生产率/第一产业比较劳动生产率从5.15倍下降至3.92倍,其年均值为4.35倍,且任一年份的落差均低于1961—1977年的年均值5.99倍。第二、第三产业比较劳动生产率/第一产业比较劳动生产率从6.25倍下降至4.30倍,其年均值为5.02倍,且任一年份的落差均低于1961—1977年的年均值7.25倍。上述情况说明:1978年之后,我国非农产业比较劳动生产率与第一产业比较劳动生产率的差距整体上在下降,虽然不同产业的比较劳动生产率仍存在差距,但这些差距整体上呈现出逐步收敛的基本趋势。就指标变动而言,现阶段我国非农产业比较劳动生产率仍高于第一产业,这意味着产业间以及城乡间仍会发生劳动力要素的再配置。自20世纪70年代末期以来,我国劳动力要素的跨产业、跨部门流动性在不断增强,这种要素再配置对产业间和城乡间的比较劳动生产率收敛发挥了重要作用。

4.2.3 城乡人均消费水平的比较

比较劳动生产率测度反映了城乡之间因产业差别而导致的经济落差,但劳动生产率并不直接等同于不同群体的收入水平和消费状态,且城镇和农村两部门与三次产业之间也不存在严格的对应关系。改革开放之后,农村第二产业和第三产业的兴起就是一个明显例证。由此出发,引入城乡之间居民收入和消费的相对格局对理解城乡经济关系就是必要的。考虑到数据的连贯性和可得性,此处采用城乡消费差距来反映长时段内我国的城乡经济关系变化。这里的消费数据即统计部门发布的城乡居民人均消费水平,这种人均消费水平的差距可被定义为城乡消费差距。

测度城乡消费差距可具体采用三个指标:一是城乡消费名义差距,即城乡人均消费水平的直接比较,它没有剔除价格因素,也没有引入人口结构因素;二是城乡消费实际差距,即利用消费指数进行调整后的城乡人均消费水平的比较;三是城乡消费差距泰尔指数(Theil Index),即引入城乡人口结构和城乡实际人均消费水平两组变量计算消费差距①。在这三个指标中,城乡消费实际差距剔除了价格因素对城乡消费差距的影响,城乡消费差距泰尔指数则引入了人口结构对城乡消费差距的影响,这两个指标与城乡消费名义差距共同构成了中华人民共和国成立以来我国城乡经济关系的测度指标体系。

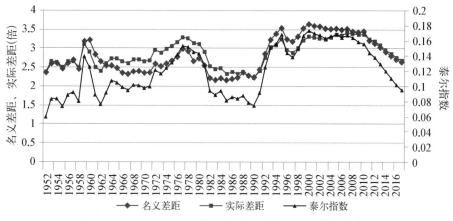

图4-3 1952—2017年我国城乡居民消费差距的变化情况

数据来源:1952—2017年城乡居民人均消费水平数据来自CEIC数据库,计算实际差距所需的城乡居民人均消费指数均以1952年=100,其中1952—1977年数据来自《新中国六十年统计资料汇编》,1978—2017年数据来自CEIC数据库,将前后两段数据均处理为1952年=100。计算泰尔指数所需的1952—2017年城乡人口数据来自CEIC数据库。

---

① 令 $Theil_t$ 表示 t 时期的我国城乡消费差距泰尔指数,则有:

$$Theil_t = \sum_{j=1}^{2}\left(\frac{y_{jt}}{y_t}\right)\ln\left(\frac{y_{jt}}{y_t}\bigg/\frac{p_{jt}}{p_t}\right) = \left(\frac{y_{1t}}{y_t}\right)\ln\left(\frac{y_{1t}}{y_t}\bigg/\frac{p_{1t}}{p_t}\right) + \left(\frac{y_{2t}}{y_t}\right)\ln\left(\frac{y_{2t}}{y_t}\bigg/\frac{p_{2t}}{p_t}\right)$$

在上式中,$j=1,2$ 分别表示城镇和农村,p_{jt} 表示 t 时期城镇($j=1$)和农村($j=2$)的人口数,$p_t = p_{1t} + p_{2t}$ 表示人口总数。y_{jt} 表示城镇($j=1$)和农村($j=2$)的消费规模,$y_t = y_{1t} + y_{2t}$ 表示消费总量。为了剔除价格因素,本文的城镇消费总规模等于城镇居民实际人均消费水平乘以城镇居民人口数,农村消费总规模等于农村居民实际人均消费水平乘以农村居民人口数,城乡实际人均消费水平均按各自的人均消费指数(1952年=100)计算得出。

图4-3给出了1952—2017年我国城乡消费差距三个指标的变化情况。可以发现：城乡消费名义差距、实际差距以及泰尔指数三者的变动趋势极为类似，这三个指标之间可以相互验证，并支撑对城乡消费差距变动趋势的整体判断。从总体上看，以1978年为分界点，1952—1977年我国的城乡消费差距具有较为突出的稳定性，特别是剔除1958—1961年这个时段之后，城乡消费差距和差距的波动情况并不突出，这种稳定特征在1961—1971年这个时段表现得尤为突出。例如：城乡消费名义差距始终在2.33—2.85倍之间变动，实际差距始终在2.41—2.75倍之间变动。1971—1977年城乡消费差距出现了较为快速的攀高，其中，城乡消费名义差距从2.37倍攀高至3.00倍，实际差距从2.69倍攀高至3.30倍，泰尔指数也从0.10提高至0.15。总体而言，城乡消费差距总体稳定并在后期走高是我国计划经济时期的基本特征。如果考虑到在这个时段我国逐步形成"城乡分治、一国两策"的社会保障资源配置方式，即农村居民在公共产品获取中处于相对不利的地位，那么城乡居民之间的福利落差要比消费差距揭示的程度更为严重。更值得强调的是，城乡消费差距在许多国家或特定国家的多个时期均可能存在，但微观经济主体能否通过要素流动、资源配置来改变这种格局却是至关重要的。在整个计划经济时期，我国城乡消费差距的稳定、固化甚至逐步走高意味着：城乡二元结构在这个时段是渐趋加剧的，城乡微观经济主体——尤其是农村居民依靠商品和要素的再配置来改变这种格局也极为困难。

1978年启动改革开放之后，我国城乡消费差距呈现出区别于此前时段的显著变动态势。这主要表现为：在这一时段，城乡消费差距不再单纯地表现为稳定和走高的态势，而是呈现出波动态势并存在较为显著的下降阶段。从总体上看，1978—1985年我国城乡消费差距出现了较为显著的下降，其中名义差距从2.94倍下降至2.17倍，实际差距从3.27倍下降至2.34倍，泰尔指数从0.15下降至0.08。1985年之后城乡消费差距再度攀高，并在1997年之前的较长时间内处在较高位置。然而，2009年之后城乡消费差距再度呈现出下降趋势。2009—2017年城乡消费名义差距从3.47倍下降至2.65倍，实际差距从3.37倍下降至2.69倍,泰尔指数从0.16下降至0.10。从时序比较的角度看,现阶段我国城乡消费名义差距、实际差距和泰尔指数已经低于改革开放初期,并逼近中华人民共和国成立初期的1952年。

这种差距的变动格局说明:一方面,相对于计划经济时期,改革开放以来我国城乡微观经济主体尤其是农村居民具有了相当程度的经济自主权,他们可以通过商品和要素再配置来获取更高的经济回报,这种经济回报构成了其提高消费水平的重要条件,从而推动城乡消费差距在波动中呈现出阶段性缩减态势。另一方面,城乡消费差距的变动是一个受到多重因素影响的复杂过程,即使是微观经济主体的城乡要素再配置也会面临波动,这就导致了我国城乡消费差距并非呈现出持续缩减态势,而是在改革开放40年中呈现出缩减和攀高交错进行的格局。总体来看,改革开放之后的我国城乡消费差距的变动趋势表明:相对于此前的计划经济时期,微观经济主体在城乡之间配置要素和商品的自主权扩展了,城乡消费差距可以表现出阶段性下降的态势。

利用城乡人口和就业结构、城乡产业劳动生产率、城乡人均消费水平等指标,来综合测度中华人民共和国成立以来我国的城乡经济关系,均可以发现:以1978年启动改革开放为分界点,中国的城乡经济关系在前后两个阶段呈现出不同的特征。1978年之前,我国城乡之间的劳动力和人口流动接近停滞,产业比较劳动生产率、城乡居民消费落差也具有显著的固化特征,这意味着城乡微观经济主体、尤其是农村居民通过要素再配置来舒缓城乡经济落差几乎是不可能的,城乡两大部门处在相互分离、彼此割裂的状态之中。1978年之后,导源于对内的市场化改革和对外开放程度的提高,我国城乡之间的劳动力和人口结构均发生了显著变化,工业化和城镇化的进程出现了大幅度提速,产业比较劳动生产率的落差整体上开始下降,城乡居民消费差距也出现了多个时段的下降。这意味着城乡两大部门之间的经济互动程度加强了,这种经济交往加剧很大程度上是因为微观经济主体具有了资源配置的自主权。微观主体基于市场价格信号而出现了广泛、频繁的自发经济联系,这种联系使得城乡之间更为紧密地联系起来,并推动了城乡消费差距开始走出此前的"固化"状态。前文对"割裂"和"融合"的概念界定强调了城乡部门之间的要素关联方式,以及由这种关联方式所引致的收入-消费差距变化,从这种界定出发,并集合上述多个指标的变动态势,可以认为以1978年为转折点,我国的城乡经济关系出现了从"割裂"逐渐走向"融合"的显著转变。

4.3 改革开放以来我国城乡经济关系变动的再考察

中华人民共和国成立以来,我国城乡经济关系整体上呈现出从割裂转向融合的发展趋势。从理论研究和实践启示的角度看,相对于改革开放之前,针对改革开放之后中国城乡经济关系的细致分析尤为重要。这主要是因为:首先,从前文的测度指标来看,1978年以来我国城乡经济关系尽管在整体上走向融合状态,但不同指标的表现往往存在着差别,且同一指标在1978—2017年的较长时段中也存在波动特征。其次,我国自1978年开始启动改革开放迄今已经有40年的历程,问题在于:40年中国的经济体制转型尽管以建立社会主义市场经济体制为目标取向,但在整个考察期内这种转型并不是沿着直线在匀速进行,经济体制转型的波动特征自然会对城乡经济关系的表现形式产生影响。再次,我国不同时段的城乡经济关系往往存在着前后的"路径依赖"特征,且时段越靠近则这种路径依赖特征越突出。在推动经济高质量发展和建设现代化经济体系的过程中,我国后续的城乡经济关系是从改革开放以来的格局中衍生出来的,这意味着重点分析1978年之后的城乡经济关系,更有助于廓清未来城乡经济关系演变的态势及政策完善方案。最后,从数据可得性的角度看,1978年改革开放之后,我国针对城乡经济关系的统计工作也有了很大改进,相关数据变得更为翔实和丰富。特别是,城乡收入差距数据具有可得性,这使得人们能够采用更为多样的实证资料来刻画该时段的城乡经济关系变动轨迹。

第4章 中国城乡经济关系的测度与演变阶段

从城乡人口和就业状况来看，1978年以来的统计资料可以促使人们更为细致地理解城乡之间的经济结构变化。表4-1给出了1978—2017年我国工业化内部、城镇化内部、工业化和城镇化之间三个维度的指标变动情况。在工业化内部，可以用第二、第三产业产值占GDP的比重，以及第二、第三产业就业人数占总就业人数的比重分别表示产值工业化率和就业工业化率。1978年以来，这两个指标均呈现出较为显著的持续攀升速度，这说明我国的工业化进程得到了明显提高，经济总量以及就业状况对第二、第三产业的依赖在不断增强。相对于产值工业化率，改革开放之后我国就业工业化率的进程更为快速，这说明第一产业劳动力可以在很大程度上通过产业间的劳动力流动来改变自身的经济状况，从时序比较的角度看，城乡之间的融合程度确实提高了。然而，在考察期内，我国的就业工业化率始终低于产值工业化率，这说明相对于第一产业，第二、第三产业的比较劳动生产率优势仍是突出的，非农部分还是以相对较低的劳动力份额形成了相对较高的产值份额，第一产业仍使用了相对较多的劳动力投入并形成了相对较小的经济产出。

表4-1 1978—2017年我国工业化和城镇化进程的比较情况

年份	工业化内部		城镇化内部		工业化和城镇化	
	产值工业化率(%)	就业工业化率(%)	常住人口城镇化率(%)	户籍人口城镇化率(%)	产值工业化率(%)	常住人口城镇化率(%)
1978	72.31	29.48	17.92	—	72.31	17.92
1979	69.30	30.20	18.96	—	69.30	18.96
1980	70.37	31.25	19.39	16.64	70.37	19.39
1981	68.68	31.90	20.16	17.00	68.68	20.16
1982	67.21	31.87	21.13	18.26	67.21	21.13
1983	67.43	32.92	21.62	17.93	67.43	21.62
1984	68.46	35.95	23.01	19.02	68.46	23.01
1985	72.07	37.58	23.71	20.14	72.07	23.71

(续表)

年份	工业化内部		城镇化内部		工业化和城镇化	
	产值工业化率(%)	就业工业化率(%)	常住人口城镇化率(%)	户籍人口城镇化率(%)	产值工业化率(%)	常住人口城镇化率(%)
1986	73.36	39.05	24.52	19.77	73.36	24.52
1987	73.68	40.01	25.32	20.13	73.68	25.32
1988	74.76	40.65	25.81	20.69	74.76	25.81
1989	75.39	39.95	26.21	21.12	75.39	26.21
1990	73.42	39.90	26.41	20.86	73.42	26.41
1991	75.97	40.30	26.94	21.32	75.97	26.94
1992	78.67	41.50	27.46	21.89	78.67	27.46
1993	80.69	43.60	27.99	22.42	80.69	27.99
1994	80.53	45.70	28.51	23.28	80.53	28.51
1995	80.40	47.80	29.04	23.83	80.40	29.04
1996	80.67	49.50	30.48	24.37	80.67	30.48
1997	82.10	50.10	31.91	24.79	82.10	31.91
1998	82.84	50.20	33.35	25.07	82.84	33.35
1999	83.94	49.90	34.78	25.51	83.94	34.78
2000	85.32	50.00	36.22	26.08	85.32	36.22
2001	86.02	50.00	37.66	26.68	86.02	37.66
2002	86.70	50.00	39.09	27.89	86.70	39.09
2003	87.65	50.90	40.53	29.70	87.65	40.53
2004	87.08	53.10	41.76	30.81	87.08	41.76
2005	88.36	55.20	42.99	31.99	88.36	42.99
2006	89.37	57.40	44.34	32.53	89.37	44.34
2007	89.72	59.20	45.89	32.93	89.72	45.89
2008	89.75	60.40	46.99	33.28	89.75	46.99

(续表)

年份	工业化内部		城镇化内部		工业化和城镇化	
	产值工业化率(%)	就业工业化率(%)	常住人口城镇化率(%)	户籍人口城镇化率(%)	产值工业化率(%)	常住人口城镇化率(%)
2009	90.21	61.90	48.34	33.77	90.21	48.34
2010	90.47	63.30	49.95	34.17	90.47	49.95
2011	90.57	65.20	51.27	34.71	90.57	51.27
2012	90.58	66.40	52.57	35.33	90.58	52.57
2013	90.70	68.60	53.73	35.93	90.70	53.73
2014	90.94	70.50	54.77	36.63	90.94	54.77
2015	91.17	71.70	56.10	39.90	91.17	56.10
2016	91.44	72.30	57.35	41.20	91.44	57.35
2017	92.08	73.02	58.52	42.35	92.08	58.52

资料来源：1980—2014年户籍人口城镇化率根据CEIC数据库计算得出，2015—2017年户籍人口城镇化率来自历年中国国民经济和社会发展公报。计算所需的其余原始数据来自CEIC数据库。

在城镇化内部，我们可以用城镇常住人口占总人口的比重以及户籍中非农业人口占总人口的比重分别表示常住人口城镇化率和户籍人口城镇化率，观察这两者之间的关系可更为准确地理解我国的城镇化进程。考察期内，我国这两个指标也呈现出逐步提高的态势，特别是，常住人口城镇化率从17.92%提高至58.52%，年均提高超过1个百分点，这说明我国农村人口可以较为自由地进入城镇就业和生活。然而，迄今为止户籍人口城镇化率仍明显落后于常住人口城镇化率，伴随着时间的推移，这两者之间的落差在渐趋拉大。这说明农村大量人口进入城镇之后可以改变其就业性质，但难以改变其身份特征，因此，也就难以获取附着在身份之上的城镇正规社会保障资源。

在工业化和城镇化两者的相互关系维度，改革开放以来，我国的产值工业化和常住人口城镇化率均在提高。农村劳动力流转可以推动非农产业产值的提高,并进入城镇而成为城镇常住人口,但产值工业化率始终高于常住人口城镇化率,当然也始终高于户籍人口城镇化率,另外,常住人口城镇化率甚至也低于就业工业化率。这说明我国在现代化进程中存在着城镇化滞后于工业化的结构特征,城乡之间就业结构的变化和人口结构的变化并不匹配。从工业化内部、城镇化内部、工业化和城镇化两者之间的变动来看,改革开放40年以来,我国城乡之间的要素流动和再配置程度确实在加剧,所有这些指标的提高就是明显例证。然而工业化内部、城镇化内部以及工业化和城镇化的失衡,意味着我国的城乡经济关系并不是相对均齐的融合,而是结构化、局部性的融合。

在测度我国的城乡经济关系时,除了人口和就业结构之外,城乡收入差距也是一个极为重要的指标。1978年之后我国城乡收入差距数据也具有可得性,因此,可以分析该指标的变化情况并形成对前文城乡消费差距变动的补充。与前文计算城乡消费差距的思路相同,此处也用三个指标来综合反映改革开放之后我国的城乡收入差距:一是城乡收入名义差距,即城乡人均可支配收入的直接比较,它没有剔除价格因素,也没有引入人口结构因素;二是城乡收入实际差距,即利用收入指数调整后的城乡人均可支配收入的比较;三是城乡收入差距泰尔指数,即引入城乡人口结构和城乡实际人均收入两组变量计算收入差距。在这三个指标中,城乡收入实际差距和城乡收入差距泰尔指数剔除了价格因素的影响,或引入了人口结构变动,因此对我国城乡收入差距变动的真实状况更具有说服力。依据这三个指标,表4-2给出了1978—2017年我国城乡居民收入差距的变动情况。为了更为直观地刻画这种差距的变化,还可以利用该表绘制出图4-4。综合表4-2和图4-4两份资料可以发现:改革开放40年以来,在城乡人口和就业结构变动的背景下,我国城乡收入差距也发生了深刻变化,城乡收入差距存在着波动和阶段性下降的基本趋势,且城乡收入差距的三个指标变动趋势是类似的。此外,这种变化与前文刻画的城乡消费差距指标也具有类似的变动轨迹。

表4-2 1978—2017年我国城乡居民收入差距的变动情况

年份	城镇居民人均可支配收入（元）	农村居民人均纯收入（元）	城镇人均收入指数（1978年=100）	农村人均收入指数（1978年=100）	城乡收入名义差距（倍）	城乡收入实际差距（倍）	城乡收入差距泰尔指数
1978	343.400	133.600	100.0	100.0	2.570	2.570	0.091
1979	405.000	160.200	115.7	119.2	2.528	2.495	0.087
1980	477.600	191.300	127.0	139.0	2.497	2.348	0.076
1981	500.400	223.400	129.9	160.4	2.240	2.082	0.055
1982	535.300	270.100	136.3	192.3	1.982	1.822	0.037
1983	564.600	309.800	141.5	219.6	1.822	1.656	0.026
1984	652.100	355.300	158.7	249.5	1.835	1.635	0.025
1985	739.080	397.600	160.4	268.9	1.859	1.533	0.019
1986	900.900	423.760	182.7	277.6	2.126	1.692	0.030
1987	1 002.100	462.550	186.8	292.0	2.166	1.644	0.027
1988	1 180.200	544.940	182.3	310.7	2.166	1.508	0.018
1989	1 373.932	601.510	182.5	305.7	2.284	1.534	0.020
1990	1 510.160	686.310	198.1	311.2	2.200	1.636	0.027
1991	1 700.600	708.550	212.4	317.4	2.400	1.720	0.033
1992	2 026.590	783.990	232.9	336.2	2.585	1.781	0.038
1993	2 577.440	921.620	255.1	346.2	2.797	1.890	0.047
1994	3 496.240	1 220.980	276.8	364.3	2.863	1.953	0.053
1995	4 282.950	1 577.740	290.3	383.6	2.715	1.945	0.052
1996	4 838.900	1 926.070	301.6	418.1	2.512	1.854	0.045
1997	5 160.320	2 090.130	311.9	437.3	2.469	1.833	0.044
1998	5 425.050	2 161.980	329.9	456.1	2.509	1.859	0.047
1999	5 854.020	2 210.340	360.6	473.5	2.648	1.957	0.056

（续表）

年份	城镇居民人均可支配收入(元)	农村居民人均纯收入(元)	城镇人均收入指数(1978年=100)	农村人均收入指数(1978年=100)	城乡收入名义差距(倍)	城乡收入实际差距(倍)	城乡收入差距泰尔指数
2000	6 279.980	2 253.420	383.7	483.4	2.787	2.040	0.063
2001	6 859.580	2 366.400	416.3	503.7	2.899	2.124	0.070
2002	7 702.800	2 475.630	472.1	527.9	3.111	2.299	0.086
2003	8 472.200	2 622.240	514.6	550.6	3.231	2.402	0.094
2004	9 421.610	2 936.400	554.2	588.0	3.209	2.423	0.095
2005	10 493.030	3 254.930	607.4	624.5	3.224	2.500	0.101
2006	11 759.450	3 587.040	670.7	670.7	3.278	2.570	0.106
2007	13 785.810	4 140.360	752.5	734.4	3.330	2.634	0.109
2008	15 780.760	4 760.620	815.7	793.2	3.315	2.643	0.109
2009	17 174.650	5 153.170	895.4	860.6	3.333	2.674	0.110
2010	19 109.440	5 919.010	965.2	954.4	3.228	2.599	0.102
2011	21 809.780	6 977.290	1 046.3	1 063.2	3.126	2.530	0.096
2012	24 564.720	7 916.580	1 146.7	1 176.9	3.103	2.504	0.092
2013	26 467.004	9 429.563	1 227.0	1 286.4	2.807	2.452	0.087
2014	28 843.854	10 488.883	1 310.5	1 404.7	2.750	2.398	0.082
2015	31 194.828	11 421.707	1 397.0	1 510.1	2.731	2.378	0.079
2016	33 616.246	12 363.409	1 475.2	1 603.7	2.719	2.364	0.077
2017	36 396.194	13 432.426	1 571.1	1 720.7	2.710	2.347	0.074

资料来源：城乡收入差距（名义）依据城乡居民人均可支配收入对比计算得出（1978—2012年我国分别开展了城镇住户调查和农村住户调查，农村居民收入为人均纯收入，2013年之后我国开展了城乡一体化住户收支与生活状况调查，农村居民收入为人均可支配收入）；城乡收入差距（实际）根据城乡人均收入指数（1978年=100）对名义收入调整后计算得出；城乡收入差距（泰尔指数）依据城乡人口结构变动和城乡实际人均收入两组变量计算得出。计算所需的原始数据来自CEIC数据库。

图 4-4 1978—2017 年我国城乡居民收入差距的变动情况

表 4-2 和图 4-4 描绘了 1978—2017 年我国城乡收入差距的演变过程。从演变趋势来看,改革开放 40 年以来我国城乡收入差距并不是沿着某种方向做单向度变化,在不同时段这种差距的攀高和缩减态势往往相互交织。依据不同时段的差距变动方向,可以将考察期内我国城乡收入差距划分为 5 个阶段:1978—1985 年的持续下降阶段、1985—1994 年的持续攀高阶段、1994—1997 年的短暂下降阶段、1997—2009 年的持续攀高阶段以及 2009 年迄今的持续下降阶段,5 个阶段的变动情况如表 4-3 所示。这种变动格局不仅反映出市场化背景下,城乡微观主体经济自由度和自发配置要素程度的提高,而且反映出城乡收入差距受到多重因素的影响,并在这些因素的交互作用下呈现出波动态势。特别是,以 2009 年为转折点,我国城乡收入差距在经过此前两个 V 型的变动之后开始步入持续下降阶段。如果将 2009 年的持续下降阶段放在整个考察期内,则可以发现这种下降具有两个重要特征:一是就持续时间而言,此时段的城乡收入差距下降持续了 8 年,超过了第一阶段的 7 年和第三阶段的 3 年(这两个阶段差距均在缩减),相对于第二阶段和第四阶段的持续攀高则更体现出对城乡差距扩大态势的矫正。二是就下降程度而言,此时段的城乡收入下降幅度虽不及第一阶段,但超过了第三阶段,2017 年我国城乡收入名义差距为 2.710 倍,其数值已经非常接近 1978 年的改革开放初始状态,而城乡收入实际差距和

城乡收入差距泰尔指数已低于1978年的初始状态。

从城乡两大板块之间的经济落差来看,现阶段我国的城乡二元结构确实得到了持续和明显转化,城乡统筹发展和城乡一体化进程确实取得了突出成效。城乡收入差距接近或低于1978年改革开放初期,意味着我国的城乡经济关系进入新的转折点。然而,改革开放以来我国城乡收入差距存在着显著的波动特征,历史中就曾出现1985—1994年、1997—2009年的持续攀高或在高位徘徊状态,因此,对2009年之后的城乡收入差距缩减必须放在更长的时段中进行考察,从这个缩减态势中直接得出城乡经济关系已经进入良性演变轨道为时尚早。此外,已有文献还显示:改革开放以来我国城镇内部、农村内部的收入差距在渐趋攀高(Piketty, T., Yang, L. & Zucman, G., 2017;高帆,2018b),这意味着我国的城乡经济关系在现阶段出现了若干变型,探究城乡经济关系应该对城乡收入差距的这些新趋势保持敏感。总而言之,改革开放以来,我国城乡收入差距具有不同阶段的波动特征,特别是2009年之后出现了较长时段的缩减趋势。这意味着:城乡经济关系确实从割裂走向了融合,但这种走向在时序上并不是线性的、连续的,而是存在着波折和反复。

表4-3 1978—2017年我国城乡收入差距的5个演变阶段

阶段序号	时 段	指 标 变 动	持续时间	基本特征
第一阶段	1978—1985年	名义:2.570—1.859倍;实际:2.570—1.533倍;泰尔指数:0.091—0.019	7年	持续下降
第二阶段	1985—1994年	名义:1.859—2.863倍;实际:1.533—1.953倍;泰尔指数:0019—0.053	9年	持续攀高
第三阶段	1994—1997年	名义:2.863—2.469倍;实际:1.953—1.833倍;泰尔指数:0.053—0.044	3年	短暂下降
第四阶段	1997—2009年	名义:2.469—3.333倍;实际:1.833—2.674倍;泰尔指数:0.044—0.110	12年	持续攀高

(续表)

阶段序号	时段	指标变动	持续时间	基本特征
第五阶段	2009—2017年	名义：3.333—2.710倍；实际：2.674—2.347倍；泰尔指数：0.110—0.074	8年	持续下降

综合起来，从内涵的综合性和时段的连续性两个基准出发，我国城乡经济关系可以采用城乡人口和就业结构、产业劳动生产率、城乡消费差距等指标来测度。利用这些指标可以发现：中华人民共和国成立以来，以1978年为分界点，我国城乡经济关系在整体上呈现出从割裂到融合的转变态势，微观经济主体在城乡之间自发配置要素的权利在逐步扩展，这种扩展也伴随着城乡劳动生产率、城乡消费差距、城乡收入差距等指标的变动。特别是，改革开放以来，我国推进了市场化导向的经济体制转型，在这种背景下，城乡之间商品和要素交往的频度加剧了、范围拓展了，城乡微观经济主体、特别是农民作为资源配置主体的角色得到了前所未有的凸显。在这种背景下，城乡之间已经走出了此前相互割裂的状态，并因微观主体的经济交往而紧密地融合在一起。然而，改革开放40年以来，我国城乡之间的经济融合在不同维度存在着差别，这从工业化内部、城镇化内部、工业化和城镇化之间的变动态势可以看得非常清楚。城乡之间的经济融合在不同时段也存在着差别，这从城乡收入差距三个指标的变动中可以得到有力佐证，在不同时段缩减和攀高相互交织是该指标变动的基本特征。概括起来，改革开放以来我国的城乡经济融合具有结构性、阶段性特征，因此。可以将这种融合简称为"失衡型融合"。这个概念刻画了城乡经济关系走向融合这个基本态势，以及走向融合进程的复杂性和波动性。由此延伸开来，人们必须要回答：1978年改革开放之前我国的城乡经济关系割裂是如何形成的？在20世纪70年代末期，我国为何会出现城乡经济关系从割裂状态向"失衡型融合"的转变？未来我国城乡经济关系的"失衡型融合"又会向何处发展和演进？

第5章

中国割裂型城乡经济关系的形成及其绩效

中华人民共和国成立之后直至20世纪70年代末期,我国的城乡经济关系以割裂为基本特征,这种割裂状态不仅表现为微观经济主体在城乡之间自发进行要素配置受到抑制,而且表现在城乡劳动生产率以及居民消费水平落差长期在高位徘徊。从特定的社会背景出发,改革开放之前我国城乡经济关系的割裂状态不是一个孤立存在的现象,它是特定时段内发展战略与约束条件相互组合以及经济制度选择的产物,它同时也构成了此后城乡经济关系发生动态演变的出发点。因此,不理解这个出发点的形成机制,也就难以深刻阐释改革开放之后我国城乡经济关系的演变问题。反过来说,系统阐释我国城乡经济关系的长时段演变逻辑,首先需要利用此前的政治经济学分析框架,来说明中华人民共和国成立初期我国割裂的城乡经济关系是如何形成的以及产生了哪些结果,这里的绩效分析事实上也构成了此后城乡经济关系演变的实践背景。从逻辑实证主义分析思路的角度看,围绕改革开放之前城乡经济关系的理论分析也形成了对前文政治经济学分析框架的一个检验。

5.1 中华人民共和国成立初期的国家发展战略与约束条件

1949年,我国在中国共产党领导下取得了抗日战争和解放战争的胜利,建立了社会主义制度的中华人民共和国。中华人民共和国成立使得中国形成了新的社会制度并具有了持续发展的条件,但经济状况却具有很强的历史延续特征,自然不能飞跃,经济状况也不可能一夜之间出现翻天覆地的变化。

中华人民共和国成立之前,我国长期处在半殖民地半封建社会,国民经济在经久连年的战争状态下也遭受了重大破坏,生产力水平的落后以及"冷战"发生之后的国际经济关系是中国经济发展面临的初始条件,而1950年爆发的朝鲜战争也构成了中国推动现代化建设的特定外部环境。中国正是在这种背景下开启了社会主义发展中大国的现代化进程,自此,中国在经济层面就始终面临着这样的根本命题:一个实行社会主义制度的发展中大国如何实现持续发展和共同富裕,改革开放前后我国在经济领域的各种努力均可视为对这个根本命题的回应。尼古拉斯·R.拉迪(1992)这样评论中华人民共和国成立初期的国民经济状况:"当中国共产党在1949年从国民党手中夺取到中国的控制权时,经济濒于崩溃。与前现代经济所特有的长期结构问题——如低人均收入、寿命短、低储蓄和投资比率及占优势的传统生产方法——一起出现的,是伴随着二十多年国内外战争的物质和人力资源的损失以及极度的通货膨胀。"① 立足于这种内外部格局,我国就必须审慎选择和确定发展战略,以此来恢复国民经济秩序,并为后续的社会主义现代化建设打下坚实基础。事实上,中华人民共和国成立之后经过短暂的新民主主义时期,我国在1953年之后就进入发展战略的探索、确立和实践阶段。这个战略的核心是依靠国家的资源动员来实现工业化、尤其是实施重工业优先发展战略,借以形成相对独立和完整的工业体系并回应内外部的格局挑战。

中国发展战略的确定和选择集中表现为中央政府的发展战略表述之中。表5-1给出了中华人民共和国成立直至改革开放之前,我国针对经济发展战略的相关政策表述。1953年我国确立了社会主义过渡时期总路线,该总路线强调要依托社会主义改造来快速实现国家的工业化。其中,推动国家工业化是"主体",而对农业、手工业和资本主义工商业的社会主义改造是"两翼","三大改造"服务于实现工业化这个核心目标,工业化随即成为我国推动国民

---

① 尼古拉斯·R.拉迪,《恢复经济和第一个五年计划》,转载自《剑桥中华人民共和国史(上卷)》,[美]R.麦克法考尔、费正清编,中国社会科学出版社,第131页。

经济发展的战略目标。随后,"一五"计划不仅继续凸显了我国社会主义工业化的重要性,而且明确提出了重工业优先发展战略,并将重工业优先发展作为我国这个时段的重点工作。该计划不仅提出不同产业的基本建设投资分配以及工业品产量增长速度,而且细致地规划了钢铁工业、有色金属工业、电力工业、煤炭工业、石油工业、机械制造工业、化学工业、建筑材料工业、木材工业等重工业领域的发展计划。"二五"计划则延续了"一五"计划的思路,明确提出要继续推进以重工业为中心的工业建设思路,强调在第二个五年计划期间必须继续扩大冶金工业的建设,大力推进机器制造工业的建设,加强电力工业、煤炭工业和建筑材料工业的建设,积极推进工业中的落后部门——石油工业、化学工业和无线电工业的建设。1958 年我国提出了社会主义建设总路线,这个总路线虽然关注到不同部门之间的发展结构问题,并强调工业和农业之间应该协调并举,但这种协调发展是在重工业优先发展的前提条件下展开的。此后,"三五"和"四五"计划强调了国防和三线建设,而重工业发展与国防和三线建设紧密相关,因此,这两个计划事实上仍然延续了工业化特别是重工业优先发展的战略思路。例如:"三五"计划提出我国国防工业基本建设投资额为 87 亿元,重工业则为 408 亿元,在重工业中钢铁工业计划投资额为 57 亿元,主要用于建设三线钢铁工业基地和供给国防工业需要的钢材品种。

表5-1 计划经济时期我国国家发展战略的政策表述

时间序号	文件名称	颁布时间	核 心 内 容
1953 年	社会主义过渡时期总路线	1953 年 9 月 25 日《人民日报》	要在一个相当长的历史时期内,基本上实现国家工业化和对农业、手工业、资本主义工商业的社会主义改造;这是国民经济发展的基本要求,又是实现三大改造的物质基础;实现对农业、手工业和资本主义工商业社会主义改造又是实现国家工业化的必要条件

(续表)

时间序号	文件名称	颁布时间	核 心 内 容
"一五"计划（1953—1957年）	《中华人民共和国发展国民经济的第一个五年计划》	1955年7月30日第一届全国人民代表大会第二次会议通过	实行积极的社会主义工业化的政策，来提高我国生产力的水平；采取积极的工业化的政策，即优先发展重工业的政策，其目的就是在于求得建立巩固的国防、满足人民需要和对国民经济实现社会主义改造的物质基础；重工业的基本建设作为制定发展国民经济第一个五年计划的重点，并首先集中力量进行苏联帮助我国设计的156个工业单位的建设
"二五计划"（1958—1962年）	《关于发展国民经济的第二个五年计划的建议的报告》	1956年9月中共共产党第八次全国代表大会通过	继续进行以重工业为中心的工业建设，推进国民经济的技术改造，建立中国社会主义工业化的巩固基础；我国社会主义工业化的主要要求，就是要在大约三个五年计划时期内，基本上建成一个完整的工业体系
1958年	社会主义建设总路线	1958年5月中国共产党第八次全国代表大会第二次会议通过	社会主义建设总路线是鼓足干劲，力争上游，多快好省地建设社会主义；在重工业优先发展的条件下，工业和农业同时并举；争取在十五年，或者在更短的时间内，在主要工业产品产量方面赶上和超过英国
"三五"计划（1966—1970年）	《关于第三个五年计划安排情况的汇报提纲》	1965年9月国家计委拟定并经中央讨论基本同意	第三个五年计划实质上是一个以国防建设为中心的备战计划，必须争取时间，把国防和三线的主要东西搞起来；要从备战的需要出发，来考虑各项建设的安排
"四五计划"（1971—1975年）	《第四个五年计划纲要（草案）》	1970年2—3月国务院召开全国计划工作会议，讨论并制定了该计划纲要	集中力量建设大三线强大的战略后方；加速农业机械化的进程；狠抓钢铁、军工、基础工业和交通运输的建设；大力发展新技术，赶超世界先进水平

中华人民共和国成立初期，我国在政策制定层面确立了工业化、特别是

重工业优先发展的战略取向。这种战略取向不仅可以通过梳理政策文本来观察，而且可以通过分析计划经济时期我国各部门的基本建设投资额来理解。表5-2给出了1953年直至"五五"时期结束，我国不同部门的基本建设投资额结构，特别是工业基本建设投资额的占比变动情况。该表显示：考察期内，工业始终是我国基本建设投资的最大部门，在"二五""三五""四五"以及"五五"时期，工业基本建设投资额占全部基本建设投资额的比重均超过50%，这与我国试图快速完成社会主义工业化、建设相对完整的独立工业体系是一致的。在工业基本建设投资额中，占据主体的又是重工业，轻工业在整个考察期内都处在投资的边缘和辅助地位。例如：在"二五"时期，全部工业基本建设投资额占比是60.4%，其中轻工业和重工业的占比分别为6.4%和54%，其余时段也具有类似特征。这说明在计划经济时期，我国的国家工业化进程主要是通过优先发展重工业体现出来的。与工业、特别是重工业的投资额占比相比，其余部门的基本建设投资额占比均相对较小，特别是，与农业发展相关的农林水利气象投资额占比最低是7.1%，最高是17.7%。在考察期内，1963—1965年的工业投资额占比相对于此前的"二五"时期有所下降。针对这种变化，德怀特·H.帕金斯（1992）给出的解释是："1963—1965年的生产资料投资额下降，但这更多地是由于1959—1961年的危机后恢复工作的需要造成的，而不是因为长期战略发生了什么变化。"①这种投资结构明确地显示：工业化、尤其是重工业优先发展战略作为中华人民共和国成立初期的发展战略，在政策文本以及具体操作层面中均能得到有力验证。

中华人民共和国成立初期，我国将重工业优先发展、借以快速实现工业化确立为基本发展战略，这是具有理论、实践以及国际环境等多维度原因的。这些原因意味着此阶段发展战略选择的复杂性，重工业优先发展战略不能单

---

① 德怀特·H.帕金斯，《中国的经济政策及其贯彻情况》，转引自《剑桥中华人民共和国史（下卷）》，[美] R.麦克法考尔、费正清编，中国社会科学出版社，第493页。

表 5-2　1953—1980 年我国不同时期各部门基本建设投资额的占比(%)

项　目	"一五"时期(1953—1957年)	"二五"时期(1958—1962年)	1963—1965年	"三五"时期(1966—1970年)	"四五"时期(1971—1975年)	"五五"时期(1976—1980年)
工业 　轻工业 　重工业	42.5 6.4 36.1	60.4 6.4 54.0	49.8 3.9 45.9	55.5 4.4 51.1	55.4 5.8 49.6	52.6 6.7 45.9
建筑业和地质资源勘探	6.1	2.5	2.5	2.2	2.3	3.2
农林水利气象	7.1	11.3	17.7	10.7	9.8	10.5
运输邮电	15.3	13.5	12.7	15.4	18.0	12.9
商业餐饮业、服务业和物资供销	3.6	2.0	2.5	2.1	2.9	3.7
科学研究、文教卫生和社会福利	7.6	3.8	5.7	2.8	3.1	5.4
城市公用事业	2.5	2.3	2.9	1.8	1.9	4.1
其他	15.3	4.2	6.2	9.5	6.6	7.6

数据来源:《中国统计年鉴1983》,第324—328页。

纯从某一视角进行解释并作出评论。在理论层面,马克思主义政治经济学是中国制定经济政策的重要理论来源,而马克思的社会再生产理论强调:特定国家的物质资料生产可划分为两大部类——生产资料部类(通常为重工业)和生活资料部类(通常为轻工业),社会再生产需要这两大部类能够同时完成物质补偿和价值补偿,而扩大再生产的一个实现条件是生产资料优先增长以满足两大部类对扩大的生产资料投入的需要。苏联科学院经济研究所编的《政治经济学教科书》也强调了生产资料优先增长规律,并指出"生产资料优先增长意味着工业的发展快于农业"。尼古拉斯·R.拉迪(1992)就指出,中国"第一个五年计划的战略以马克思主义扩大再生产原则的信条为坚实的基

第5章 中国割裂型城乡经济关系的形成及其绩效

础,即确定生产生产资料的工业为增长的主要源泉"①。

从实践的角度看,中华人民共和国成立之后,苏联的经济增长方式对中国产生了极为显著的示范作用,我国的发展战略选择也不可避免地受到苏联做法的启发。中央文献出版社出版的《建国以来重要文献选编》(1993)就强调"资本主义国家从发展轻工业开始,一般是花了50—100年的时间才能实现工业化,而苏联采用了社会主义工业化的方针,从重工业建设开始,10多年(从1921年开始到1932年第一个五年计划完成)就实现了国家的工业化。苏联过去所走的道路正是我们今天要学习的榜样。……我国实现国家的社会主义工业化,正是依据苏联的经验从建立重工业开始"。尼古拉斯·R.拉迪(1992)也指出,"在优先发展规模很大和资本密集的制造业方面,中国的工业化战略与20世纪30年代苏联的战略相似。工业化纲要的核心由156个苏联援助的项目组成,它们一共吸收了一半左右的工业总投资"②。

此外,中华人民共和国成立初期,中国身处在"二战"之后资本主义和社会主义两个阵营的"冷战"时代,而1950年朝鲜战争的爆发也给中国的国家安全带来了冲击,中国在这一时段面临的国际环境确实是极为严峻的。在此背景下,国家安全和国防工业自然就被放在至关重要的地位。我国的第一个五年计划为采取重工业优先发展战略提供了国家安全的解释,"采取积极的工业化的政策,即优先发展重工业的政策,其目的就是在于求得建立巩固的国防、满足人民需要和对国民经济实现社会主义改造的物质基础"。显而易见,中华人民共和国成立初期,我国选择重工业优先发展战略是多重因素综合作用的结果。薄一波(1991)在解释第一个五年计划编制的依据时就强调多种因素的综合作用,即"经过对政治、经济、国际环境诸多方面利弊得失的反复权衡和深入讨论之后,大家认为必须从发展原材料、能源、机械制造等重工业

---

① 尼古拉斯·R.拉迪,《恢复经济和第一个五年计划》,转载自《剑桥中华人民共和国史(上卷)》,[美]R.麦克法考尔、费正清编,中国社会科学出版社,第144页。

② 尼古拉斯·R.拉迪,《恢复经济和第一个五年计划》,转载自《剑桥中华人民共和国史(上卷)》,[美]R.麦克法考尔、费正清编,中国社会科学出版社,第143页。

入手"。

在重工业优先发展战略确定之后,我国需要考虑的核心问题就是:中华人民共和国的初始条件能否支撑这种发展战略,即发展战略和约束条件的组合状态究竟是什么。就产业性质而言,相对于农业和轻工业,重工业有两个基本特征:一是资本需求规模庞大;二是劳动力需求或就业岗位创造能力相对较小。此外,重工业通常还意味着建设投资周期较长,它很难在短期内通过自身的收益形成扩大再生产的资本来源。然而,中华人民共和国成立初期,我国国民经济的约束条件是与重工业的这些特征不相耦合的。这集中表现为:在国民经济极端困难的条件下,中国的资本存量规模极为有限,难以满足庞大的重工业优先发展战略的资本需求,1952年我国资本形成总额为153.7亿元,其中固定资本形成总额为80.7亿元,这相对于第一个五年计划中经济建设和文化教育事业投资计划数766.4亿元(其中工业部门投资计划数为313.2亿元)存在着很大缺口。在内部资本存量短缺的同时,这种资本供需缺口又不能主要通过外部援助来解决。其原因是:"虽然苏联提供的生产资料对建立工业中几个重点部门是极为重要的,但大部分苏联的机器设备或是通过现付,或是通过相对的短期贷款,而不是通过单方面转让或长期的优惠贷款获得。"①

此外,中国存在着数量极为庞大的劳动力群体,这与重工业就业岗位需求相对较小之间也存在着冲突。1952年我国就业人数总计为20 729万人,其中城镇和农村就业人数分别为2 486万人和18 243万人。显然,如果允许劳动力要素依据市场信号自发配置,那么庞大的农村劳动力会流向资本充裕的部门,从而会因为资本"平摊"而导致重工业优先发展战略难以有效实施。由此可见,重工业优先发展战略与中华人民共和国成立初期我国的禀赋条件并不吻合,特别是资本短缺、劳动力充裕的禀赋条件并不支撑重工业优先发展。

---

① 尼古拉斯·R.拉迪,《恢复经济和第一个五年计划》,转载自《剑桥中华人民共和国史(上卷)》,[美] R.麦克法考尔、费正清编,中国社会科学出版社,第142页。

这意味着：我国是在初始条件极度不利的条件下实施重工业优先发展战略的，而这种发展战略和约束条件的组合状态，就必须依靠政府-市场关系调整以及相应的经济制度安排，来重点解决重工业所需的资本来源以及由此连带的劳动力配置管制问题。

5.2 重工业优先发展战略背景下的经济制度

我国要在资本短缺、劳动力充裕的背景下实施重工业优先发展战略，就必然内生出相应的经济体制选择。在任何经济体，经济体制均是围绕资源配置这个核心议题而展开的，考虑到政府和市场是实现资源配置最为主要的两种力量，因此，经济体制选择的实质是政府-市场关系的变化，经济制度安排即国家围绕政府-市场关系而形成的一系列规则、流程和行为规范。中华人民共和国成立初期，考虑到发展战略与要素禀赋条件并不一致，因此，就不能主要依靠市场力量来实现资源的自发配置，各级政府、特别是中央政府就取代市场而成为资源配置的主体，指令性计划也就取代价格而成为资源配置的工具。林毅夫、蔡昉、李周（2002）指出导源于发展战略与资源禀赋的内在冲突，我国形成了推行赶超战略的宏观政策环境、高度集中的资源计划配置制度以及缺乏自主权的微观经营机制。从城乡经济关系的角度看，导源于这个时段的发展战略和约束条件，我国在经济体制选择中就形成了一系列制度安排，这些制度安排均与城乡微观主体的行为选择以及二元结构特征紧密相关。

5.2.1 农村的人民公社制度

我国要在资本短缺、劳动力充裕的背景下实施重工业优先发展战略，不仅需要改造城市工业的产业特征和所有制性质，而且需要改造农村经济的生产经营方式。1949年9月中国人民政治协商会议通过的《共同纲领》明确提出：凡已实行土地改革的地区，必须保护农民已得土地的所有权，凡尚未实行土地改革的地区，必须通过发动农民群众和建立农民团体来实现耕者有其田。"耕者有其田"是中华人民共和国成立初期农村土地制度改革、以及经营方式变革的基本指向。此后，1950年6月30日中央人民政府发布的《土地改革法》继续强调"废除地主阶级封建剥削的土地所有制，实行农民的土地所有制，借以解放农村生产力，发展农业生产，为新中国的工业化开辟道路"，"土地改革完成后，由人民政府发给土地所有证，并承认一切土地所有者自由经营、买卖及出租其土地的权利"。依照这些政策文本，我国广大农村地区在1950—1952年实施了土地改革，这项改革按照耕者有其田的准则使全国3亿农民分得了约7亿亩土地，农民拥有完整的土地产权——所有权和经营权。这种土地产权制度相对于此前的地主土地所有制是一个极大进步，由此也就极大地解放了农村生产力并为国民经济秩序恢复奠定了坚实基础。

从1953年开始，我国在贯彻落实社会主义过渡时期总路线的背景下，按照互助组、初级社、高级社的路径推进了农业的社会主义改造。这种改造的实质是在中国共产党的领导下，通过互助合作等形式将以生产资料私有制为基础的个体农业经济，转变为以生产资料公有制为基础的农业合作经济。从时序的角度看，我国的农业合作化运动大致经过了以下三个阶段：

第一阶段是1949—1953年，我国在土地改革的同时，以举办农业互助组为合作化的主要形式，并试办初级形式的合作社。1951年12月15日中共中央印发了《关于农业生产互助合作的决议（草案）》，该决议强调：必须提倡"组织起来"，按照自愿和互利的原则，发展农民劳动互助的积极性。在合作化的政策指引下，我国农业互助组发展得极为迅猛。如表5-3所示，1950—1953年我国参加互助组的农户占比从10.91%提高至39.23%，单干户的占比则从89.09%下降至60.53%。

第二阶段是1954—1955年，初级社在全国农村普遍建立和发展起来。

1953年12月16日中共中央通过的《关于农业生产互助合作的决议》明确指出：我国农民的个体经济"与社会主义的工业化之间日益暴露出很大的矛盾"，而我国对农业进行社会主义改造的道路是"经过简单的共同劳动的临时互助组和在共同劳动的基础上实行某些分工分业而有某些少量公共财产的常年互助组，到实行土地入股、统一经营而有较多公共财产的农业生产合作社，到实行完全的社会主义的集体农民公有制的更高级的农业生产合作社（也就是集体农庄）"。在这种改造路径的指引和要求下，我国农村的单干户出现了急速下降，互助组则迅速成为农业经营的主体形式，与此同时高级社也开始进入迅猛发展阶段。如表5-3所示，1954—1955年我国互助组的农户占比分别攀升至58.37％和50.66％，单干户的农户占比则分别下降至39.68％和35.14％。

第三阶段是1956年之后，这是农业合作化迅猛发展时期，其标志是人民公社这种高级社成为农业经营的主体方式。1955年10月11日中国共产党七届六中全会通过了《关于农业合作化问题的决议》，该决议提出：在互助合作运动发展比较先进的地方，合作化程度在1955年夏季已经达到当地总农户的30％—40％，大体上可以在1957年春季以前发展到当地总农户的70％—80％，即基本上实现半社会主义的合作化。在全国大多数地方，合作化程度在1955年夏季已经达到当地总农户的10％左右或20％左右，大体上可以在1958年春季以前先后基本实现半社会主义的合作化。在这种政策的指引和要求下，我国的农业合作化随即出现了从初级社到高级社的急速转变，高级社快速成为农村经营组织方式的基本形式。如表5-3所示，1956年和1957年我国高级社的农户占比已分别达到89.17％和96.5％。1958年8月29日中共中央发布了《关于在农村建立人民公社的决议》，决定把各地成立不久的高级农业生产合作社，普遍升级为大规模的、政社合一的人民公社。我国农村的人民公社制度由此确立，这样也就基本实现了农业的社会主义改造，并在广大的农村地区完成了由农民个体所有制到社会主义集体所有制的转变。

表 5-3　1950—1957 年我国参加农业合作组织的农户占比变化情况(%)

年　份	单　干	互助组	初级社	高级社
1950	89.09	10.91	0.000 2	0.000 03
1951	82.46	17.54	0.001 5	0.000 03
1952	60.10	39.86	0.05	0.002
1953	60.53	39.23	0.235	0.002
1954	39.68	58.37	1.948	0.01
1955	35.14	50.66	14.162	0.033
1956	1.33	0.086	8.64	89.17
1957	—	—	1.3	96.5

数据来源：武力(2007)。

从上述时段梳理可以发现：在计划经济时期，我国的农业社会主义改造以合作化运动为主要方式，而合作化运动以人民公社制度为发展的最高形式。就发起动因而言，合作化运动以及由此形成的人民公社制度具有服务于重工业优先发展战略的重要考虑。在这个阶段的政策文本中，就有小农经济与社会主义工业化之间矛盾暴露的提法，在决策层看来，这种矛盾主要体现为：小农经济不利于重工业发展的资本积累，不利于工业产品的市场销售，不利于国家对农村经济的统一管理。

就实施结果而言，人民公社制度首先导致了农村生产资料所有制的显著变化，例如：1956 年 6 月 30 日第一届全国人民代表大会第三次会议通过的《高级农业生产合作社示范章程》明确提出"入社的农民必须把私有的土地和耕畜、大型农具等主要生产资料转为合作社集体所有"。与此同时，人民公社制度也导致农村的经济和社会组织形态发生了明显变化，例如：1958 年 12 月 10 日中国共产党八届六中全会通过了《关于人民公社若干问题的决议》，该决议明确指出："人民公社是我国社会主义社会结构的工农商学兵相结合的基层单位，同时又是社会主义政权组织的基层单位。"这使得人民公社具有经济组织和社会管理组织的多重功能，"政社合一"随即成为人民公社组织的基本特征。虽然此前的合作社示范章程规定社员有退社自由，然而，经济组织和社会管理组织的相互叠加，经济功能和社会治理功能的相互交织，导致我国广大农民的组织化程度得到了空前提高。单个农村居民对这种"政社合一"组织的依赖程度在不断加剧，农村的微观主体脱离这个组织自发地进行商品和要素配置愈发显得困难了。

5.2.2 城镇中的公有制经济

中华人民共和国成立初期，我国的重工业优先发展战略除了与农业的社会主义改造（以及由此形成的人民公社制度）紧密相关，还与手工业、资本主义工商业的社会主义改造紧密相连。与农业的社会主义改造相类似，针对手工业和资本主义工商业的改造也试图推动生产资料所有制的变化，即通过和平赎买、公私合营等方式将此前私有性质的所有制转变为全民所有制（即国有企业）或集体所有制（即集体企业）。在中华人民共和国成立初期，由于手工业和资本主义工商业主要集中在城镇，因此，针对这两者的社会主义改造意味着城镇部门经济主体、经济运行方式的变革，它和农业的社会主义改造一起重新塑造了城乡两部门的经济组织方式。

从重工业优先发展的角度看，针对手工业和工商业的改造能够使得企业的人财物、产供销由政府依靠指令计划来完成，从而实现微观层面的企业发展与宏观层面的国家发展战略相互契合、完全同步。否则，单个企业的资源配置很可能会沿着要素禀赋条件发展少用资本、多用劳动力的轻工业部门。显而易见，在资源禀赋条件不利的背景下推进重工业优先发展战略，必然需要政府对企业行为的直接干预以及实施企业的生产资料公有制，政府-市场的关系也应凸显各级政府（尤其是中央政府）对资源配置的决定性作用。在这个意义上，我国城镇工业部门的所有制改造是由重工业优先发展战略内生出来的，它为这一战略的实施提供了城镇内部企业制度层面的前置条件。不实施针对手工业和资本主义工商业的社会主义改造,发展战略和禀赋条件的内在冲突也将使得重工业优先发展战略难以有效实施。

为了反映计划经济时期我国手工业和资本主义工商业的改造进程,表5-4给出了1949—1977年我国城镇中工业部门的所有制变化情况。从该表可以发现:1949—1958年是我国工业企业所有制急速变化的时段,在这一时段出现了两个重要的特征事实:一是公有制企业(包括国有企业和集体企业两种类型)的产值占比不断攀高,该指标从26.8%逐步攀高至100%。这说明经过10年左右的社会主义改造,工业部门的所有制性质从多种类型转变为纯粹的公有制,公私合营企业、私营企业、个体企业以及其他类型的工业企业已经完全不存在了。1958—1977年我国的公有制企业的占比始终保持在100%,这说明公有制经济成为城镇工业领域的单一类型。二是全民所有制企业或国有企业的占比攀升得尤为迅速,该比例从26.3%攀高至89.2%,1958年之后该占比最低为77%(1977年),最高为90.6%(1960年)。在考察期内,集体企业的产值占比始终远低于国有企业的产值占比,这说明我国的工业所有制改造是一个公有化的过程,更是一个国有化的过程。相对于集体企业,国有企业往往规模更大,且政府对其的干预更为便利、直接和有效,因此,用"一大二公三纯"来概括这一时段的城镇工业经济形态是准确的。

总而言之,中华人民共和国成立初期,我国在城镇部门快速推进了工业企业的公有化进程,公有制经济随即成为城镇工业部门的主体甚至是唯一经济形式。从重工业优先发展战略的角度看,城镇部门的公有制经济会产生这样的结果:在城镇部门的资源配置方式更能够充分体现国家的发展战略,因为企业作为微观经济主体依据市场信号自发开展经济活动已经不可能了。就城乡经济关系而言,城镇的公有制经济也极大地限制了农村部门的要素自发流动和配置,即使农村劳动力可以流入城镇部门,但公有制经济占据统治地位也容易使国家对劳动力配置形成严格管控。

表 5-4　1949—1977 年我国工业总产值中公有制经济的变化情况

年份	工业总产值（亿元）	国有企业（亿元）	集体企业（亿元）	国有企业占比（%）	集体企业占比（%）	公有制企业占比合计（%）
1949	140.0	36.8	0.7	26.3	0.5	26.8
1950	191.0	62.4	1.5	32.7	0.8	33.5
1951	264.0	91.0	3.4	34.5	1.3	35.8
1952	349.0	145.0	11.4	41.5	3.3	44.8
1953	450.0	193.7	17.4	43.0	3.9	46.9
1954	515.0	242.7	27.5	47.1	5.3	52.5
1955	534.0	273.9	40.5	51.3	7.6	58.9
1956	642.0	350.2	109.6	54.5	17.1	71.6
1957	704.0	378.5	134.0	53.8	19.0	72.8
1958	1 083.0	965.7	117.3	89.2	10.8	100.0
1959	1 483.0	1 313.2	169.8	88.6	11.4	100.0
1960	1 637.0	1 483.1	153.9	90.6	9.4	100.0
1961	1 062.0	940.0	122.0	88.5	11.5	100.0
1962	920.0	807.8	112.2	87.8	12.2	100.0
1963	993.0	887.1	106.0	89.3	10.7	100.0
1964	1 164.0	1 042.3	121.8	89.5	10.5	100.0
1965	1 402.0	1 262.8	139.2	90.1	9.9	100.0
1966	1 624.0	1 461.5	159.5	90.0	9.8	99.8
1967	1 382.0	1 222.5	159.5	88.5	11.5	100.0
1968	1 285.0	1 136.2	148.8	88.4	11.6	100.0
1969	1 665.0	1 477.0	188.0	88.7	11.3	100.0
1970	2 117.0	1 854.7	262.3	87.6	12.4	100.0
1971	2 414.0	2 073.9	340.1	85.9	14.1	100.0

(续表)

年份	工业总产值（亿元）	国有企业（亿元）	集体企业（亿元）	国有企业占比（%）	集体企业占比（%）	公有制企业占比合计（%）
1972	2 565.0	2 177.2	387.8	84.9	15.1	100.0
1973	2 794.0	2 347.5	446.5	84.0	16.0	100.0
1974	2 792.0	2 300.9	491.1	82.4	17.6	100.0
1975	3 207.0	2 600.6	606.4	81.1	18.9	100.0
1976	3 278.0	2 567.7	710.3	78.3	21.7	100.0
1977	3 725.0	2 869.4	855.6	77.0	23.0	100.0

数据来源：《新中国六十年统计资料汇编》，第40页。

5.2.3 农产品统购统销制度

20世纪50年代初期之后，我国实施了以重工业优先发展为取向的工业化战略，但不同部门总是因为投入-产出关系而需要产生关联。工业化进程总要与农业经济形成连接，特别是，要解决工业的原料来源、工业从业人员的农产品需求以及工业发展的资本积累问题，就不能离开农业和农村部门而仅仅依靠工业内部来完成。然而，分散化的农产品市场交易显然不能承担这样的功能，其原因在于：分散化的农产品市场交易围绕农产品的配置未必契合重工业优先发展战略的需要，且从国家配置资源的角度看，这样的处理方式也往往面临着居高不下的管理成本。反过来说，由政府依靠指令计划来配置粮食等农产品就是重要的，也是必要的。

正是立足于上述背景，1953年10月16日中共中央做出了《关于实行粮食的计划收购和计划供应的决议》，1953年11月23日政务院则发布了《关于实行粮食的计划收购和计划供应的命令》。这些政策文件的核心是要在全国范围内有计划、有步骤地实行粮食的计划收购（简称统购）和计划供应（简称统销),特别是这些政策文件明确指出生产粮食的农民应按照国家规定的收购粮种、收购价格和计划收购的分配数量将余粮售给国家,由国家严格控制粮食市场,严禁单个农民和私商自由经营粮食买卖。此后我国对油料、棉花、棉布等实行了计划收购和供应的制度,这样我国就在城乡之间建立起以国家控制和计划经济为基本特征的农产品统购统销制度。

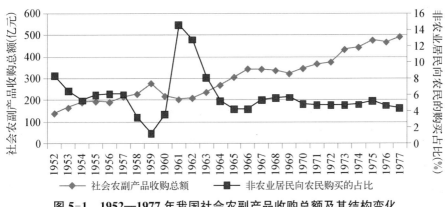

图 5-1　1952—1977 年我国社会农副产品收购总额及其结构变化

数据来源:《中国统计年鉴 1983》,第 387 页。

图 5-1 给出了 1952—1977 年我国社会农副产品收购总额及其结构的变化情况。按照部门分类,社会农副产品收购总额可分为商业部门收购、工业和其他部门收购以及非农业居民向农民购买三种类型。在手工业和资本主义工商业的社会主义改造进程中,商业部门日益具有公有制属性且发挥着执行政府指令计划的重要功能,因此,非农业居民向农民购买可被视为农民自由开展商品交易的程度。在考察期内,我国社会农副产品收购总额从 140.8 亿元逐步攀高至 494.6 亿元,在此过程中,非农业居民向农民购买的部分却具有较大的波动性。特别是,在 1961—1963 年其绝对值和占比均有较大程度的提高,然而,这种提高在很大程度上是对 1958—1961 年"三年困难时期"的一个反应,即在面对全国性粮食和副产品严重短缺的背景下,非农业居民和农民之间的自发交易规模有所提高。剔除这个时段,非农业居民向农民购买的占比在 1952—1954 年从 8.38% 下降到 5.34%,在此之后的较长时间中维持在

4%—5%的较低水平,且这种低水平直到1978年我国农业经营体制变革之后才开始逐步攀高。非农业居民向农民购买的占比长期处于极低水平,这意味着城乡微观主体之间的自发产品交易事实上是受到抑制的。显而易见,在实施农产品统购统销制度的背景下,我国农产品的城乡间配置主要依靠政府机构以及指令计划来进行,城乡居民直接进行农产品交易、农村居民自主地向城镇居民提供农产品是极其困难的。

5.2.4 城乡户籍制度

在计划经济时期,我国实施重工业优先发展战略不仅需要由政府控制城乡之间的产品交易,而且需要由政府来控制城乡之间的要素交易。特别是,人口和劳动力通常具有极强的流动性,如果对城乡之间的人口和劳动力配置不做干预,则我国农村劳动力很可能会跟随资本积累而流向城镇,从而对城镇部门的经济社会秩序产生影响,并因资本"摊薄"而影响重工业优先发展战略。就此而言,控制人口和劳动力在城乡的自由流动便成为中华人民共和国成立初期的重要政策取向,也就成为重工业优先发展战略顺利实施的客观需要。在这方面,1958年我国政府发布并实施的《中华人民共和国户口登记条例》无疑具有标志意义,它意味着我国正式开始实施以城乡隔离为基本特征的户籍登记和管理制度。该条例第四条规定,"城市、水上和设有公安派出所的镇,应当每户发给一本户口簿;农村以合作社为单位发给户口簿,合作社以外的户口不发给户口簿",这样就将我国人口依据其户籍差别区分为农业人口和非农业人口两种类型。第十条则规定,"公民由农村迁往城市,必须持有城市劳动部门的录用证明,学校的录取证明,或者城市户口登记机关的准予迁入的证明,向常住地户口登记机关申请办理迁出手续",这样就为农村人口转变为城镇人口设置了较高的进入门槛。

更值得强调的是,户籍制度除了具有人口和劳动力登记等社会管理功能之外,此后则逐步演变为城乡居民分配公共产品和社会福利的重要依据(高帆,2016a)。巴里·诺顿(2010)就曾强调,从20世纪60年代中期开始,中国的城市居民通常拥有下列福利:工作保障;有保障地低价获取粮食和食品以及其他稀有商品;医疗;退休后的养老金和其他福利,包括医疗;孩子的小学和中学教育;由单位提供的低成本住房,这些社会保障资源相对于农村居民的福利获取显然具有优势地位。正是因为户籍制度的制定和实施,我国城乡之间尤其是农村人口和劳动力的非农化转移就受到了很大抑制,在较长时期内,城乡之间的人口和劳动力结构也就具有明显的固化特征。

为了理解城乡户籍制度对中国经济社会的影响,可以分析城乡之间的人口结构变化。前文在针对中国城乡经济关系的测度中,已经采用了农村人口占比等指标来反映中华人民共和国成立之前,我国城乡人口和劳动力结构的固化特征。除了这些指标之外,还可采用工农业劳动者人数及其结构的变化情况,来反映城乡户籍制度对我国城乡经济关系的影响。如图5-2所示,1952—1977年我国工农业劳动者人数呈现出逐步攀高的态势,该指标从18 563万人逐步增长至34 435万人。在此过程中,农业劳动者占比始终处在极高的位置,除了1958年之外,其余年份农业劳动者占比均超过85%。与此相对,工业劳动者的占比却始终低于15%,在1952—1970年该比重甚至低于10%(剔除了1958—1961年的"三年困难时期")。工农业劳动者的结构数据说明:在我国急速推进工业化的进程中,城乡劳动者之间的结构特征具有较强的韧性和固化特征,工业化进程并没有引致工业就业人数的急速攀高以及农业就业占比的快速下降。这种情形是与重工业优先发展战略以及重工业就业需求相对较小这个性质相吻合的。从劳动力的流动机制来看,我国在计划经济时期的农业就业人数占比始终处在高位,并不是因为农业就业人数缺乏城乡之间自由流动的意愿,而是因为严格的城乡户籍制度导致这种流动难以付诸实施。

综上所述,中华人民共和国成立初期,我国要在资本短缺、劳动力充裕的禀赋条件下实施国家工业化、特别是推行重工业优先发展战略。这就必然形成了发展战略与约束条件之间的紧张关系,因此也就必然要在政府-市场之间

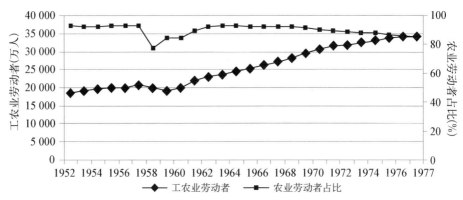

图 5-2　1952—1977 年我国工农业劳动者人数及其结构变化

数据来源:《中国统计年鉴 1983》,第 122 页。

做出相应的体制安排,形成契合于这种战略需要的一系列城乡经济制度:农村中的人民公社制度、城镇中的公有制经济、农产品统购统销制度和城乡户籍制度等。贯穿在这些制度背后的是各级政府(尤其是中央政府)成为资源配置的主体,并依靠指令计划而不是价格信号,促使资源配置满足重工业优先发展的战略需要。正是因为市场机制事实上已经被政府计划所取代,因此,市场内部的结构问题也就变得微不足道了。在计划经济时期,市场机制不存在,自然也就不存在市场间的结构特征。正是因为"全国一盘棋""集中力量办大事"的思维和政策取向,以及通过高度集权来动员经济资源以应对内外部的挑战,因此,中央政府也就具有了资源配置的最终决策权,地方政府在很大程度上成为中央政府政策制定后的单纯执行机构,这样政府内部的结构问题也就不突出,在计划经济时期我国不同层级政府之间具有高度同质化的特征。

市场机制被政府计划所取代且政府内部具有高度同质性,这样就为重工业优先发展战略提供了可靠的制度基础。就城乡经济关系而言,这些经济制度一旦确定之后,就必然会对微观经济主体的行为选择和城乡经济关系产生重要影响,在商品和要素市场被政府的指令性计划取代之后,城乡之间的割裂就不可避免地发生了。尤其是,上述不同的经济制度之间往往相互嵌套,

第 5 章 中国割裂型城乡经济关系的形成及其绩效

共同组成对城乡微观主体自发经济行为的阻止和抑制。例如：城镇中公有制经济和农村中的人民公社制度相互结合，导致城乡之间微观经济主体被整合到特定的经济社会组织内部，其相互之间自发的经济活动变得困难了，微观主体的经济活动越来越受到集体组织的约束。另外，这两种制度的组合也为农产品统购统销制度以及户籍制度的有效实施提供了重要支撑。工业部门的公有制经济、农村的人民公社制度和农产品统购统销制度相互结合，导致微观主体难以开展城乡之间的商品自发交易，工业部门的公有制经济、农村部门的人民公社制和户籍制度相互结合，则导致微观主体难以开展城乡之间的要素充分流动。在商品和要素交易整体被取缔的背景下，城乡两大部门也就必然形成了相互分离、彼此割裂的基本经济格局。

5.3 割裂型城乡经济关系的多重效应

在改革开放之前，我国在资本短缺、劳动力充裕的禀赋条件下为了实施重工业优先发展战略，在政府-市场关系方面形成了一整套的经济制度安排，并由此导致了割裂型的城乡经济关系。按照前文的城乡经济关系政治经济学分析框架，微观主体的经济行为总是在特定的经济体制下进行的，在农村中人民公社制、城镇中公有制经济、农产品统购统销制和城乡户籍制度的共同作用下，微观经济主体必然会在这种制度背景下形成相应的行为选择，并由此产生了多个维度的经济效应，割裂型城乡经济关系对中国经济社会发展具有多重影响。有学者在评价中国计划经济时期的制度运行绩效时强调指出，"20 世纪 70 年代末中国开始了经济改革，在之前的 20 多年中，中国的计划经济体制带来了利弊参半的结果"（劳伦·勃兰特、托马斯·罗斯基，2009）。从逻辑上说，理解割裂型城乡经济关系的多重效应，有助于廓清我国计划经济时期经济战略选择的积极作用，也有助于辨析中国在 1978 年推进改革开放战略的实践背景。

中华人民共和国成立初期,我国的发展战略是以重工业优先发展为核心的国家工业化战略,因此,评价这个时段的经济制度运行绩效以及割裂型城乡经济关系首先应从这个战略的实施状况来切入。就此而言,割裂型城乡经济关系有力地支撑了我国的国家工业化进程,使得我国在初始条件极端不利的背景下形成了相对独立和完整的工业体系,这种工业体系形成对内外部格局挑战、尤其是国防安全需要的积极回应。这里的主要机制是:

一方面,割裂型城乡经济关系通过多种渠道——农业税收、工农业产品价格剪刀差、农村储蓄流出等形成了重工业发展的资本积累来源。统计资料显示:1950—1977 年我国农业税合计为 799.4 亿元,同时在计划经济时期,我国农产品与工业品之间的交换比价一致存在着明显落差。例如:100 千克小麦在 1952 年、1957 年、1978 年、1983 年所换取的食盐分别为 70 千克、62 千克、95 千克和 116 千克,所换取的白糖分别为 11 千克、13 千克、17 千克和 21 千克,所换取的白布分别为 19 米、21 米、30 米和 29 米,所换取的煤油分别为 15 千克、19 千克、38 千克和 46 千克。如果说 1978 年之后的市场化导向导致了工业品比价关系开始准确反映其相对稀缺程度,那么在此之前的农产品价格显然是被"低估"的。已有的研究文献显示:在计划经济时期,我国政府通过公开税、工农业产品价格剪刀差和储蓄净流出等形式实现的农村资源向工业领域(或城镇部门)的转移,估算下来有 6 000 亿—8 000 亿元(蔡昉、林毅夫,2003;蔡昉,2006),而这种农业剩余的转移构成了重工业优先发展的重要资本来源。

另一方面,割裂型城乡经济关系还通过户籍制度抬高了农村劳动力非农化转移的壁垒,从而将城乡之间的要素自发流动禁锢起来,不仅如此,我国还基于政府主导形成了城镇向农村的单向度人口流动(例如:"上山下乡"运动)。在城镇部门公有制占主体、农村实施人民公社制度、城乡之间存在户籍制度的情形下,绝大多数农村劳动力只能被迫选择在农村集体组织中从事生产活动,且这种生产活动主要局限在农村的农林牧渔领域。这样就可以解决重工业优先发展背景下非农就业需求有限与就业供给庞大之间的矛盾,从而

第5章 中国割裂型城乡经济关系的形成及其绩效

确保资本要素被集中配置在国家着力推进的重工业部门,尽管这些部门创造的就业岗位是相对较少的。概言之,割裂型城乡经济关系较好地解决了工业化进程的资本来源和就业排斥两大问题,从而使得我国国民体系中的工业部门、尤其是重工业得到了快速发展。

就工业部门的经济产出而言,表5-5给出了1949—1977年我国主要工业产品产量的变化情况。可以发现:在考察期内,我国逐步形成了一个独立完整的工业体系,除了此前已有工业门类之外,中华人民共和国成立初期几乎是空白的工业领域也有了极为快速的发展。例如:汽车产量在1949年几乎可以忽略不计,但1977年其数值已经攀高至12.54万辆;同样的情形也出现在缝纫机的产量变动之中,1977年我国缝纫机的产量已经达到了424.2万架。在所有工业领域的发展中,钢铁、煤炭、石油、电力、机械等重工业领域的发展尤其引人注目。这种情形可以从表5-6不同部门总产值指数中得到反映,根据表5-6,如果以1952年=100,则1949—1977年我国工业总产值指数从40.8快速提高至1 408.4,相对于农业总产值指数从67.4提高到210.6,工业总产值的增长速度毫无疑问具有显著的比较优势。在工业内部,轻工业总产值指数从46.6提高至873.7,而重工业总产值指数则从30.3增长至2 402.9。这说明在计划经济时期,相对于轻工业的发展态势,重工业的增长速度又具有显著的比较优势。

在计划经济时期,工业化、特别是重工业的快速发展也导致了我国国民经济结构出现了显著变化。如表5-6所示,在工农业总产值中,农业的产值占比呈现出急速下降态势,1949—1977年该比重从70.0%下降至28.1%,而工业产值占比却从30.0%攀高至71.9%。在工业内部,1949—1957年轻工业的产值占比始终超过重工业,但在此之后,重工业的产值占比则超过了轻工业(除了1965年和1967—1969年)。在计划经济时期,我国不仅从农业产值占主体的国家转变为工业产值占主体的国家,而且从轻工业主导的工业结构转变为重工业主导的工业结构。在这一时段,中国的工业化战略、特别是重工业优先发展战略取得了显著的成效。

表 5-5　1949—1977 年我国主要工业产品产量的变化情况

项　目	1949	1953	1955	1960	1965	1970	1975	1977
钢(万吨)	15.8	177	285	1 866	1 223	1 779	2 390	2 374
铁(万吨)	25	223	387	2 716	1 077	1 706	2 449	2 505
发电量(亿度)	43	92	123	594	676	1 159	1 958	2 234
原煤(亿吨)	0.32	0.70	0.98	3.97	2.32	3.54	4.82	5.50
原油(万吨)	12	62	97	520	1 131	3 065	7 706	9 364
水泥(万吨)	66	388	450	1 565	1 634	2 575	4 646	5 565
化肥(万吨)	0.6	5.0	7.8	19.6	103.7	152.3	370.9	550.9
机床(万台)	0.16	2.05	1.37	15.35	3.96	13.89	17.49	19.87
汽车(万辆)	—	—	—	2.26	4.05	8.72	13.98	12.54
布匹(亿米)	18.9	46.9	43.6	54.5	62.8	91.5	94.0	101.5
缝纫机(万架)	—	—	15.3	88.0	123.8	235.2	356.7	424.2
自行车(万辆)	1.4	16.5	33.5	176.5	183.8	368.8	623.2	742.7
木材(万立方米)	567	1 754	2 093	4 129	3 978	3 782	4 703	4 967

数据来源:《中国统计年鉴 1983》,第 242—248 页。

表 5-6　1949—1977 年我国工农业总产值指数及其结构的变化情况

年份	工农业总产值指数(1952 年=100)				工农业总产值的构成(%)			
	农业	工业	轻工业	重工业	农业	工业	轻工业	重工业
1949	67.4	40.8	46.6	30.3	70.0	30.0	22.1	7.9
1950	79.3	55.7	60.6	46.7	66.8	33.2	23.5	9.7
1951	86.8	76.8	81.0	69.7	61.4	38.6	26.2	12.4
1952	100.0	100.0	100.0	100.0	56.9	43.1	27.8	15.3
1953	103.1	130.3	126.7	136.9	53.1	46.9	29.4	17.5
1954	106.6	151.6	144.8	163.9	50.9	49.1	30.2	18.9
1955	114.7	160.0	144.8	187.7	51.8	48.2	28.5	19.7

(续表)

年份	工农业总产值指数(1952年=100)				工农业总产值的构成(%)			
	农业	工业	轻工业	重工业	农业	工业	轻工业	重工业
1956	120.5	204.9	173.3	262.3	48.7	51.3	29.6	21.7
1957	124.8	228.6	183.2	310.7	43.3	56.7	31.2	25.5
1958	127.8	353.8	245.0	555.5	34.3	65.7	30.5	35.2
1959	110.4	481.8	298.8	822.7	25.1	74.9	31.1	43.8
1960	96.4	535.7	269.5	1 035.5	21.8	78.2	26.1	52.1
1961	94.1	330.7	211.1	553.6	34.5	65.5	27.8	37.7
1962	99.9	275.9	193.5	428.4	38.8	61.2	28.9	32.3
1963	111.6	299.4	197.9	487.8	39.3	60.7	27.2	33.5
1964	126.7	358.2	233.2	590.3	38.2	61.8	27.4	34.4
1965	137.1	452.6	344.5	650.6	37.3	62.7	32.3	30.4
1966	149.0	547.4	394.3	829.5	35.9	64.1	31.4	32.7
1967	151.2	471.8	366.4	663.6	40.1	59.9	31.8	28.1
1968	147.5	448.0	348.3	629.8	41.9	58.1	31.2	26.9
1969	149.2	601.6	436.1	906.6	36.3	63.7	32.0	31.7
1970	166.3	786.0	514.9	1 289.9	33.7	66.3	30.6	35.7
1971	171.4	903.3	548.2	1 565.5	31.8	68.2	29.3	38.9
1972	171.1	962.9	582.2	1 675.1	30.9	69.1	29.6	39.5
1973	185.5	1 054.2	643.6	1 820.7	30.9	69.1	30.0	39.1
1974	193.2	1 056.9	660.6	1 790.9	31.9	68.1	30.3	37.8
1975	202.1	1 216.4	746.5	2 091.8	30.1	69.9	30.8	39.1
1976	207.1	1 232.2	764.4	2 102.2	30.4	69.6	30.7	38.9
1977	210.6	1 408.4	873.7	2 402.9	28.1	71.9	31.6	40.3

数据来源:《中国统计年鉴1983》,第17—20页。

上述数据说明：导源于特定的经济制度安排和割裂型的城乡经济关系，我国计划经济时期确实形成了独立且相对完整的工业体系，特别是重工业得到了前所未有的发展，以重工业优先发展为取向的工业化战略取得了突出的成效。区别于其他规模较小的经济体，中国是一个实行社会主义制度的发展中大国，其建立和发展工业部门主要依靠其他经济体既不可能，也不可取。由此，计划经济时期所形成的工业体系对中国的国家安全具有异乎寻常的意义，对中国后续的经济高速发展也具有基础性作用。

问题在于，我国是在资本短缺、劳动力充裕的禀赋条件下，依靠政府的指令性计划来实施重工业优先发展战略，由此也就导致了一系列的制度安排以及割裂型城乡经济关系。割裂型城乡经济关系不仅对重工业优先发展战略产生影响，也会对整体的资源配置效率以及城乡结构特征产生影响。除了对重工业优先发展战略产生支撑作用之外，割裂型城乡经济关系还形成了如下结果：

一是不同部门发展的失衡。伴随着农村资本的净流出以及人民公社制度的实施，我国的整个国民经济形成了"农业支持工业、农村支持城镇"的政策体系和资源配置格局，这必然在加速工业化发展的同时阻滞和延缓了农业部门的发展。在表5-6中，1949—1977年农业总产值指数显著落后于工业（尤其是重工业）总产值指数，就是明显的证据，而前文所描述的城乡劳动生产率以及城乡消费支出的比较也是明显的证据。换言之，我国在工业化急速发展的进程中形成了较为突出的城乡二元结构。这种二元结构不唯一导源于城乡之间的劳动力配置，它在很大程度上导源于发展战略与约束条件组合背景下的经济制度。就结果而言，计划经济时期形成的一系列制度安排加剧了中国的城乡二元反差，城乡经济关系的割裂状态也就由此形成并在此后得到延续。

二是工业部门的投资边际回报下降。计划经济时期尽管我国实施了国家工业化战略、尤其是重工业优先发展战略，但伴随着工业内部对微观经济主体的激励不足、计划经济体制导致的资源错配以及产业发展失衡导致的供求制约，在20世纪60年代后期和70年代初期，我国许多工业部门（尤其是电力、冶金、石油、煤炭等重工业领域）的资本-产量比率开始逐渐上升，这意味着既定的工业投资水平造成的产量增长在下降①。换言之,我国要生产给定数量的工业产品必须不断提高其投资的规模,国家的工业化战略面临着渐趋加剧的资本积累压力。

三是农业部门产出长期处在低效率状态。在实施重工业优先发展战略的背景下,我国农村部门就内生出人民公社制、农产品统购统销制和户籍制度。人民公社制导致农业经营难以解决针对微观主体的"监督"问题,且集体经营成果往往采用社员内部"平均主义"的分配方式;农产品统购统销制和户籍制度则导致微观主体不能通过商品交易和劳动力再配置来改善自身的经济状况,农村劳动力只能在人民公社这个集体组织中开展经济活动,且经济活动也被局限在农林牧渔这些农业领域之中。在监督不足且自我激励缺位的条件下,农村微观主体在人民公社的理性选择必定是普遍"偷懒",而商品和要素交易被阻滞则伴随着要素配置效率难以得到改善。上述情形必然导致农业生产的低效率,表5-7给出了1949—1977年我国人均主要农产品产量的变化情况。可以看出:在这个时段我国人均农产品的产量并没有显著的提高,例如,人均粮食产量在1952年为576斤/人,在1977年为599斤/人,考察期内的某些时段许多指标甚至出现了程度不一的下降。在20世纪70年代末期,我国农村劳动力的农业产出甚至已经不能维持自身的农产品需要,而这种艰难格局正是导致安徽小岗村村民冒险实施"大包干"的实践动因。

表 5-7　1949—1977 年我国人均主要农产品产量的变化情况

年份	粮食 (斤/人)	棉花 (斤/人)	油料/ (斤/人)	肥猪 (头/人)	猪牛羊肉 (斤/人)	水产品 (斤/人)
1949	418	1.6	9.5	—	—	1.7
1952	576	4.6	14.7	0.12	11.9	5.9
1953	574	4.0	13.3	0.12	—	6.6

---

① 德怀特·H.帕金斯,《中国的经济政策及其贯彻情况》,转引自《剑桥中华人民共和国史(下卷)》,[美] R.麦克法考尔、费正清编,中国社会科学出版社1992年版,第493—495页。

(续表)

年份	粮食（斤/人）	棉花（斤/人）	油料（斤/人）	肥猪（头/人）	猪牛羊肉（斤/人）	水产品（斤/人）
1954	570	3.6	14.5	0.13	—	7.6
1955	604	5.0	15.9	0.11	—	8.2
1956	620	4.7	16.4	0.10	—	8.6
1957	612	5.2	13.2	0.11	12.5	9.8
1958	612	6.0	14.6	0.13	—	8.6
1959	510	5.1	12.3	0.10	—	9.2
1960	430	3.2	5.8	0.07	—	9.2
1961	446	2.4	5.5	0.05	—	7.0
1962	481	2.3	6.0	0.06	5.8	6.8
1963	498	3.5	7.2	0.11	—	7.6
1964	538	4.8	9.6	0.15	—	8.0
1965	544	5.9	10.1	0.17	15.4	8.3
1966	582	6.4	—	0.18	—	8.4
1967	579	6.3	—	0.18	—	8.2
1968	540	6.1	—	0.17	—	7.0
1969	530	5.2	—	0.16	—	7.3
1970	586	5.6	9.2	0.15	14.6	7.8
1971	595	5.0	9.8	0.18	—	8.3
1972	558	4.5	9.6	0.19	—	8.9
1973	601	5.8	9.5	0.19	—	8.9
1974	611	5.5	9.8	0.19	—	9.5
1975	621	5.2	9.9	0.18	17.4	9.6
1976	615	4.4	8.6	0.18	16.8	9.6
1977	599	4.3	8.5	0.18	16.5	10.0

数据来源：《中国统计年鉴1983》，第184页。

更值得强调的是,中华人民共和国成立之后的重工业优先发展战略因为与约束条件存在着冲突,因此,必然导致政府依靠对资源配置的指令性计划,来实施国家确定的工业化战略。在这个时段与割裂型城乡经济关系相伴随的,是我国各级政府(尤其是中央政府)取代企业和居民而成为资源配置的主体,指令性计划也取代市场价格而成为资源配置的工具。这种格局尽管能够实现政府设定的短期目标——如重工业优先发展战略,但由于政府并不能完全地掌握特定产品的供求信息,且不能对微观经济主体形成长期激励,因此其资源配置效率必定是低下的。例如:在割裂型城乡经济关系背景下,城乡之间微观经济主体的农产品自发交易受到抑制,而农村劳动力基于收益比较进行城乡再配置也困难重重。事实上,城镇工业内部的公有制经济也面临着微观主体的监督和激励难题,这样整个社会的资源错配就必然出现,而国民经济发展也就处在长期低效率的状态。

表5-8给出了1960—1977年我国人均GDP与世界、美国和日本的比较。可以发现:在这个时段中国的人均GDP虽然从89.52美元增至185.42美元,但世界、美国和日本的人均GDP增长得更为快速,其结果是中国与其他国家的人均GDP落差呈现出逐步拉大的基本态势。在这个时期,中国人均GDP与世界平均水平相比,这一比例从18.69%逐步下降至2.93%;与美国相比,这一比例从2.98%逐步下降至1.96%;与日本相比,这一比例也从20.05%逐步下降至10.88%。这些跨国比较数据说明:中华人民共和国成立直至改革开放之前,我国割裂型城乡经济关系伴随着国民经济体系的长期低效率,相对于其他经济体的快速发展态势,中国的国民经济确实进入濒临崩溃的边缘。

表5-8　1960—1977年我国人均GDP与世界、美国和日本的比较

年份	中国（美元）	世界（美元）	美国（美元）	日本（美元）	中国/世界（%）	中国/美国（%）	中国/日本（%）
1960	89.52	446.47	3 007.12	479.00	18.69	2.98	20.05
1961	75.81	458.63	3 066.56	563.59	13.45	2.47	16.53
1962	70.91	482.65	3 243.84	633.64	11.19	2.19	14.69

(续表)

年份	中国（美元）	世界（美元）	美国（美元）	日本（美元）	中国/世界（%）	中国/美国（%）	中国/日本（%）
1963	74.31	510.67	3 374.52	717.87	10.35	2.20	14.55
1964	85.50	549.03	3 573.94	835.66	10.23	2.39	15.57
1965	98.49	585.90	3 827.53	919.78	10.71	2.57	16.81
1966	104.32	622.01	4 146.32	1 058.50	9.86	2.52	16.77
1967	96.59	650.45	4 336.43	1 228.91	7.86	2.23	14.85
1968	91.47	687.24	4 695.92	1 450.62	6.31	1.95	13.31
1969	100.13	740.18	5 032.14	1 669.10	6.00	1.99	13.53
1970	113.16	797.59	5 246.88	2 037.56	5.55	2.16	14.19
1971	118.65	863.00	5 623.44	2 272.08	5.22	2.11	13.75
1972	131.88	978.15	6 109.93	2 967.04	4.44	2.16	13.48
1973	157.09	1 167.27	6 741.33	3 997.84	3.93	2.33	13.46
1974	160.14	1 315.37	7 242.44	4 353.82	3.68	2.21	12.17
1975	178.34	1 437.86	7 820.07	4 659.12	3.83	2.28	12.40
1976	165.41	1 534.08	8 611.40	5 197.81	3.18	1.92	10.78
1977	185.42	1 703.98	9 471.31	6 335.79	2.93	1.96	10.88

数据来源：绝对值数据来自世界银行数据库，比值数据根据绝对值数据计算得出。

总而言之，中华人民共和国成立初期，我国在资本短缺、劳动力充裕的背景下选择了国家工业化、特别是重工业优先发展战略。这种发展战略与约束条件的组合内生出相应的经济体制安排，这些制度安排的核心是解决发展战略和约束条件之间的冲突。就经济制度的表现来看，即在政府-市场维度形成了中央政府取代市场机制而成为资源配置的主体，而政府内部和市场内部的结构问题均不突出，市场甚至在这个时段被政府的经济干预手段所取代。为了契合重工业优先发展战略的需要，我国在城乡之间也形成了农村的人民公社制、城镇的公有制经济、农产品的统购统销制以及城乡的户籍制度，这些经济制度服务于这样的核心目标：为重工业优先发展提供资本积累，并尽量避免农村劳动力转移对工业资本的稀释。正是在这些制度的作用下，微观经济主体也就形成了相应的行为选择，例如：在农业合作化运动和实施人民公社制的情形下，农村劳动力的"偷懒"就成为普遍状态。

从实施的结果看，上述制度组合确实支撑了我国的重工业优先发展战略，使我国在初始条件极端不利的情形下形成了独立完整的工业体系。但与此同时，这些经济制度的组合也导致了产业结构失衡、城乡二元结构以及整个国民经济的低效率。在国内，农业长期缓慢发展甚至已经威胁到城乡居民的基本生存资料需要；在国际，国民经济长期低效率则导致我国与域外的经济落差在逐步拉大，这对我国实现持续发展和共同富裕的目标构成了严峻挑战。显而易见，我国的城乡二元结构不是单纯来自城乡之间的劳动力资源配置，它在本质上导源于特定背景下的发展战略-约束条件组合以及由此派生的一系列经济制度安排，我国的城乡经济关系就其成因而言具有复杂性、多元性特征。这是中国城乡经济关系问题区别于其他发展中国家以及二元经济理论的重要表现。此外，我国割裂型城乡经济关系的绩效也具有"双刃剑"性质，它导致此前的发展战略和约束条件均发生了变化，这种变化必定会推动经济制度以及城乡经济关系的动态调整。

第6章

失衡型融合：改革开放初始阶段的城乡经济关系

20世纪70年代末期,我国借助计划经济体制以及割裂型城乡经济关系形成了独立完整的工业体系,但资源配置低效率、城乡发展失衡已经对经济社会的持续发展产生了严峻挑战。这种实践背景倒逼我国启动了对内的市场化改革以及对外主动融入全球经济,改革开放随即成为1978年迄今中国经济领域的变革"关键词"。如果说改革开放之前,我国是在国家工业化的意义上回应了社会主义大国的经济发展问题,那么改革开放之后,我国则是在经济高速增长的意义上回应了社会主义大国的经济发展问题。它们均可视为1949年以来,我国这个社会主义发展中国家实现持续发展和共同富裕目标的两个阶段。就城乡经济关系而言,20世纪70年代末期相对于中华人民共和国成立初期,我国割裂型城乡经济关系的实施绩效导致发展战略和约束条件发生了变动,重工业优先发展战略以及要素禀赋条件均出现了动态变化。这种变化内在地需要经济体制随之做出调整,即政府-市场关系应契合新的发展战略选择,市场化导向的经济体制转型就是在这种背景下发生和持续推进的。在市场化体制改革进程中,我国政府内部和市场内部的结构特征以及与此相关联的经济制度安排也就逐步凸显出来。这些制度安排对城乡居民的经济选择和行为方式产生了影响,从而导致城乡经济关系从割裂状态走向了融合格局。同样地,在这些经济制度的共同作用下,城乡经济关系融合在方式和绩效等方面均仍具有失衡特征,因此,用"失衡型融合"来概括改革开放初期我国的城乡经济关系就是准确的。

6.1 改革开放初期我国的发展战略与约束条件

作为一个实行社会主义制度的发展中大国,我国实现经济持续发展和共同富裕目标的前提条件是要通过生产力的解放和发展，形成更为丰富的物质文化产品和强大的经济实力。计划经济时期的经济制度安排有助于实现重工业优先发展战略，却不能契合社会生产力的解放和发展目标。相反地，与计划经济相伴随的是长时期的经济低效率和城乡结构失衡，割裂型城乡经济关系就是这个时段经济制度作用的产物。20世纪70年代末期，我国在建成独立完整的工业体系之后，立足于国民经济面临的严峻挑战快速地做出了国家发展战略的转变。这种转变集中体现为：将全党和全国的工作重心转向社会主义现代化建设；将经济建设放置在社会主义现代化建设的核心位置；将解放和发展生产力作为经济建设的中心任务；将持续提高经济增长速度作为解放和发展生产力的主要标志。这意味着：20世纪70年代末期之后，我国在经济发展层面将此前的重工业优先发展战略转变为经济增长主导战略，这种战略调整为改革开放之后我国城乡经济关系转变提供了社会背景。

20世纪70年代末期之后，我国国家发展战略的转变可以通过一系列的政策文本进行观察和分析。表6-1给出了1978年之后中央决策层针对国家发展战略的相关政策表述。1978年中国共产党十一届三中全会拉开了整个中国改革开放的帷幕，这次会议不仅提出了全党和全国人民的工作重心应转向社会主义现代化建设，而且强调了大幅度提高生产力对四个现代化的重要作用。这种政策取向在1979年的政府工作报告中得到了延续，该年的政府工作报告强调：当前以及今后相当长一个历史时期，我们的主要任务就是有系统、有计划地进行社会主义现代化建设。1980年邓小平同志在中国共产党十一届五中全会上的讲话重申：党的政治路线是实现四个现代化，且四个现代化的主要部分是推动经济建设，发展国民经济和社会生产力。

如果说上述政策文本强调了经济建设和发展生产力的重要性，那么1982年中国共产党的十二大报告则更加强调了生产力解放和发展的速度，原因是该报告提出了1981—2000年我国工农业总产值翻两番的目标，这种目标的实现必定是建立在经济持续高速增长的基础上。1987年中国共产党的十三大报告则明确提出"三步走"的战略部署：解决温饱问题、实现小康社会、基本实

第6章 失衡型融合：改革开放初始阶段的城乡经济关系

现现代化,而实现"三步走"战略目标的前置条件是国民生产总值以及人均国民生产总值的持续提高。1992年中国共产党的十四大报告不仅强调要加快改革开放,集中精力把经济建设搞上去,而且将此前原定的GDP年均增长率从6%提高至8%—9%。上述政策表述清晰地表明：1978年之后解放和发展生产力,特别是实现高速度的经济增长已经成为我国新的战略取向,重工业优先发展战略开始让位于经济增长主导战略。

表6-1 1978年之后我国国家发展战略的政策表述

时间序号	文件名称	颁布时间	核心内容
1978年	十一届三中全会公报	1978年12月22日十一届三中全会通过	把全党工作的着重点和全国人民的注意力转移到社会主义现代化建设上来；实现四个现代化,要求大幅度地提高生产力,也就必然要求多方面地改变同生产力发展不适应的生产关系和上层建筑,改变一切不适应的管理方式、活动方式和思想方式,因而是一场广泛、深刻的革命
1979年	1979年政府工作报告	1979年6月18日第五届全国人民代表大会第二次会议	从今年起,把全国工作的着重点转移到社会主义现代化建设方面来；这是一个伟大的历史性转变,当前以及今后相当长一个历史时期,我们的主要任务,就是有系统、有计划地进行社会主义现代化建设；能不能在20世纪内实现四个现代化,决定着我们国家和民族的命运
1980年	《坚持党的路线、改进工作方法》	1980年2月29日邓小平同志在十一届五中全会第三次会议上的讲话	我们党在现阶段的政治路线,概括地说,就是一心一意地搞四个现代化；这件事情,任何时候都不要受干扰,必须坚定不移地、一心一意地干下去。党的政治路线……实质是搞四个现代化,最主要的是搞经济建设、发展国民经济、发展社会主义生产力

(续表)

时间序号	文件名称	颁布时间	核心内容
1982年	十二大报告《全面开创社会主义现代化建设的新局面》	1982年9月8日党的十二大会议通过	党在新的历史时期的总任务是：团结全国各族人民，自力更生，艰苦奋斗，逐步实现工业、农业、国防和科学技术现代化，把我国建设成为高度文明、高度民主的社会主义国家；在全面开创新局面的各项任务中，首要的任务是把社会主义现代化经济建设继续推向前进；从1981年到20世纪末的20年，我国经济建设总的奋斗目标是，在不断提高经济效益的前提下，力争使全国工农业的年总产值翻两番，即由1980年的7 100亿元增加到2000年的28 000亿元左右
1984年	十二届三中全会公报《中共中央关于经济体制改革的决定》	1984年10月20日党的十二届三中全会通过	社会主义的根本任务就是发展社会生产力，就是要使社会财富越来越多地涌现出来，不断地满足人民日益增长的物质和文化需要；社会主义要消灭贫穷，不能把贫穷当作社会主义；必须下定决心，以最大的毅力，集中力量进行经济建设，实现工业、农业、国防和科学技术的现代化，这是历史的必然和人民的愿望
1987年	十三大报告《沿着有中国特色的社会主义道路前进》	1987年12月25日党的十三大会议通过	社会主义社会的根本任务是发展生产力。在初级阶段，为了摆脱贫穷和落后，尤其要把发展生产力作为全部工作的中心。党的十一届三中全会以后，我国经济建设的战略部署大体分三步走。第一步，实现国民生产总值比1980年翻一番，解决人民的温饱问题。这个任务已经基本实现。第二步，到20世纪末，使国民生产总值再增长一倍，人民生活达到小康水平。第三步，到21世纪中叶，人均国民生产总值达到中等发达国家水平，人民生活比较富裕，基本实现现代化。然后，在这个基础上继续前进

(续表)

时间序号	文件名称	颁布时间	核心内容
1992年	十四大报告《加快改革开放和现代化建设步伐,夺取有中国特色社会主义事业的更大胜利》	1992年10月12日党的十四大会议通过	我们要在20世纪90年代把有中国特色社会主义的伟大事业推向前进,最根本的是坚持党的基本路线,加快改革开放,集中精力把经济建设搞上去。90年代我国经济的发展速度,原定为国民生产总值平均每年增长6%,现在从国际国内形势的发展情况来看,可以更快一些。根据初步测算,增长8%—9%是可能的,我们应该向这个目标前进。在提高质量、优化结构、增进效益的基础上努力实现这样的发展速度,到20世纪末我国国民经济整体素质和综合国力将迈上一个新的台阶

20世纪70年代末期,我国开始从重工业优先发展战略转向经济增长主导战略,这种战略转向是多重因素共同作用的结果。这些因素包括:

一是国内经济所面临的严峻挑战。政府指令计划以及割裂型城乡经济关系有助于实现重工业优先发展目标,但因其要素配置长期低效率而导致国民经济发展受到抑制,这种格局导致我国社会生产力的解放和发展面临着极为严峻的挑战。例如:1956—1977年全国职工的平均货币工资从601元下降至575元,1978年我国城乡居民的恩格尔系数则分别高达57.5%和67.7%。这些数据说明城乡居民的消费开支主要是围绕食品等生存资料需要而展开,计划经济时期城乡居民收入水平和生活改善是极为有限的。

二是国际经济发展格局的横向比较。中国在计划经济时期的发展应放在全球背景下进行审视,在中国以计划经济体制实施重工业优先发展战略的同时,其他国家却实现了持续较快的经济增长。前文针对1960—1977年中国与世界、美国和日本的人均GDP比较就是明显的例证,中国与主要发达国家的经济差距拉大是一个特征事实。这种国际比较对中国实行发展战略的转变提供了外部驱动力量。

三是中国对社会主义制度的认识深化。在启动改革开放之前,我国通常基于苏联模式以及苏联的《政治经济学教科书》,将社会主义制度等同于生产资料公有制、计划经济体制和按劳分配方式。伴随着时间的推移,我国对社会主义性质的认识不断走向深入,即逐步从生产力的解放和发展以及共同富裕目标等功能角度理解社会主义制度。1984年中国共产党十二届三中全会以及1987年十三大均强调生产力解放和发展对社会主义制度的重大作用。十三大还系统论证了我国正处在社会主义初级阶段,这样就可以基于国情特征,将生产力的解放和发展放置在我国现代化建设的核心位置。尤其需要指出的是,20世纪80年代末期至90年代初期,东欧剧变、苏联解体促使中国在经济领域更加强调生产力的解放和发展,并将生产力的发展速度和质量视为相对于资本主义国家的优势体现。

从上述角度可以发现:20世纪70年代末期,我国提出经济增长主导战略既来源于经济实践严峻格局的倒逼,也导源于思想认识不断深化的推动。无论从哪个角度出发,中国经济领域的发展战略确实发生了明显转变,此前的重工业优先发展战略开始被经济增长主导战略所取代,这种转变随即对经济制度选择以及城乡经济关系变化产生了广泛影响。

值得强调的是,20世纪70年代末期,我国发展战略转向经济增长主导战略也导源于此前割裂型城乡经济关系的影响。这是因为:一方面,割裂型城乡经济关系支撑了我国形成独立完整的工业体系,这种工业体系是实现经济高速增长的前提条件。在工业基础薄弱或者工业产品严重依靠海外的背景下,我国作为发展中大国要实现经济高速增长是不可想象的。另一方面,割裂型城乡经济关系所内生的资源配置低效率、城乡发展失衡,也从经济严峻格局的角度倒逼了发展战略转变。在这个意义上,割裂型城乡经济关系既是重工业优先发展战略的实施结果,也是经济增长主导战略的实施起点。

20世纪70年代末期,我国发展战略转向经济增长主导战略,还是因为当时具备了实施这种战略相对有利的条件。这主要包括:在思想认识方面,我国从1978年5月开始在全国范围展开了"真理标准问题大讨论",这次讨论重

第6章 失衡型融合：改革开放初始阶段的城乡经济关系

新确立了解放思想、实事求是的思想路线,进而为我国加快推进社会主义现代化建设提供了坚实的思想基础。在国际关系方面,重工业优先发展战略使得中国的国防实力有了很大程度的提高,相对于中华人民共和国成立初期,20世纪70年代末期中国面临来自外部的安全压力变小了。尤其是,1979年中美两国建立了正式外交关系,这使得中国面临的国际经济政治环境出现了明显改善。1985年邓小平同志则明确提出了中国所处国际环境的著名论断:和平与发展是当今世界的两大主题。上述格局意味着:中国面临的外部环境和国际秩序出现了显著变化,中国可以在相对宽松的国际环境下推动经济建设和经济高速增长。在社会实践方面,20世纪70年代末期,我国部分地区出现了自发性的经济改革,微观经济主体基于改善自身境遇开展了经济组织的变革探索。例如:1978年11月安徽小岗村村民以秘密签约方式率先实施"大包干",结果显示,这种农业经营方式相对于此前的人民公社制极大地解放了农业生产力,提高了农业生产效率。农村经济体制的自发改革随即得到中央决策层的肯定和在更大范围的推广,这种改革试验也为我国发展战略转向经济增长主导提供了实践基础。

问题在于,我国在重工业优先发展战略转向经济增长主导战略的背景下,新战略的实施却面临着一系列的约束条件。这主要表现为:重工业优先发展战略的长期实施已经形成了与之匹配的经济运行方式以及利益分配格局,特别是,在城乡割裂的一系列经济制度作用下,农村居民长期被局限在人民公社这个集体组织内部开展经济活动,其自发开展经济活动和改善生活条件的空间是极其有限的,其从国家获取的正规社会保障资源也是极其有限的。相对于农村居民,城镇居民则具有经济收益、社会保障资源获取等方面的明显优势。就此而言,经济增长主导战略意味着对原有经济体制进行变革,也意味着利益分配格局的调整。此外,中国是一个实行社会主义制度的发展中大国,上述变革不可能在所有领域中齐头并进地推进,且变革又不能引致经济社会制度的剧烈动荡,这就对经济增长战略的实施方案提出了严苛的要求。战略实施应能在确保整体秩序平稳的背景下实现经济的高速增长,经济增长主导战略的具体方案应该从震荡较小的领域率先切入,进而扩散到其他更为广泛的领域,从试点到扩散、从局部到全局的渐进变革方案是可取的。

更值得指出的是,20世纪70年代末期,我国仍是一个农民占人口主体、农村就业人数占就业主体、农业在重工业优先发展战略背景下遭受到严重影响的国家。1977年我国农村人口占比和农村就业人数占比分别为82.45%和76.82%,这种人口和就业结构意味着提高农村社会生产力具有异乎寻常的意义。与这种人口和就业结构相关联的是1977年我国的人均粮食产量为297.7千克/人,其水平甚至低于1956年"三大改造"完成时的306.8千克/人,农业长期低效率通过人均粮食产量比较可以看得非常清楚。对此,"在80年代初期的中国领导层看来,中国1977年全年的农业成就是不能满足本国需要的,其失误在于计划不周和管理不力,在于农民缺乏努力工作和发挥经济性的动力"①。概言之,20世纪70年代末期,我国是在计划经济体制长期实施、农民和农村就业人数占据主体、且农村经济发展严重受阻的条件下实施经济增长主导战略的。这种发展战略与约束条件的组合区别于中华人民共和国成立初期,它不可避免地影响了经济制度选择以及政府-市场关系的调整形式,进而也就自然地对城乡微观经济主体的行为选择及其选择结果产生了作用。

6.2 经济增长主导战略下我国的经济制度安排

1978年之后,我国在经济领域将重工业优先发展战略转变为经济增长主导战略,但这种战略面临的初始条件是:经济运行机制长期以来采用计划经济体制,而中国是一个农民和农村就业人数占主体且农业发展长期受到制约

---

① 德怀特·H.帕金斯,《中国的经济政策及其贯彻情况》,转引自《剑桥中华人民共和国史(下卷)》,[美]R.麦克法考尔、费正清编,中国社会科学出版社1992年版,第493—495页。

第 6 章 失衡型融合：改革开放初始阶段的城乡经济关系

的国家。在这种背景下，新战略的实施必然需要推动政府-市场关系的调整，即从传统的计划经济体制走向市场经济体制，而制度变革的切入点是依靠经营体制改革率先实现农业部门的经济增长。从战略实施的角度看，改革开放初期我国实施经济增长主导战略具有两个鲜明特征：一是就制度演变方向而言，以政府-市场关系的调整为主线，强调向微观经济主体的放权以及充分发挥市场价格机制的作用，市场化导向随即成为我国经济制度演变的基本趋向；二是就制度演变领域而言，率先推动农村领域的经济体制改革，进而依靠示范效应引发和加速其他领域的变革，从农村改革切入然后再拓展到其他领域，这体现出我国战略实施的策略性以及对经济社会秩序平稳性的回应。立足于上述两个特征，改革开放初期，我国在城乡经济关系方面就展开了一系列的制度变革。

6.2.1 从人民公社制转向家庭联产承包责任制

从制度变迁的角度看，我国的改革开放整体战略率先从农村经济领域展开，而农村经济改革则以实施包产到户、包干到户为突破口，用家庭联产承包责任制取代人民公社制成为整个市场化改革的触发机制。在改革开放初期，我国以农村经济体制变革为切入点来推动整体改革开放有其深刻的实践背景（高帆，2018e）。中国共产党十一届三中全会强调全党的工作重点转向社会主义现代化建设，现代化建设首先需要解决城乡居民的温饱问题，温饱问题的解决直接依赖农村经济的发展状况，况且那个时段中国人口和就业人数的主体都在农村部门。只有农村经济发展，我国才可能推动其他领域的改革与转型，农村经济改革对整体的经济改革和发展具有基础性、前置性作用。此外，在长时期的计划经济体制作用下，我国城镇形成了国有企业为主体的公有制经济，城镇经济不同领域相互交错，并涉及多个利益主体。率先推动城镇经济改革和国有企业改革容易引发强烈的震荡效应，而农村的经济体制改革所引发的经济社会震荡效应是相对较小的。"以包干到户为主要形式的家庭承包制的改革,除了首先可能与传统的意识形态,即主要是坚持集体所有制的政治要求冲突之外,没有触及任何群体的既得利益"(蔡昉,2008)。这样我国改革开放率先在农村经济领域展开、且政府对农民的自发变革试验保持宽容就是容易理解的事情。

在实施经济增长主导战略的背景下,20世纪70年代末期,导源于对计划经济时期农产品长期短缺的回应,我国农村经济改革的首要目标是快速地提高农产品的生产和供给能力,从而改善占人口大多数的农村村民的生产生活状态,并为我国整体的现代化建设和改革开放提供支撑条件。就此而言,农产品生产和供给能力提高可理解为农村领域的生产力解放和发展。然而,农村经济的发展不能依靠对农民的强制力度提高,也不能依靠对农业的财政投入增加,而只能依靠农村内部的经营组织创新和资源配置效率提高。这样制度变迁的方向就将此前的人民公社制变革为农民的包产到户、包干到户。1982年我国社会主义现代化进程中的第一个中央"一号文件"明确提出,包产到户、包干到户等都是社会主义集体经济的生产责任制。该文件针对生产责任制的性质明确指出"目前实行的各种责任制,包括小段包工定额计酬,专业承包联产计酬,联产到劳,包产到户、到组,包干到户、到组,等等,都是社会主义集体经济的生产责任制。不论采取什么形式,只要群众不要求改变,就不要变动"。除此之外,这个"一号文件"还特别强调了生产责任制的优势,这种优势显然是针对此前人民公社制的效率缺陷而言的,即"联产承包制的运用,可以恰当地协调集体利益与个人利益,并使集体统一经营和劳动者自主经营两个积极性同时得到发挥,所以能普遍应用并受到群众的热烈欢迎"。正是导源于20世纪70年代末期之后的农村经营方式变革,20世纪80年代初期之后家庭联产承包责任制(household contract responsibility system,HRS)随即成为我国农村的一项基本经济制度。

在计划经济时期,人民公社制是兼具经济功能和社会管理功能的组织形态,这使得单个农民或者农民家庭高度依附于这种"政社合一"的组织。在经济维度,人民公社制的核心是土地要素集体所有,同时单个农民在土地上集

第6章 失衡型融合：改革开放初始阶段的城乡经济关系

体开展经济活动，而公社社员对集体成果的分享则采用按照"工分"分配这种平均主义方式。与人民公社制相比，家庭联产承包责任制的核心是在不改变土地集体所有的前提下，农村居民以家庭为单位从集体那里获取土地承包经营权，并获取承包地的经营决策权以及收益权。拥有承包地上的自主决策权和收益权意味着农民经济权利的扩大，也意味着农业生产经营方式以及分配方式的变化。

从产权结构上看，人民公社制向家庭联产承包责任制的制度变迁体现出对土地产权的细分（所有权、承包经营权）和再配置；从收益结构上看，这种制度变迁体现出农村居民收益与其经营努力的直接关联（交足国家的，留足集体的，剩余都是自己的）；从政府-市场关系来看，这种制度变迁体现出政府放松对土地和农业经营的管制，扩大农民的农业经营自主权利，对农民"放权让利"是该时段政府-市场关系调整的基本趋势（高帆，2018e）。就实践而言，家庭联产承包责任制几乎在不损害任何群体福利的条件下，通过政府-市场关系调整改善了农村要素配置和农民生活状态，其对社会秩序的震荡效应是轻微的，对其他领域的示范作用是突出的。在改革的具体实施层面，农村经济体制改革是安徽农村率先自发推动的，因而具有典型的自下而上的诱致性制度变迁特征，然而这种制度变革随即得到了地方政府和中央政府的支持，并快速在全国范围内扩展开来，1982年中央"一号文件"对包产到户、包干到户的肯定就是明显证据。显然，农村经济体制变革反映的是微观经济主体和政府部门在市场化经济体制转型中的交互作用特征。

与农业合作化运动的快速推进状态类似，家庭联产承包责任制在中国农村的实施也是在极短的时间内完成的。表6-2给出了1983—1984年我国农村家庭联产承包责任制的实施情况。可以发现：依托1978年之后的农村经营体制变革实践以及中央相关政策文件的支持，20世纪80年代初期，家庭联产承包责任制在我国快速推广开来，并取代了人民公社制而成为农村经营体制的主体形式。1983年和1984年，实行大包干队数占全国合计的比例分别攀升至97.9%和99.0%，实行大包干户数占总农户的比例则分别攀升至

94.2%和96.6%,而未实行联产承包责任制的队在1983年和1984年已分别下降至2.7万个和0.2万个。这说明在极短的时间内,家庭联产承包责任制已经快速地取代了人民公社制,我国绝大多数农村地区已经形成了家庭联产承包责任制的农业经营方式。这种快速替代情形与中央政策的支持和引导有关联,但更重要的是农民这个微观主体在进行经济比较之后自发选择的结果。

与家庭联产承包责任制的快速实施相关联,农村的社会管理方式也发生了深刻变化。由于此前的人民公社具有"政社合一"的显著特征,而在人民公社制被家庭联产承包责任制快速替代的背景下,农村基层组织的政社分开也就成为必然趋势。既然家庭联产承包责任制取代了人民公社的经济功能,那么人民公社的社会治理功能就需要新的形式和载体,农村的社会组织和治理方式由此亟待进行变革。基于此,1983年10月12日中共中央、国务院发布了《实行政社分开建立乡政府的通知》,该通知指出"随着农村经济体制的改革,现行农村政社合一的体制显得很不适应。宪法已明确规定在农村建立乡政府,政社必须相应分开",并强调到1984年底之前在全国范围完成政社分开、建立乡政府的工作。表6-2显示:1984年我国政社分开的乡镇政府、村民委员会等已经占据绝大多数,人民公社的政社合一功能在这个时段也被新的农村社会管理方式快速取代,这也为农村微观主体的经济自由度提高创造了有利条件。

表6-2　1983—1984年我国农村联产承包责任制和政社组织情况

项　目	单位	1983年	1984年
一、实行联产承包责任制情况			
1. 实行联产承包责任制的队	万个	586.3	569.0
其中:实行大包干的队	万个	576.4	563.6
大包干队数占全国总计的比例	%	97.9	99.0
2. 实行联产承包责任制的户	万户	17 985.4	18 397.9
其中:实行大包干的户	万户	17 497.5	18 145.5
大包干户数占总农户的比例	%	94.2	96.6
3. 未实行联产承包责任制的队	万个	2.7	0.2

(续表)

项 目	单位	1983年	1984年
二、农村政社组织情况			
1. 政社已分开的			
乡(镇)政府	个	16 252	91 171
村民委员会	个	199 657	926 439
经济组织的人民公社	个	11 866	28 218
2. 政社尚未分开的			
农村人民公社	个	40 079	249
生产大队	个	550 484	7 046
生产队	万个	457.5	12.8

数据来源:《中国统计年鉴1984》《中国统计年鉴1985》。

6.2.2 城镇单一的公有制经济走向多种所有制经济

以实施家庭联产承包责任制为导向的农村经济体制改革,对我国在更广泛的范围中实施经济增长主导战略发挥了重要作用。这是因为:一方面,农村经济体制改革显著地提高了我国农业产出水平,1978—1984年我国粮食总产量从3.32亿吨增至4.07亿吨,人均粮食生产量也从316.6千克/人增至390.3千克/人。农村的生产力首先得到解放和发展,这极大地解决了城乡居民的生存资料供给问题,并稳定了占人口和就业主体的农村的社会秩序,从而使得我国的现代化建设和改革开放具有更为坚实的物质基础和社会基础。另一方面,农村经济体制改革对城镇部门改革也产生了示范效应和推动作用,它以鲜活的案例和显著的绩效揭示出经济制度变革可以释放巨大的社会生产力。经济制度变革的基本方向是放松政府对经济的过度干预,依靠市场价格信号来优化资源配置,依靠微观经济主体的自发选择来提高生产力水平。以此为背景,我国城镇领域的经济体制改革也就随之逐步开展起来,城镇的多种经济形式开始出现和发展,而这又为城乡之间商品交易和要素流动的活跃提供了驱动力量。

在重工业优先发展战略的实施过程中,我国的工业经济主要集中在城镇领域。经过对手工业和资本主义工商业的社会主义改造,工业则形成了单一的公有制经济类型,即国有企业和集体企业占据工业的全部领域,这两类企业的资源配置、经营管理、产品销售等主要依靠政府的指令性计划。实施经济增长主导战略必须对这种格局予以变革,改革开放初期,受到农业经营方式变革的示范和启发,我国在工业领域存在两种不同的改革思路:一是在国有企业和集体企业中通过市场机制的引入,实施"存量"调整性质的改革;二是在国有企业和集体企业之外引入其他类型的经济形势,实施"增量"扩展性质的改革。前者由于涉及企业主管部门、管理者、普通员工的利益格局,甚至还涉及对所有制改革社会性质的认识分歧,因此,其带来的经济社会震荡往往是巨大的。在经济实践中,我国在改革开放初期虽然推进了部分公有制企业的简政放权、扩大企业自主权,但这些改革具有试点性质且将改革领域也控制在较小的范围之内。相对而言,后者的改革思路成为我国城镇企业改革的主要着力点,这主要体现为:在不根本触动现有公有制经济的前提下,通过发展个体经济、民营经济以及引进外资经济等,形成公有制为主体、多种所有制经济共同发展的格局,这种格局可以通过资源配置效率优化而解放和发展工业领域的生产力。

在这个意义上,改革开放初期我国的工业领域改革具有较为显著的"双轨制"特征:在维持此前的公有制经济格局的同时,通过不断引入非公经济力量来推动市场化进程。以个体经济为例,1980年8月,中共中央转发了《进一步做好城镇劳动就业工作》的文件,该文件从解决我国就业问题的角度提出要积极鼓励和扶持城镇个体经济的发展,并指出个体经济是社会主义公有制经济的不可缺少的补充,在今后一个相当长的历史时期内都将发挥积极作用,因此应该推动其适当发展。1981年7月7日,国务院发布《关于城镇非农业个体经济若干政策性规定》,这一文件针对城镇个体经济的性质、经营范围、以及如何扶持和保护城镇个体经济的发展等问题,分别作了明确而详细的回应。该规定强调"在国营经济和集体经济占绝对优势的前提下,恢复和

第6章 失衡型融合：改革开放初始阶段的城乡经济关系

发展城镇非农业个体经济，对于发展生产、活跃市场、满足人民生活的需要、扩大就业都有着重要的意义"。在上述改革思路和政策取向调整下，我国城镇领域的所有制类型就逐渐变得多样起来，在公有制经济之外出现了越来越多其他类型的经济形式，这种情形与此前城镇经济的"一大二公三纯"格局存在着显著区别。

表6-3给出了1978—1994年我国工业总产值及其所有制结构的变化情况。在考察期内，按照当年价格计算，我国工业总产值从4 237亿元增长至76 909.46亿元。在产值总量持续攀高的同时，工业内部的所有制结构发生了显著变化，特别是，1978年和1979年工业总产值全部来自公有制经济，即国有工业和集体工业，这延续了1958年之后我国工业领域公有制经济"一统天下"的格局。然而，1979年之后，公有制经济的占比在持续下降，1979—1994年该占比从100%下降至74.94%。相应地，个体工业和其他经济类型工业占比却呈现出持续提高的态势，其占比在1994年分别为11.51%和13.55%，两者合计已达到25.06%。此外，在公有制经济内部，国有工业的占比在逐步下降，集体工业的占比在不断攀高，1978—1994年前者从77.63%下降至34.07%，后者则从22.37%攀高至40.87%。

表6-3 1978—1994年我国工业总产值及其结构的变化情况

年份	工业总产值（亿元）	国有工业占比(%)	集体工业占比(%)	城乡个体工业(%)	其他经济类型工业(%)
1978	4 237.00	77.63	22.37		
1979	4 681.30	78.47	21.53		
1980	5 154.26	75.97	23.54	0.02	0.48
1981	5 399.78	74.76	24.62	0.04	0.58
1982	5 811.22	74.44	24.82	0.06	0.68
1983	6 460.44	73.36	25.74	0.12	0.78
1984	7 617.30	69.09	29.71	0.19	1.01
1985	9 716.47	64.86	32.08	1.85	1.21

(续表)

年份	工业总产值（亿元）	国有工业占比(%)	集体工业占比(%)	城乡个体工业(%)	其他经济类型工业(%)
1986	11 194.26	62.27	33.51	2.76	1.46
1987	13 812.99	59.73	34.62	3.64	2.02
1988	18 224.58	56.80	36.15	4.34	2.72
1989	22 017.06	56.06	35.69	4.80	3.44
1990	23 924.36	54.60	35.62	5.39	4.38
1991	28 248.01	52.94	35.70	5.70	5.66
1992	37 065.71	48.09	38.04	6.76	7.11
1993	52 691.99	43.13	38.36	8.35	10.16
1994	76 909.46	34.07	40.87	11.51	13.55

数据来源：《中国统计年鉴 1991》，第 394、396 页；《中国统计年鉴 1995》，第 377 页。

相对于个体企业和其他类型的企业，公有制经济受到政府指令性计划的影响更为显著，而相对于集体工业企业，国有企业受到政府指令性计划的影响也更为突出。上述工业领域的结构变化表明：改革开放初期，我国经济类型确实从单一的公有制开始走向所有制多元化。在工业所有制多元化的过程中，城镇部门微观经济主体的经济自主权也在扩大，城乡之间客观上就具有产品交易和要素流动的内在拉力，因为只有频繁的产品交易、要素流动才能满足各类所有制企业对农产品以及劳动力要素的新增需求。

6.2.3 从农产品统购统销制度走向市场化的农产品流通体系

在农村实施家庭联产承包责任制、城镇工业所有制走向多元化的背景下，此前以政府严格管制为核心的农产品统购统销制度就需要作出相应调整。换言之，城乡之间的产品对接方式伴随着部门内部的经济制度变革应随之发生变化。这种调整导源于三个重要的特征事实：一是农产品统购统销制度是重工业优先发展战略的内生产物，它有助于增强国家对城乡产品和要素配置的干预程度,但却极大地约束了城乡微观主体的自发经济活动,因此,其在长期中对城乡之间的产品和要素配置效率产生了负面影响。在重工业优先发展战略转向经济增长主导战略的条件下,与此前战略相契合的农产品统购统销制度也应予以调整。二是农产品统购统销制度是农产品供给短缺背景下的制度安排,然而,家庭联产承包责任制的实施使得我国农业生产力得到了极大提高,农产品的供给能力在短时期内有了显著增强。这使得我国有条件采用市场化方式来实现农产品的供求对接,农产品统购统销制度实施的产品供给条件也就不复存在了。三是改革开放初期我国城乡经济组织方式均发生了深刻变化,家庭联产承包责任制取代了此前政社合一的人民公社制,农民以家庭为生产单位开展农业经营活动,这使得政府对农村经济和农产品供给的控制能力大大下降了。与此同时,工业所有制多元化也导致政府对城镇部门农产品需求的控制能力大大下降了,工业领域的非公企业客观上也需要自发地与农业部门产生经济关系。在这种背景下,农产品统购统销制度在操作层面已经很难维系下去。以上三个方面意味着:自启动改革开放之后,尤其是20世纪80年代初期之后,我国针对农产品统购统销制度的改革不仅具有必要性,也具有可行性。

作为对上述格局的回应,1978年实施改革开放之后,我国在政策层面不断缩小农产品统购统销的实施范围,减少政府对农产品的价格制定权利,并逐步转向市场化导向的农产品流通体系。从变革策略的角度看,我国并不是在改革开放初期就直接转向市场化的农产品流通体系,在20世纪80年代初期,实际上有一个统购统销和市场调节两者并存的"双轨制"阶段。从"双轨制"出发,我国通过市场调节范围的扩大逐步从统购统销制过渡到市场化导向的农产品流通体制。这种转型路径可以从相关政策表述中得到支持。1979年9月28日中国共产党十一届四中全会通过了《关于加快农业发展若干问题的决定》,该文件强调"粮食统购价格从1979年夏粮上市起提高20%,超购部分在这个基础上再加价50%。棉花、油料、糖料、畜产品、水产品、林产品等的收购价格,也要分别情况,逐步作相应的提高",此外还指出要减少粮食征购指标,以减轻农民负担并推动农业发展。1982年中央"一号文件"《全国农村工作会议纪要》特别强调了农产品流通体系问题,该文件提出"农业经济是国民经济的重要组成部分,要以计划经济为主,市场调节为辅","基数外产品的收购价格,允许按照市场供求状况实行一定范围的浮动"。

1983年中央"一号文件"《当前农村经济政策的若干问题》明确提出要调整农副产品购销政策,这意味着对农产品统购统销制度的改革被正式提到议事日程。该文件指出"今后,对关系国计民生的少数重要农产品,继续实行统购派购;对农民完成统购派购任务后的产品(包括粮食,不包括棉花)和非统购派购产品,应当允许多渠道经营"。1984年中央"一号文件"《关于1984年农村工作的通知》继续强调"必须坚持计划经济为主、市场调节为辅的原则,坚持国家、集体、个人一起上的方针,继续进行农村商业体制的改革,进一步搞活农村经济","要随着生产的发展和市场供应的改善,继续减少统购派购的品种和数量"。同年8月7日国务院批转的《关于做好农村商品流通工作的报告》明确提出"继续减少统购、派购品种。将商业部系统现行管理的一、二类农副产品由21种减为12种"。直至1985年我国发布了"一号文件"《关于进一步活跃农村经济的十项政策》,该文件明确指出"今年起,除个别品种外,国家不再向农民下达农产品统购派购任务,按照不同情况,分别实行合同定购和市场收购"。这意味着:我国在政策层面已经宣告废除实施了30多年的农产品统购统销制度,经过计划机制和市场机制的"双轨制"过渡阶段,我国从20世纪80年代中期开始进入农产品市场化改革的加速推进阶段。

表6-4展示了1978—1984年我国社会农副产品的收购总额及其结构变化,这种结构变化可以反映出农产品统购统销制度的逐渐退出、以及农产品流通体制市场调节程度的不断增强。1978—1984年我国社会农副产品的收购总额从557.9亿元提高至1 440.0亿元。按照部门分类,非农业居民向农民购买总额从31.1亿元增加至169.4亿元,其占总收购额的比重从5.57%提高至11.76%。考虑到计划经济时期该占比长期处在4%—5%,

那么1980年代的比重提高意味着城乡居民之间依据市场机制自发进行农产品交易的程度被大大提高了。另外,从收购价格的角度看,在这一时段,按照政府牌价收购的总额从472.4亿元变化至487.8亿元,其占总收购额的比重从84.7%快速下降至33.9%;相对地,按照市场收购的总额则从31.1亿元提高至261.3亿元,其占总收购额的比重则从5.6%提高至18.1%,议价收购部分的占比也从1.8%提高至14.4%。从20世纪70年代末期至80年代中期,我国农产品流通领域确实出现了政府管制力量的持续下降以及市场自发交易的显著攀升,农产品统购统销制度逐渐被市场化的流通体系所取代。这种制度变革暗示着:围绕农产品的交易和配置,政府已不能采用统购统销制度来实施严格管制,城乡居民的自主选择空间和自发决策权利得到了明显扩展。

表6-4 1978—1984年我国社会农副产品的收购总额及其结构变化

单位:亿元

项 目	1978年	1980年	1981年	1982年	1983年	1984年
社会农副产品收购总额	557.9	842.2	955.0	1 083.0	1 265.0	1 440.0
按照部门分类 1. 商业部门收购 2. 工业和其他部门收购 3. 非农业居民向农民购买	459.9 66.9 31.1	677.0 96.2 69.0	764.7 100.9 89.4	855.6 116.6 110.8	980.6 151.4 133.0	1 070.3 200.3 169.4
按照收购价格分类 ——绝对额 1. 牌价 2. 超购加价 3. 议价 4. 市价	472.4 44.2 10.2 31.1	542.2 151.0 80.0 69.0	555.6 200.0 110.0 89.4	622.2 225.0 125.0 110.8	607.0 355.0 170.0 133.0	487.8 483.9 207.0 261.3
——占收购总额的比重 1. 牌价 2. 超购加价 3. 议价 4. 市价	84.7 7.9 1.8 5.6	64.4 17.9 9.5 8.2	58.2 20.9 11.5 9.4	57.5 20.8 11.5 10.2	48.0 28.1 13.4 10.5	33.9 33.6 14.4 18.1

数据来源:《中国统计年鉴1985》,第479页。

6.2.4 户籍制度下农村劳动力的就业单一开始走向多元化

在计划经济时期,为了在特定约束条件下实施重工业优先发展战略,我国城乡户籍制度事实上承担着两种重要职能:一是就业管控功能,即限制农村劳动力流入城市工业部门,从而契合重工业资本密集投入且就业创造较小的产业特征;二是社会保障资源配置功能,即按照农业人口和非农业人口分别提供社会保障等公共产品,从而通过二元化的社会保障供给方式来分配有限的公共产品资源。在改革开放初期,我国户籍的社会保障资源配置功能依然存在,但其就业管控功能却出现了极为显著的弱化态势。这主要是因为:伴随着家庭联产承包责任制的普遍实施,我国农村的农产品供给能力得到了显著提高,城乡居民尤其是农村居民的粮食(以及其他农副产品)需要得到了较为充分的满足。对农村居民而言,农产品供给能力增强意味着农村劳动生产率的提高,以粮食生产为主导的农业部门可以向外释放更多的劳动力。在户籍制度约束依然显著的情形下,农村劳动力首先在农村非农产业中找寻就业岗位,这就推动了20世纪80年代乡镇企业的"异军突起",并形成了农村劳动力"离土不离乡"的非农就业方式。在户籍制度管制放松的条件下,农村劳动力则开始以农民工方式进行跨地区、跨部门流转,从而形成了"离土且离乡"的非农就业方式。值得强调的是,改革开放初期我国城镇的工业所有制多元化,也为农村劳动力的非农化流转提供了就业岗位,这表明城镇部门的劳动力需要也为户籍制度就业管控功能的放松提供了条件。

在农村内部,户籍制度的就业管控功能放松与人民公社制的解体紧密相连。在人民公社制逐渐被家庭联产承包责任制取代的背景下,农村居民获取的不仅是承包土地的自主经营权,而且是自身劳动力要素的自由配置权。即使城乡户籍制度依然存在,一旦人民公社制的集体经营方式被取消,农民对这种"政社合一"组织的依赖程度在下降,则个体农民在农村内部不同产业之间配置劳动力总是可能的。改革开放之后,我国在计划经济时期所形成的产

第 6 章　失衡型融合：改革开放初始阶段的城乡经济关系

品短缺格局，也为农村内部非农产业（特别是工业部门）的发展提供了市场拉力，即农村社队企业（即乡镇企业，country/township enterprises）提供的产品几乎不存在市场销售问题。

此外，基于改革开放之后农产品的增长态势、以及农村庞大人口的就业压力，我国政府对农村社队企业或乡镇企业也给予了更大的发展空间。例如：1979 年 9 月 28 日中国共产党十一届四中全会通过了《关于加快农业发展若干问题的决定》，该文件明确提出"社队企业要有一个大发展，逐步提高社队企业的收入占公社三级经济收入的比重。凡是符合经济合理的原则，宜于农村加工的农副产品，要逐步由社队企业加工"。1981 年 5 月 4 日国务院颁布的《关于社队企业贯彻国民经济调整方针的若干规定》也强调"社队企业对于利用和发展地方资源，安排农村剩余劳动力，巩固壮大集体经济，增加社员收入有明显效果；对于逐步改变农村和农业的经济结构，支援农业发展，促进小集镇建设，起了积极作用；对于发展商品生产，活跃市场，扩大出口，增加国家财政收入也作出了贡献。社队企业已成为农村经济的重要组成部分，符合农村经济综合发展的方向"。

在此之后，1982—1985 年的中央"一号文件"均强调了社队企业（即乡镇企业）对我国国民经济发展的重要作用。例如：1984 年中央"一号文件"《关于 1984 年农村工作的通知》就强调"鼓励集体和农民本着自愿互利的原则，将资金集中起来，联合兴办各种企业"，"现有社队企业是农村经济的重要支柱，有些是城市大工业不可缺少的助手"。同年 3 月 1 日，中共中央、国务院转发了《关于开创社队企业新局面的报告》，该文件同意将社队企业正式改名为乡镇企业，并提出了推动乡镇企业发展的相关政策举措。这就促使我国乡镇企业发展进入高速增长阶段，乡镇企业"异军突起"有效解决了农村劳动力在本地从事非农生产的需要，从而为户籍制度就业管控功能的弱化提供了重要渠道。从更深远和广泛的角度看，"中国这场农村工业化浪潮和乡镇企业繁荣也终于在 20 世纪 80 年代末和 90 年代初引爆了中国近代史上苦苦等待和久盼的第一次工业革命"（文一，2016）。

表6-5给出了1978—1994年我国乡镇企业的发展情况。依据该表可以发现：改革开放之后我国乡镇企业的单位数以及产值总额均有了非常快速的增长，1994年这两个指标已分别攀高至2 494.50万个和42 588.5亿元。乡镇企业"异军突起"成为这个时段中国经济发展的一个重要特征事实。在乡镇企业快速发展的过程中，其就业吸纳能力也得到了极为迅速的增强，1978年乡镇企业的职工人数为2 826.56万人，而1994年该数据已达到12 018.2万人。乡镇企业成为农村劳动力在本地非农产业完成就业的主要方式，这不仅使得农村劳动力的就业结构发生了深刻变化，而且使得农村劳动力的就业选择空间被大大拓展。在计划经济时期，农村劳动力被高度锁定在人民公社内部并以集体经营方式从事第一产业生产，单个农民对生产单位、产业类型、生产方式的自由选择几乎不存在。然而，在乡镇企业"异军突起"的背景下，农村劳动力可以选择在农村第一产业就业，也可以选择在农村的乡镇企业（主要是第二产业）就业，其就业选择空间得到了明显扩展。表6-5显示：1978—1994年我国乡镇企业职工人数占农村就业人数的比重从9.23%持续提高至24.63%，同期，第一产业就业人数占农村就业人数的比重则从92.43%下降至75.05%。这种格局就体现出乡镇企业发展对农村劳动力就业结构变化的重要影响，在乡镇企业快速发展的情形下，城乡户籍制度的就业管控功能自然就呈现出下降态势。

表6-5 1978—1994年我国乡镇企业的发展情况

年份	乡镇企业单位数（万个）	乡镇企业产值（亿元）	乡镇企业职工人数（万人）	农村就业人数（万人）	第一产业就业人数（万人）	乡镇企业职工人数/农村就业人数（%）	第一产业就业人数/农村就业人数（%）
1978	152.42	—	2 826.56	30 638	28 318	9.23	92.43
1979	148.04	548.41	2 909.34	31 025	28 634	9.38	92.29
1980	142.46	656.90	2 999.67	31 836	29 122	9.42	91.48
1981	133.75	745.30	2 969.56	32 672	29 777	9.09	91.14

(续表)

年份	乡镇企业单位数（万个）	乡镇企业产值（亿元）	乡镇企业职工人数（万人）	农村就业人数（万人）	第一产业就业人数（万人）	乡镇企业职工人数/农村就业人数（%）	第一产业就业人数/农村就业人数（%）
1982	136.17	853.08	3 112.91	33 867	30 859	9.19	91.12
1983	134.64	1 016.83	3 234.64	34 690	31 151	9.32	89.80
1984	606.52	1 709.89	5 208.11	35 968	30 868	14.48	85.82
1985	1 222.45	2 728.39	6 979.03	37 065	31 130	18.83	83.99
1986	1 515.30	3 540.87	7 937.14	37 990	31 254	20.89	82.27
1987	1 750.24	4 764.26	8 805.18	39 000	31 663	22.58	81.19
1988	1 888.16	6 495.66	9 545.45	40 067	32 249	23.82	80.49
1989	1 868.63	7 428.38	9 366.78	40 939	33 225	22.88	81.16
1990	1 850.40	8 461.64	9 264.75	47 708	38 914	19.42	81.57
1991	1 908.90	11 621.70	9 609.10	48 026	39 098	20.01	81.41
1992	2 079.20	17 975.40	10 581.10	48 291	38 699	21.91	80.14
1993	2 452.90	31 540.7	12 345.3	48 546	37 680	25.43	77.62
1994	2 494.50	42 588.5	12 018.2	48 802	36 628	24.63	75.05

数据来源：乡镇企业单位数、总产值、职工人数等来自《中国统计年鉴1991》，第377—378页；《中国统计年鉴1995》，第363—365页。农村就业人数和第一产业就业人数来自《新中国六十年统计资料汇编》，第7页。

在农村实施家庭联产承包责任制的背景下，户籍制度对农村劳动力的就业管控功能在下降，这主要体现为乡镇企业使得农民可以在农村内部的多个领域从事就业。不仅如此，伴随着时间的推移，在城乡两大部门之间，户籍制度的就业管控功能也呈现出类似的趋势。这主要是因为：城镇工业出现了所有制的多元化格局，即使公有制经济依然有着较为严格的就业进入限制，但非公经济需要城乡之间具有更为充分和灵活的劳动力流动。20世纪90年代中期之后，伴随着改革开放初期经济短缺状况的极大缓解，农村的乡镇企业开始进入调整阶段，其对农村劳动力的吸纳能力开始步入增速放缓阶段。更重要的是,1992年10月中国共产党十四大明确提出我国经济体制改革的目标是建立社会主义市场经济体制,1993年11月中国共产党十四届三中全会通过了《中共中央关于建立社会主义市场经济体制若干问题的决定》。这意味着我国的改革开放和现代化建设进入到一个新的发展阶段,工业化和城镇化进程开始加速,这也需要劳动力要素依据市场价格信号在城乡、产业和地区之间进行流动。作为对这种改革开放新阶段、新要求的回应,城乡户籍制度就业管控功能的进一步放松就势在必行。

从制度变革的轨迹来看,与上述实践需要相匹配,我国在政策层面也对户籍制度的具体规定做出了相应调整。例如:1984年10月国务院颁布了《关于农民进入集镇落户问题的通知》,该通知强调"各级人民政府应积极支持有经营能力和有技术专长的农民进入集镇经营工商业"。农民可以自理口粮进集镇落户,并同集镇居民一样享有同等权利,履行同等义务,这意味着此前严格的城乡户籍制度开始出现松动。1985年7月公安部出台了《关于城镇暂住人口管理的暂行规定》,该规定强调要健全城市暂住人口管理制度并建立集镇暂住人口登记管理制度,这意味着城乡人口流动更为频繁且城市暂住人口管理制度开始走向健全。1993年11月中国共产党十四届三中全会通过了《中共中央关于建立社会主义市场经济体制若干问题的决定》,该决定按照城镇的类别提出了分类推进户籍制度改革的思路,即"逐步改革小城镇的户籍管理制度,允许农民进入小城镇务工经商,发展农村第三产业,促进农村剩余劳动力转移"。1997年6月国务院批转《公安部小城镇户籍管理制度改革试点方案和关于完善农村户籍管理制度意见的通知》,该通知规定已在小城镇就业、居住并符合一定条件的农村人口,可以在小城镇办理城镇常住户口。2012年2月国务院办公厅下发了《关于积极稳妥推进户籍管理制度改革的通知》,该通知指出继续坚定地推进户籍管理制度改革,落实放宽中小城市和小城镇落户条件的政策。要引导非农产业和农村人口有序向中小城市和建制镇转移,逐步满足符合条件的农村人口落户需求,逐步实现城乡基本公共服务均等化。

第6章　失衡型融合：改革开放初始阶段的城乡经济关系

上述政策文本意味着：改革开放之后，与重工业优先发展战略相契合的城乡户籍制度得到了持续变革，这种制度的就业管控功能在不断放松，且放松次序是具有策略性的。沿着农村内部非农产业、集镇、小城镇、中小城市的演变逻辑，我国城乡之间的户籍制度改革在逐渐走向深入，农村劳动力可以进入不同层级的城镇非农领域就业，户籍制度对农村劳动力的就业控制效应已被大幅度减弱。在现有统计资料中，外出农民工是指在户籍所在地乡镇地域之外从业的农民工，它可以在很大程度上反映农村劳动力进入城镇部门就业的格局。统计数据显示：2008年我国外出农民工的数量为1.139亿人，2017年该数据甚至攀高至1.802亿人。前文的数据也显示：改革开放之后尤其是20世纪90年代中期以来，利用就业和人口数据计算的城镇化进程均进入加速推进阶段，这些均从不同侧面反映出城乡之间劳动力流动性和再配置功能的增强。

概括起来，1978年以来，我国在多重约束条件下推进了经济增长主导战略，这种发展战略和约束条件的组合就内生出相应的经济制度。对一个此前实行计划经济体制的发展中大国而言，中国实现长期经济增长必须依靠资源配置效率的提高，而提高资源配置效率必须促使企业和居民成为资源配置的主体，价格、供求、竞争机制应取代政府指令性计划而成为资源配置的主要工具。简单地说，市场化改革是实现经济增长主导战略的内生产物，要有效实施经济增长主导战略就必须变革此前的政府-市场关系。正是在这种背景下，我国才启动了对内的市场化体制转型以及对外的开放程度提高，政府-市场关系也从此前的政府高度管制经济走向针对企业、居民等微观主体的放权让利，市场机制对资源配置的作用也不断得到增强和凸现。在政府-市场关系层面，相对于此前的重工业优先发展阶段，我国改革开放之后的制度安排已经出现了重大转变，这种转变在城乡经济关系维度也体现得极为充分和明晰。

就城乡经济关系而言，在1978年启动改革开放之后，我国农村的人民公社制快速被家庭联产承包责任制所取代，城镇工业的单一公有制逐步走向所有制多元化，农产品统购统销制度逐步转向流通体系的市场化改革，城乡户籍制度对农村劳动力的就业管控功能也在显著减弱。上述格局意味着城乡之间开始从相互割裂状态进入到彼此融合状态,我国城乡经济关系因为一系列经济制度的变迁而发生了动态演变。这主要是因为:改革开放以来,我国微观经济主体依据市场价格信号自发配置产品和要素的空间被显著拓展了,城乡居民尤其是农村居民获取了前所未有的产品和要素配置自主权,他们可以依据市场价格信号自发地进行产品交易和要素流动。基于此,城乡之间的产品和要素再配置功能得到了显著提高,城乡之间的经济交往范围、规模和频度都得到了明显扩展,城乡两大部门已经在更大范围和更高水平上形成了经济融合,这与计划经济时期城乡两部门因为政府管制而彼此分割的情形截然不同。

值得强调的是,改革开放之后,我国实施家庭联产承包责任制使农民在土地集体所有的前提下,获取了土地承包权以及在承包地开展农业经营的决策权和收益权,这意味着其经济自主权的扩大;城镇工业的所有制多元化为农村产品的自主交易和要素的充分流动提供了需求拉力;市场化导向的农产品流通体系改革则为城乡之间的产品自发交易创造了制度条件;城乡户籍制度改革则导致就业管控功能的逐步放松,从而为农村劳动力在农村内部和城乡之间自主开展就业配置提供了坚实基础。毋庸置疑,在经济增长主导战略的实施过程中,我国政府针对城乡之间的产品和要素控制均大幅度放松了,城乡产品(尤其是农产品)和要素(尤其是农村劳动力要素)可以由微观经济主体在更大范围中进行配置。这意味着城乡之间的产品和要素市场化程度都在提高,市场化改革也是城乡经济关系变动的逻辑主线,这种主线将此前城乡之间的割裂状态转变为产品和要素充分流动、重新配置的融合格局。

6.3 政府-市场关系与城乡经济关系的失衡型融合

相对于中华人民共和国成立初期,20世纪70年代末期,我国经济的发展战略和约束条件均发生了显著变化,尤其是发展战略从重工业优先发展开始

第6章 失衡型融合：改革开放初始阶段的城乡经济关系

转向经济增长主导。发展战略、约束条件以及两者组合状态的转变，客观上需要我国的经济制度随之发生调整，因为，经济制度需要解决新阶段发展战略和约束条件之间的"紧张"。这种调整的主线是促使政府-市场关系发生改变，即各级政府（尤其是中央政府）放松对各类微观主体的经济管制，促使市场价格能够准确地反映商品和要素的相对稀缺度，促使企业、居民等微观经济主体在资源配置中拥有更为充分的自主权，进而在提高资源配置效率的基础上实现经济高速增长战略目标。尽管在思想认识和具体政策中存在着曲折和波动，但改革开放之后，市场化导向作为我国经济体制转型的基本趋向却是清晰的，各级政府对微观经济主体的放权让利、以及依靠市场价格来优化配置资源这种整体趋势也是明显的。

从政策文本的角度看，我国在不同时期针对经济运行机制有不同表述，这些表述的内在逻辑是：围绕政府-市场关系变动开展经济领域的改革，且伴随着时间推移而不断凸显市场在优化资源配置中的作用。1982年9月中国共产党十二大报告强调我国要正确贯彻计划经济为主、市场经济为辅的原则。1987年中国共产党十三大报告提出，社会主义经济是公有制基础上的有计划的商品经济，新的经济运行机制总体上来说应该是"国家调节市场、市场引导企业"。1992年11月中国共产党十四大则明确指出，我国经济体制改革的目标是建立社会主义市场经济体制，这种体制要使市场在社会主义国家宏观调控下对资源配置起基础性作用。2013年11月中国共产党十八届三中全会通过了《中共中央关于全面深化改革若干重大问题的决定》，该决定强调经济体制改革的核心是处理好政府和市场的关系，使市场在资源配置中起决定性作用和更好地发挥政府作用。从计划经济为主市场经济为辅，到有计划的商品经济，再到社会主义市场经济体制，反映的是我国对经济运行机制的持续探索和逐步定型。从发挥市场在资源配置中的辅助功能，到市场在配置中起基础性作用，再到市场在资源配置中起决定性作用，反映的是对市场在经济运行机制中重要性的不断凸显和强调。毫无疑问，1978年之后我国开始步入市场化导向的经济体制转型阶段，而城乡经济关系就置身于这种特定的体制转型背景,因此,它就必然受到这种转型趋势及其基本特征的影响。

改革开放之后,在实施经济增长主导战略的背景下,我国的经济体制改革沿着放松政府管制、凸显市场力量的基本趋势而展开。这种趋势在城乡经济关系中的具体体现是:家庭联产承包责任制取代了人民公社制,从而赋予了农民开展农业经营活动的自主权;城镇中的多元所有制取代了单一公有制,从而为城乡的商品和要素自由配置提供了驱动力量;农产品市场化流通体系取代了统购统销制度,从而为农产品在城乡之间的自由交易和灵活配置提供了制度条件;户籍制度的就业管控功能出现了大幅度减弱,从而为农村内部以及城乡之间的劳动力重新配置准备了坚实基础。正是导源于上述变化,我国城乡经济关系才从此前的割裂状态开始走向融合格局,城乡微观经济主体、特别是农村居民可以基于自身经济利益而频繁地开展产品和要素交易,城乡两大部门因这种经济交往而更加紧密地关联起来。

中国的城乡经济关系演变是在社会主义制度、发展中大国等特定社会背景下展开的。在中国这样人口和地理规模庞大的发展中国家,其经济制度转型必定是一个涉及多种因素、贯穿较长时期的系统工程。换言之,隐藏在城乡经济关系演变背后的经济体制转型具有复杂特征,这主要是因为:经济体制转型以政府-市场关系调整为主线,而政府-市场关系调整就必然涉及政府和市场自身结构特征的影响。在强调中央政府高度集权的计划经济时期,政府和市场的内部结构问题是不重要的,但市场化改革却使得不同市场领域、不同政府层级之间出现经济差别。面对市场化经济体制转型,不同市场主体、以及不同层级地方政府的反应方式及其结果并不完全一致,经济体制转型事实上也伴随着政府和市场内部结构特征的放大。在中国的市场化经济体制转型进程中,政府和市场不能被简单地假定为内部高度"同质"的概念。针对中国城乡经济关系的研究,必须引入政府内部和市场内部不同部分之间的关系。这种关系会影响政府-市场关系的演变方式和进程,进而会影响城乡微观主体的行为选择和选择结果,而城乡经济关系也就随之整体走向融合、但融合具有失衡性或结构性特征。改革开放之后,我国城乡经济关系的失衡

第6章 失衡型融合：改革开放初始阶段的城乡经济关系

型融合就随即发生了，这种失衡型融合是中国推动政府-市场关系调整的客观产物。

就政府内部而言，历史上中国一直是具有大一统特征的人口和地理大国。大一统意味着需要强调中央部门对经济、社会、政治、军事、外交等方面的控制权，大国则意味着不同地区、不同群体的经济社会发展存在着显著落差，因此，在经济社会事务中需要赋予不同地区相对灵活的处置权。由此衍生的问题是：如何处理中央控制权和地方处置权之间的边界及其关系？如果各个地方拥有过大的经济社会处置权，则很容易导致中央控制权遭到削弱。反过来说，如果中央部门过度强调其控制权，则会对各个地方的灵活处置权和治理自主性产生不利影响。这样，我国在长期历史发展进程中始终存在中央统辖权和地方治理权之间的互动关系，有效处理央地关系是贯穿中国长期社会演变进程的一个重要命题。

1949年之后，我国成为一个实行社会主义制度的发展中大国。社会主义制度意味着我国是在中国共产党领导下进行现代化建设，发展中大国意味着我国的人口和地理规模举世罕见，且不同地域和群体之间存在着经济社会发展落差。中华人民共和国成立之后，我国在中国共产党领导下政府内部逐步形成了五个层级的行政管理体制：中央（国家）、省（自治区、直辖市）、市（地区、自治州、盟）、县（区、旗、县级市）、乡（镇、街道），其中第一层级为中央政府，其余四个层级可统称为地方政府。从经济学的角度看，不同层级的政府机构均追求约束条件下的自身目标最大化，这样中央政府和地方政府尽管都统称为"政府"，但其行为方式是否完全同步却是不确定的。正是因为如此，1956年4月25日毛泽东在中央政治局扩大会议上作了《论十大关系》的报告，该报告将中央和地方的关系作为我国推进社会主义建设事业需要正确处理的十大关系之一，并强调"应当在巩固中央统一领导的前提下，扩大一点地方的权力，给地方更多的独立性，让地方办更多的事情。这对我们建设强大的社会主义国家比较有利。我们的国家这样大，人口这样多，情况这样复杂，有中央和地方两个积极性，比只有一个积极性好得多"。从理论上说，地方政府面临着特定的约束条件和目标函数,因此,其与中央政府的目标追求是否完全相同取决于经济制度设计能否实现两者的激励相容,即地方政府能否在追求自身目标的同时达成中央政府的目标函数。如果不能满足这种激励相容条件,那么不同层级政府就可能存在较为明显的结构特征,而这种结构特征自然会影响经济制度的运行及其发展绩效。

从中华人民共和国成立到改革开放之前,我国在实施重工业优先发展战略背景下,中央政府和地方政府的经济关系主要表现为中央在资源配置领域的高度集权,地方政府担任的主要角色是中央政府指令计划的执行机构,不同层级政府间的财政安排也具有典型的统收统支性质。改革开放之后,我国的中央政府与地方政府的经济制度逐步打破了中央集权的传统模式,中央政府向地方政府放权、地方政府拥有更大的经济自主权成为市场化体制转型的重要内容。这主要表现为:1980年2月国务院发布了《关于实行"划分收支、分级包干"财政管理体制的通知》,该通知的基本内容是:按照经济管理体制规定的隶属关系,明确划分中央和地方财政的收支范围,将财政收入划分为中央固定收入、地方固定收入和中央与地方调剂分成收入三类,将财政支出按企业和事业单位隶属关系划分为经常性支出和中央专款下拨的专项支出两类。按照上述财政收支划分,以1979年财政收支执行数为基数确定各地的上解比例、调剂收入比例或中央定额补助,分级包干,五年不变。这意味着我国中央和地方财政管理制度从高度集中开始转向"分灶吃饭",分级包干使得地方政府具有更大的推动经济增长的积极性和责任心。1985年3月国务院则颁布了《关于实行"划分税种、核定收支、分级包干"财政管理体制的规定》,该规定按照利改税改革以后的税种设置和企业隶属关系,将财政收入划分为中央固定收入、地方固定收入、中央地方分享收入三类,财政支出基本与1980年的"划分收支、分级包干"制度相同。在此之后,我国在实施原定财政体制的基础上,还针对不同省区实施了收入递增包干、总额分成、总额分成加增长分成、上解额递增包干、定额上解、定额补助等多种形式的财政包干方法。这些方法在本质上仍然是延续"分灶吃饭"体制,其出发点和落脚点均在于在经

第6章 失衡型融合：改革开放初始阶段的城乡经济关系

济体制改革中充分调动地方政府发展经济的积极性。

以"分灶吃饭"的财政体制取代统收统支的财政体制，这在改革开放初期充分地调动了地方政府的经济增长积极性，但这种制度实施也导致不同层级政府间出现了较为显著的结构特征，即地方政府的经济实践与中央政府的战略目标并不一致。这主要表现为：财政包干制强化了地方政府对本地经济活动的干预，并加剧了不同区域之间的经济分割。同时，这种制度安排在很大程度上也锁定了中央财政收入，且由于信息分布不对称，财政收入较为充裕并需向中央上解收入的区域很容易出现自我选择行为，即采用经济手段以实现本地收入最大化、向中央上解收入最小化。这会导致中央财政收入的相对下降、以及国家宏观经济调控能力的逐渐削弱，我国在建立社会主义市场经济体制的背景下中央政府面临着资源获取和调控能力下降的压力。如图6-1所示，1978年启动改革开放以来，我国在财政包干制度的实施过程中，财政收入占GDP的比重以及中央财政收入占财政收入的比重均出现了较为显著的下降。1978—1993年我国财政收入占GDP的比重从30.78%下降至12.19%，而1984—1993年中央财政收入占财政收入的比重则从40.51%下降至22.02%。

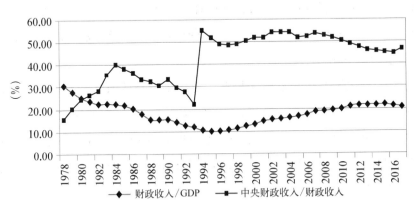

图6-1 1978—2017年我国财政收入占比以及中央财政收入占比的变化情况

数据来源：CEIC数据库。

在这种背景下，我国亟待对此前的财政包干制进行改革，使之适应建立社会主义市场经济体制的改革目标。1993年11月中国共产党十四届三中全会通过了《中共中央关于建立社会主义市场经济体制若干问题的决定》,该决定明确提出社会主义市场经济必须有健全的宏观调控体系,要积极推进财税体制改革,把现行地方财政包干制改为在合理划分中央和地方事权基础上的分税制(tax-sharing fiscal system),建立中央税收和地方税收体系。同年12月国务院发布了《关于实行分税制财政管理体制的决定》,该决定强调从1994年1月1日起改革现行地方财政包干体制,对各省、自治区、直辖市以及计划单列市实行分税制财政管理体制。分税制改革的初衷是正确处理中央政府与地方政府的分配关系,调动两个积极性,促进国家财政收入合理增长。具体实施方案是根据事权与财权相结合原则,将税种统一划分为中央税、地方税和中央地方共享税,并建立中央税收和地方税收体系,分设中央与地方两套税务机构进行税收资源的分别征管,并强调科学核定地方收支数额,逐步实行比较规范的中央财政对地方的税收返还和转移支付制度。从上述目标和实施方案来看,分税制相对于此前的地方财政包干制是一个重要变革,它意味着中央政府和地方政府之间经济制度和关联方式的改变。

1994年开始实施的分税制改革,是我国在改革开放之后不同层级政府间的重要经济制度变革,它对不同层级政府的经济关系以及整体经济发展均产生了重大影响,并使得政府间的结构问题成为政府-市场关系调整的重要组成部分。这主要表现为:

首先,分税制改革的重要立足点是提高中央财政收入份额,进而增强国家的宏观经济调控能力。就此而言,如图6-1所示,在分税制开始实施的1994年,中央财政收入占财政收入的比重快速提高至55.70%,此后该比例均维持在45%以上。这意味着中央政府的财政获取能力以及对经济的宏观调控能力得到了明显增强。

其次,分税制将营业税、地方企业所得税等列为地方固定收入,将增值税、资源税等列为中央与地方共享收入,这对于激励地方政府推动本地经济增长具有重要作用。在1994年之后,我国不同地区均呈现出经济高速增长的显著态势,这对我国改革开放之后实现经济增长"奇迹"提供了地方政府层面

第6章 失衡型融合：改革开放初始阶段的城乡经济关系

的推动力,以致有学者将地方政府行为视为解释中国经济"超常增长"的重要切入点,即战略性中央政府、竞争性地方政府和竞争性企业系统的三维市场体制,是改革开放之后中国经济保持持续高速增长的动力源泉(史正富,2013)。

再次,在分税制改革背景下,中央政府对地方政府具有人事任命等方面的统辖权,地方政府基于本地财政收入增长或者行政升迁等目标而推动经济增长,不同地方政府之间则围绕经济增长等指标而展开竞争。地方政府的行为可以概括为经济激励(追求本地财政收入增长)或行政激励(追求行政层级升迁),按照Xu Chenggang(2011)以及前文的政治经济学分析框架,我国在不同层级政府之间形成了独特的"地方分权式治理体制"。

最后,地方政府在分税制改革背景下推动本地经济增长,但随着中央财政资源的相对集中,中央政府和地方政府之间在事权或者财政支出方面的模糊问题却不断显露,地方政府普遍面临着财权-事权之间不匹配的压力。例如:2017年我国地方政府本级财政收入占财政收入的比重为53.0%,但本级财政支出占财政支出的比重为85.3%。这种格局不仅凸显出中央财政转移支付制度对国家财政体系的重要性,而且意味着地方政府会通过干预要素市场(例如,城乡土地市场)、延缓公共产品供给(例如,城乡基本公共服务均等化)等来弥补财政收支缺口,进而在现有财政制度下实现自身目标最大化。

从逻辑上说,分税制改革通过财政制度变革提高了国家经济调控能力,并激发了各个地方政府的经济增长动机,这对于中国经济总量实现持续高速增长是至关重要的。然而,分税制改革的实施也刺激了地方政府的经济行为选择,在实施经济增长主导战略的背景下,各个地方政府面临着经济增长导向的绩效考核方式,不同地方政府之间展开"为增长而竞赛"的行政锦标赛,其在财权-事权不匹配背景下通过介入要素市场或影响公共产品供给来达成自身目标。这意味着我国不同层级政府间的结构特征以新的方式显露出来,这种结构特征必定会对政府-市场关系的演变以及城乡经济关系的变动产生影响。

就市场内部而言,改革开放以来,在不同层级政府之间结构问题显露的同时,我国经济制度安排的另一重要概念——市场也呈现出显著的结构特征。1978年中国启动了市场化导向的经济体制转型,但这种转型在不同领域并不是均齐、同步、匀速推进的。市场是一个包含多个组成部分的系统概念,它可以依照不同的基准进行分类,例如:按照交易范围可以分为区域市场、全国市场和全球市场;按照交易对象可以分为产品市场和要素市场;按照交易方式可以分为现货市场和期货市场等。从交易对象来看,1978年以来我国的市场化改革首先在产品领域中展开,产品的市场化进程也就相对较快,这集中体现为20世纪80年代中后期我国启动了"价格闯关",1992年我国对农产品的收购价格和大多数工业品价格也大幅度地放开。与此相对,核心生产要素(尤其是土地、资本以及重要能源)领域的改革却相对迟缓,不同层级政府对于这些核心要素的配置仍具有较大的干预权和影响力。考虑到在整个国民经济体系中,这些核心要素往往处在生产链条的上游位置,因此,我国的市场化改革就表现为前文所描述的"上游管控型市场拓展",即我国市场内部的上游市场和下游市场存在着转型进程的偏差。

改革开放以来,我国不同市场领域的市场化进程偏差可以通过市场化指数加以反映。除了前文提及的经济自由度指数及其不同组成部分的表现之外,王小鲁、樊纲、余静文(2017)给出了我国各省份的市场化指数以及全国变化情况。如表6-6所示,2008—2014年我国的市场化指数在波动中逐步提高,但不同部分的表现却存在较大差异,特别是,在考察期内产品市场的发育程度始终高于要素市场的发育程度。例如:2014年我国产品市场的发育程度得分为7.77分,而要素市场的发育程度得分却为5.93分。这说明:各级政府对金融、人力资源以及技术等领域仍存在更为突出的干预,现阶段我国的要素市场化进程相对于产品市场化进程仍是滞后的,上游管控型市场拓展方式使我国的市场内部也呈现出异质化、结构性的态势。

表 6-6　2008—2014 年我国市场化指数全国平均得分及其变化情况

项　目	2008年	2010年	2012年	2014年
总得分	5.48	5.44	5.98	6.56
1. 政府与市场的关系	6.83	6.20	5.40	5.62
1a 市场分配经济资源的比重	8.39	7.78	7.27	7.06
1b 减少政府对企业的干预	4.28	3.60	2.31	3.52
1c 缩小政府规模	7.82	7.23	6.63	6.29
2. 非国有经济的发展	5.40	5.77	6.54	7.33
2a 非国有经济在工业企业主营业务收入中的占比	5.47	5.83	6.16	6.66
2b 非国有经济在全社会固定资产总投资中的占比	6.38	6.16	7.06	7.28
2c 非国有经济就业人数占城镇总就业人数的比例	4.35	7.06	6.41	8.03
3. 产品市场的发育程度	7.59	7.59	7.59	7.77
3a 价格由市场决定的程度	7.29	7.29	7.29	7.29
3b 减少商品市场上的地方保护	7.90	7.90	7.90	8.26
4. 要素市场的发育程度	4.01	3.83	5.04	5.93
4a 金融业的市场化	5.39	5.78	6.78	7.37
4b 人力资源供应条件	5.25	3.87	5.79	6.91
4c 技术成果市场化	1.37	1.84	2.57	3.50
5. 市场中介组织的发育和法律制度环境	3.58	3.83	5.32	6.13
5a 市场中介组织的发育	4.12	4.33	4.80	5.44
5b 维护市场的法制环境	4.75	2.86	4.71	6.11
5c 知识产权保护	1.86	4.30	6.45	6.85

资料来源：王小鲁、樊纲、余静文(2017)，第 8—9 页。

中国这样的发展中大国实行市场化经济体制转型，其在市场内部出现上游管控型市场扩展是具有多种动因的。首先，社会主义制度意味我国是在中国共产党领导下进行现代化建设，而单一制国家也使得我国经济发展需要强调宏观调控。换言之，中国的经济体制转型是在保持总体秩序平稳的背景下展开的，所有领域齐头并进推进体制转型可能会形成对经济社会秩序的严重震荡。其次，我国是一个人口和地理规模庞大的国家，由于不同地区和群体之间往往存在着发展的落差,因此,经济体制改革必须考虑不同部分的承受力,并依据群体和地域的落差而采用有差别的体制改革方案。再次,从保持秩序平稳和大国经济特征出发,我国的市场化体制转型必然采用的是渐进方式,即从震荡效应相对较小的领域切入,然后逐步将改革扩散到更大范围。这意味着:改革的市场化导向和改革策略的渐进特征,构成了20世纪70年代以来我国经济体制变革的两个面向。从次,相对于要素市场(特别是土地、资本、重要能源等核心要素市场),产品领域的市场化改革对整个国民经济的影响相对较小,而土地、资本以及重要能源的大幅度市场化改革则可能对下游众多产业构成冲击,这些领域改革涉及的产业更为广泛,震荡效应更为突出。在中国这样的发展中大国,这些核心要素供给部门通常被视为关系国家总体安全和国民经济命脉的关键部门,因此,市场化体制改革率先从产品领域切入就是较为理性务实的选择。最后,在实施重工业优先发展战略的背景下,我国在经济领域通常已形成了对上游核心要素的配置制度或管理机构,例如:具有集体性质的土地所有制和具有国有性质的重要银行机构,以及掌控主要能源供应的国有企业和政府管理组织,这些也为政府通过管控上游产业,进而调整国民经济运行提供了前提条件。上述分析意味着:在推行经济增长主导战略的背景下,我国在市场内部实施上游管控型市场扩展具有必要性,也具有可行性。

上游管控型市场扩展是从渐进式体制改革中内生出来的,与这种市场化方式相伴随的是市场内部的结构特征,它意味着市场内部不同组成部分之间存在着"异质性"。从制度互补的角度看,上游管控型市场扩展与地方分权式威权体制是相互嵌套、相辅相成的,即地方政府在财权-事权不匹配背景下,需要通过介入某些市场领域、影响政府-市场关系来提高本地区的经济增长和财政收入,从而使得自身在经济增长主导的绩效考核竞赛中占据优势,而上游管控型市场扩展则恰好提供了这种影响的条件,毕竟各级政府在整体的市场化改革进程中还可以对上游的核心要素配置状况产生影响。这种市场内部的结构特征一旦形成,就必定会影响不同层级政府以及微观经济主体的行为

第6章 失衡型融合：改革开放初始阶段的城乡经济关系

选择，并产生相应的经济结果。例如：地方政府通过对土地、资本以及重要能源等核心要素的配置权来影响市场化进程，众多地方政府针对农村土地的征用以及由此引发的"土地财政"就是这种情形的明显例证。与此同时，这种市场内部的结构特征又会对城乡经济关系产生影响：它影响了城乡微观经济主体的要素配置选择权，以及要素配置收益在城乡之间的分配格局，进而导致城乡收入差距、消费差距等呈现出在不同时段的波动特征。

总而言之，中华人民共和国成立以来，我国在不同时段具有差异化的发展战略和约束条件，并由此形成了不同的经济运行制度以及政府-市场关系，这种制度随即导致了相应的城乡经济关系及其动态变化。中华人民共和国成立初期，我国实施了重工业优先发展战略，这一战略与约束条件之间的组合引申出政府-市场之间的高度集权经济体制，在城乡经济关系维度则形成了人民公社制、单一公有制、农产品统购统销制以及户籍制度。改革开放之后，我国将重工业优先发展战略转变为经济增长主导战略，这种新战略与约束条件的组合推动了以政府放权让利发挥市场资源配置功能为主导的市场化体制转型，这种制度变迁在城乡经济关系维度则形成了家庭联产承包责任制、所有制多元化、农产品市场化流通以及户籍制度就业管控功能的弱化，整体上我国城乡经济关系从此前的割裂格局开始走向融合状态。然而，我国在市场化导向的经济体制转型中，政府-市场关系的调整伴随着政府和市场本身的格局变化，即政府内部和市场内部的结构特征不断凸显，这主要体现为政府间的地方分权式治理体制以及市场间的上游市场管控型市场扩展。地方分权式治理体制和上游市场管控型市场扩展相互组合使得我国的政府-市场关系调整具有自身特征，尽管市场化导向是中国经济体制转型的基本趋向，但走向市场经济体制的过程和方式却具有"中国特色"。这种特征自然会引致城乡经济关系发生变化，并使这种关系在实践中呈现整体走向融合、而融合具有失衡特征的复杂格局。

第7章

城乡经济关系失衡型融合的表现及形成机理

1978年以来,我国在实施经济增长主导战略的背景下,在经济层面推动了政府-市场关系的调整,市场化改革随即成为我国经济体制转型的基本趋向,对内实施改革和对外扩大开放成为我国经济领域的两条演变线索。改革开放40年以来,与城乡经济关系相关联的经济制度安排也发生了深刻变化,特别是,我国的整体经济体制转型以农村经营方式变革——即家庭联产承包责任制取代人民公社制——作为切入点。农村经营方式变革不仅改变了农村内部的资源配置方式和生产效率,而且改变了城乡之间的产品交易形态和要素对接方式。在上述制度变革的基础上,我国城乡经济关系呈现出前所未有的融合态势,割裂型城乡经济关系开始走向融合型城乡经济关系。然而,中国在市场化经济体制转型中形成了独特的政府间和市场间结构,这种结构特征不仅使得我国的市场化体制转型具有自身特征,而且使得我国的城乡经济关系融合具有失衡性质,失衡型融合是经济增长主导战略下我国城乡经济关系的基本特征。在某种意义上,理解失衡型融合的"来龙去脉"是解析现阶段我国城乡经济关系的核心内容。为此,人们需要在学理层面回答:改革开放以来我国城乡经济关系的失衡型融合应如何界定?这种失衡型融合具有哪些主要表征?失衡型融合如何与中国独特的经济制度安排相关联?从逻辑上说,只有廓清并把握城乡经济关系失衡型融合的形成机理,人们才可能深刻认识现阶段我国城乡经济关系的真实图景,并据此提出后续城乡经济关系改善的思路和政策举措。

7.1 城乡经济关系失衡型融合的含义和表现

7.1.1 城乡经济关系失衡型融合的含义

在任何发展中国家,城乡经济关系都是一个复杂的概念,它包含了要素配置、要素配置效率、城乡收入和消费差距等诸多维度。在中国这样的发展中大国,城乡经济关系的形成与特定时段的发展战略、约束条件以及这两者之间的组合状态紧密相关,其内涵也具有复杂性、系统性和多面性。在改革开放之前的重工业优先发展战略时期,我国城乡经济关系具有割裂性质,在改革开放之后的经济增长主导战略时期,这种城乡经济关系开始转向融合状态,但这种融合在不同领域和不同时段具有差异化表现,因此,可将我国改革开放之后的城乡经济关系表述为失衡型融合。这里的"失衡型融合"是我国城乡经济关系演变进程中的特殊形态,它是指我国在市场化经济体制转型的背景下,城乡微观经济主体开始成为产品和要素配置的主体力量,市场价格也开始成为产品和要素配置的主要机制,城乡之间自发经济交往的规模和频度均在增强。然而,政府-市场关系调整的具体路径、特别是政府和市场内部的结构特征,导致城乡微观经济主体的行为选择呈现出特殊形态,中国城乡二元结构转化过程也就具有自身特征。这种特殊形态和自身特征使得城乡融合在不同领域呈现出不平衡,在不同时段呈现出不持续,这种不平衡和不持续所产生的经济社会效应导致城乡经济关系面临着进一步调整的使命。

上述对我国城乡经济关系失衡型融合的定义具有极为丰富的经济学含义,这主要体现在以下五个方面:

(1) 这种城乡经济关系形成于中国经济体制转型这个特定阶段,1978年改革开放之后我国才出现了失衡型融合的城乡经济关系。这种关系区别于此前的割裂型城乡经济关系,也不同于高层次、高水平融合的城乡经济关系,是城乡经济关系从此前割裂格局走向高层次、高水平融合格局的过渡形态。

(2) 这种城乡经济关系导源于城乡经济关系的复杂性、系统性、多面性特征,它关注到在经济体制转型阶段,我国城乡经济关系的不同方面——要素配置、要素配置效率、城乡收入和消费差距等具有差异化的表现。这种不同维度的不同步或者不同时段的不一致是城乡经济关系变化的重要特征。

(3) 城乡经济关系在走向融合过程中具有失衡特征,这种失衡型融合表现在多个方面。除了表现在要素配置、要素配置效率、城乡收入和消费差距等方面之外,城乡经济关系的失衡型融合还表现在推动城乡经济关系演变的制度安排层面。经济制度安排与城乡经济关系的融合且失衡紧密关联,后者是在前者的选择和实施背景下生成的,因此,必须利用前者来进行系统和深入的阐释。

(4) 这种城乡经济关系导源于在经济增长主导战略背景下,我国在经济体制层面推动了政府-市场关系的调整,这种调整的基本取向是不断凸显市场在资源配置中的作用。然而,改革开放之后,政府内部和市场内部的结构特性不断显露,并围绕这些结构特征形成了特定的经济制度安排。这使得中国的经济体制转型具有独特性,这种独特性导致城乡经济关系在制度安排、具体表现等方面呈现出失衡型融合。在这个意义上,失衡型融合意味着中国的城乡经济关系是一个"独特的故事",而不是一个在其他国家经济发展进程中能够观察到的"普遍的故事"。

(5) 城乡经济关系的失衡型融合必定会产生复杂多元的经济结果,从不同角度评价失衡型融合往往会带来截然不同的评判结论,针对当前中国的城乡二元结构状况很容易"仁者见仁、智者见智"。在时序意义上,与此前的割裂格局相比,城乡经济关系失衡型融合具有推动经济发展的积极作用,但与后续的高层次、高水平融合格局相比,失衡型融合依然存在着较大的改进空间,中国的城乡二元结构转化使命并不是已经完全达成了。后续要改进和完善中国城乡经济关系,就不能停留在这种关系的表面现象,而必须对其背后的经济制度因素进行有针对性的回应。

7.1.2 城乡经济关系失衡型融合的表现

相对于计划经济时期,改革开放以来,我国城乡经济关系的失衡型融合首先表现为城乡两大部门开始从割裂格局走向融合状态。这种融合集中表现在三个方面:

(1)伴随着农村家庭联产承包责任制的实施,农民以家庭为单位逐步成为农村的经济主体;伴随着城镇工业部门所有制的多元化以及国有企业改革,企业逐步成为拥有更大经济自主权的微观主体。无论是在我国的农村还是在城镇部门,微观经济主体均获得了较大的经济自主权,它们在很大程度上已经摆脱了对国家经济直接管控机制的依赖。以此为出发点,城乡微观经济主体需要借助市场机制开展产品交易,即农村居民向城镇部门提供农产品,城镇部门向农村居民提供生产性资料和生活性资料,这些资料包括工业品和服务业产品。微观经济主体可以依据市场价格信号、而不是政府指令计划自发地开展产品交易,城乡两大部门也因产品交易而更紧密地关联起来,产品的自发交易增强体现出城乡之间的融合程度提高。如表 7-1 所示,1985—2012 年我国农村居民家庭人均销售农副产品的数量呈现出不断攀升态势,其中,粮食从 123.49 千克攀升至 529.75 千克,棉花从 4.13 千克提高至 22.98 千克,蔬菜从 53.76 千克提高至 164.13 千克,猪肉从 16.27 千克提高至 30.74 千克等。

表 7-1 1985—2012 年我国农村居民家庭平均
每人出售农副产品数量 单位:千克

年份	粮食	棉花	蔬菜	水果	猪肉	蛋类	牛羊奶	水产品
1985	123.49	4.13	53.76	6.78	16.27	2.21	1.02	1.74
1990	180.24	4.31	65.07	13.17	17.84	1.89	1.68	2.05
1995	179.20	4.31	79.96	24.28	24.17	3.54	1.90	2.94

(续表)

年份	粮食	棉花	蔬菜	水果	猪肉	蛋类	牛羊奶	水产品
2000	264.74	5.59	132.07	46.43	30.19	6.32	2.67	5.82
2001	268.04	7.05	132.94	48.21	30.86	5.96	3.65	6.53
2002	281.15	6.94	143.77	49.06	32.30	6.54	4.87	8.04
2003	294.35	16.77	147.58	48.83	29.49	7.06	7.29	7.47
2004	287.25	19.19	151.57	57.48	26.62	6.39	7.67	7.28
2005	375.79	22.06	167.93	61.62	32.19	10.52	11.27	8.54
2006	394.64	23.79	172.98	59.49	34.44	10.96	13.27	8.94
2007	394.06	24.92	169.99	66.79	27.55	10.69	14.62	9.85
2008	444.45	20.68	170.83	64.94	25.36	12.84	15.05	10.26
2009	482.93	22.56	170.84	72.78	31.70	12.91	12.66	10.72
2010	460.46	14.71	168.26	65.93	33.10	12.87	11.27	11.13
2011	481.45	19.91	174.52	60.82	29.76	9.15	10.42	9.14
2012	529.75	22.98	164.13	71.04	30.74	10.13	9.32	9.71

数据来源：《中国统计年鉴2013》。

这种情形不仅揭示了农村家庭农产品供给能力的持续提高，而且反映出农产品商品化、市场化程度在持续提高。前者是一个农村生产力解放和发展的问题，后者则是一个城乡之间经济体制转型的问题。与农产品商品化、市场化程度提高相伴随的是城乡之间产品交易规模的扩大、范围的拓展以及频度的加快。

(2) 城乡微观经济主体不仅需要产品的交易，而且需要生产要素的再配置。我国在实施经济增长主导战略的背景下，只有提高要素流动性才能变革要素配置方式，只有变革要素配置方式才能提高要素配置效率，而要素配置效率的提高是实现经济持续高速增长的根本途径。1978年以来，伴随着市场化导向的经济体制改革，我国城乡微观经济主体可依据市场价格信号自发地展开要素流动和再配置。尤其是,在农村生产力解放和发展以及城乡户籍制度放松的背景下,与刘-费-拉模型揭示的二元结构转化过程相类似,我国在改革开放之后也出现了农村劳动力的非农化转移过程。既然农村劳动力非农化流转成为经济发展进程的重要特征事实,那么这种要素流动也导致城乡两大部门更加紧密地连接起来。需要指出的是,农村劳动力总是流向对其经济评价更高的领域,而劳动力评价的差别却与不同领域资本要素的分布有关,因此,农村劳动力非农化流转意味着城乡两部门资本与劳动组合形态的变化,它本质上不是劳动力单个要素再配置及其经济回报变化的问题。

为了反映城乡之间因劳动力再配置所导致的经济融合,可以引入"农民工"这个重要的经济概念进行刻画。依据是否在户籍所在地乡镇范围内务工,可将我国的农民工区分为本地农民工和外出农民工两种类型,其中外出农民工反映出城乡劳动力要素的流动和配置状况。图7-1刻画了2003—2017年我国外出农民工的数量变化,可以发现:在这个时段外出农民工数量从1.14亿增长至1.72亿,现阶段外出农民工已成为我国农民工群体的主体。这意味着农村劳动力在城镇部门的就业规模是庞大的,所流向的地区以及所从事的行业也是广泛的。在高频度、大规模的农村劳动力流动过程中,我国劳动力的城乡分布结构也发生了深刻变化。前文已经论述:改革开放以来,我国农村就业人数占总就业人数的比重在不断下降,而城镇就业人数占比却在不断提高。2014年之后,城镇就业人数占比已经超过50%并一直延续到现在,我国的就业格局已经从此前的农村就业占主体转变为当前的城镇就业占主体。

(3)城乡之间商品和要素自发交易的增强,意味着我国城乡要素配置效率的提高,即产品和要素更可能在城乡之间找寻到经济评价更高的领域。伴随着要素配置效率的提高,我国经济总量呈现出持续高速的增长态势,而城乡微观经济主体均可能从经济增长中获得好处。其具体表现是:在时序意义上,我国城乡不同产业的劳动生产率均在提高,居民的收入水平和消费支出

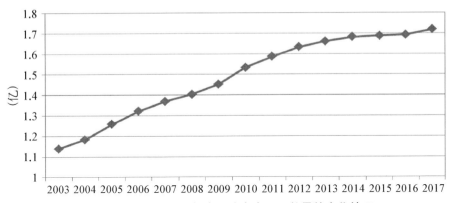

图 7-1　2003—2017 年我国外出农民工数量的变化情况

数据来源：CEIC 数据库。

也均在增长。在横向比较中，我国城乡劳动生产率比较、收入和消费落差也开始走出了此前高位徘徊的格局，并在某些时段呈现出持续下降的态势。前文对城乡产业比较劳动生产率、收入和消费差距的分析已经揭示了这点。除这些指标之外，恩格尔系数从消费支出结构层面反映了居民消费水平，城乡经济落差也可通过恩格尔系数的变化来予以说明。图 7-2 给出了 1981—2017 年我国城乡居民的恩格尔系数变化情况，该图表明：考察期内城乡恩格尔系数均在下降，其中城镇从 56.66% 下降至 28.64%，农村从 59.80% 下降至 31.18%。这反映出我国城乡居民消费支出越来越转向食品之外的发展资料和享受资料，且这种消费模式的转化趋势是一致的。就两者的相对关系而言，考察期内的有些时段——1981—1984 年和 2010—2017 年，农村恩格尔系数的下降速度相对于城镇更快，从而使得两个系数的落差呈现收敛态势。这意味着城乡居民消费结构和消费模式在逐步趋同，而城乡经济关系也呈现较为显著的融合态势。

改革开放以来，我国城乡经济关系尽管从割裂格局走向融合状态，但这种融合在不同维度、不同时段的表现是有差别的，失衡型融合中的"失衡"就刻画了我国城乡经济关系演变的复杂性和结构性特征。这里的失衡主要表现为如下三个特征：

图 7-2　1981—2017 年我国城乡恩格尔系数的变化情况

数据来源：CEIC 数据库。

（1）城乡经济关系时序变动的波动特征。前文的概念界定强调，城乡要素配置以及要素配置效率在结果意义上体现为城乡经济差距的变化，特别是城乡收入差距和城乡消费差距的变动。对于中国这样的发展中大国而言，城乡经济差距相对于其他主要发达国家更为突出，且城乡经济差距往往构成了整体收入差距的重要组成部分。据此，城乡收入差距和消费差距的逐步缩减是城乡经济关系走向融合的重要表现。如前所述，1978 年以来，我国城乡收入差距和消费差距均存在波动特征，某些时段这两个差距甚至出现了相对拉大的态势。2009 年以来，城乡收入差距和消费差距均呈现逐步缩减态势，但这种缩减的持续性需放在较长的时段来考察。前文对城乡恩格尔系数的分析也显示：在横向比较的意义上，城乡恩格尔系数的落差不是在所有时段均持续缩减的。城乡经济差距变动的波动性意味着：我国城乡经济关系的演变并非沿着一个方向平稳进行，融合并不是改革开放以来城乡经济关系变动的唯一主题，迄今为止我国仍需不断健全城乡融合发展的体制机制和政策安排。

（2）城乡经济关系不同维度的演变差异特征。在结果意义上，城乡经济关系表现为城乡收入差距、城乡消费差距等指标的变动，这些指标变动也与城乡公共产品和社会保障资源的配置状态紧密相关。原因在于：城乡公共产品和社会保障资源配置本身会影响城乡居民的收入状况（我国农民的四类收入来源中存在着转移性收入),且会通过影响预期而对城乡居民消费产生影响(社会保障供给通过影响预期而对消费支出产生作用)。改革开放40年以来、尤其是进入21世纪之后,在经济总量和财政收入持续增长的背景下,我国政府针对城乡的公共产品供给能力在时序意义上具有了显著提升。贯彻落实"创新、协调、绿色、开放、共享"等发展理念,也意味着城乡基本公共服务均等化被放置在更为重要的位置。然而,横向比较来看,农村居民在基本教育、基本医疗、基本养老等资源的获取方面仍落后于城市居民,城乡户籍制度的就业管控功能在减弱,但其社会保障资源的配置功能仍然较为显著。

如表7-2所示,2009年以来我国城乡收入差距和消费差距均在持续缩减,但城镇的卫生技术人员密度(每千人中拥有的卫生技术人员)始终高于农村,2009年两者的落差为2.43倍,2016年则为2.66倍,伴随着时间的推移其落差并未呈现出明显的收敛态势,城乡执业医师密度、注册护士密度、医疗卫生机构床位密度等指标也具有类似特征。上述情形意味着:近年来我国在城乡收入差距和消费差距渐趋缩小的背景下,城乡之间的二元社会结构特征依然是明显的。二元社会结构固化意味着农民仍具有"身份"性质,这会通过影响农民的人力资本形成、职业选择、子女教育等对其城镇融入产生不利影响,同时也会对资本、技术、知识下乡之后农村内部的经济分化产生放大效应,城乡二元社会结构对城乡二元经济结构的持续转化产生了阻滞作用。

表7-2 2009—2016年我国城乡内部的结构变迁以及城乡之间社会保障的对比

年份	工 资(元/年)		城市化率(%)		农村内部收入(元)		城乡卫生技术人员密度(人/千人)	
	农民工	城镇在岗职工	常住人口	户籍人口	最低收入户	最高收入户	城镇	农村
2009	17 004	32 736	48.34	33.77	1 549.30	12 319.05	7.15	2.94
2010	20 280	37 147	49.95	34.17	1 869.80	14 049.69	7.62	3.04

(续表)

年份	工资（元/年）		城市化率（%）		农村内部收入（元）		城乡卫生技术人员密度（人/千人）	
	农民工	城镇在岗职工	常住人口	户籍人口	最低收入户	最高收入户	城镇	农村
2011	24 588	42 452	51.27	34.71	2 000.51	16 783.07	6.68	2.66
2012	27 480	47 593	52.57	35.33	2 316.21	19 008.89	7.90	3.19
2013	31 308	52 388	53.73	35.93	2 583.23	21 272.70	9.18	3.64
2014	34 368	57 361	54.77	36.63	2 768.10	23 947.40	9.70	3.77
2015	36 864	63 241	56.10	39.90	3 085.60	26 013.90	10.21	3.90
2016	39 300	68 993	57.35	41.20	3 006.50	28 448.0	10.79	4.05

资料来源：工资中的农民工工资根据外出农民工月工资×12月计算得出，城镇在岗职工工资为城镇非私营单位在岗职工年平均工资，数据来自 CEIC 数据库。常住人口城市化率和 2009—2013 年户籍人口城市化率来自 CEIC 数据库，2014—2016 年户籍人口城市化率来自历年全国的国民经济和社会发展统计公报。2009—2013 年农村内部收入数据来自 CEIC 数据库，2014—2016 年农村内部收入数据来自《中国统计年鉴 2017》。城乡卫生技术人员密度数据来自《中国统计年鉴 2017》。

（3）城乡经济关系演变进程出现了城乡内部的结构分化特征。改革开放以来，我国城乡之间的要素流动性增强、要素配置方式调整，导致城乡收入差距和消费差距出现变动。在这种变动过程中，城乡之间的经济差距演变必然伴随着城乡内部的结构性变迁，将城镇和农村视为两个"同质化"的板块越来越面临实践挑战。由此出发，即使城乡两大部门之间存在经济差距缩减，也不能直接推演出城乡经济问题的完全化解，对城乡经济关系的分析应延伸至城镇内部和农村内部的结构变化。

在城镇内部，我国城乡二元结构转化伴随着农村劳动力的非农化转移，但这种转移往往是在不改变农民"身份"前提下发生的职业转换，"农民工"就是这种身份转换和职业转化不一致的形象表达。农民工可以进入城镇从事非农产业，并获取相对于农业收入更高的劳动报酬，但其在职业选择、工资水平和社会保障获取等方面却不能与城镇户籍人口相提并论。这导致其面临着职业流转之后的城市融入难题,发展经济学中经典的二元结构问题随即在中国转化为城镇内部的"新二元结构"。新二元结构暗示刘-费-拉模型不能准确阐释中国二元经济结构的转化路径,因为该模型隐含地将农村劳动力的就业转化过程直接等同于身份转换过程。如表7-2所示,2009年以来,我国农民工的收入水平尽管与其此前从事的农业收入相比具有优势,但与城镇在岗职工年工资相比却始终存在着落差。2009年城镇在岗职工年工资与农民工工资落差为1.93倍,2016年该落差为1.76倍,在时序意义上这种落差变化存在着波动,并未呈现出持续的、明显的缩减态势。同期户籍人口城市化率始终低于常住人口城市化率,2009年这两种城市化率之间的落差是14.57个百分点,2016年落差则扩大至16.15个百分点,这意味着城镇内部农民工与户籍人口之间的新二元结构特征依然极为显著。

在农村内部,伴随着农业经营方式创新、农村劳动力非农化转移以及农村之外生产要素的逐渐注入,我国农村内部不同成员之间在职业选择、生产方式、要素配置方式等方面出现了急速分化。农村日益呈现出传统家庭化经营农户、家庭农场、专业合作社、龙头企业等多种经营主体,农村内部不同居民的经济行为和收入来源也不断呈现出多样化趋势。高帆(2018c)关注到我国乡村振兴战略背景下农民分化问题,并强调在经济学维度,要素配置方式是分析我国农民分化问题的恰当切入点。依据土地、劳动力和资本等生产要素的不同配置方式,可将现阶段我国农民划分为传统农民、离乡农民、离土农民、内源式新型农民、外源式新型农民五种类型。与上述分化特征相匹配,农村内部不同居民的收入差异程度也在显著扩大。如表7-2所示,我国农村内部最高收入户和最低收入户之间的收入差距呈现出持续攀升态势,2009—2016年该差距从7.95倍扩大至9.46倍。据此,将农村居民视为一个内部高度同质的群体越来越遭遇实践的挑战。

综上所述,自1978年启动改革开放以来,伴随着经济体制层面的政府-市场关系调整,我国城乡经济关系表现出从割裂走向融合的态势,这可以从城乡产品交易、要素配置以及经济差距演变等视角进行观察。然而,这种融合并不是一帆风顺、一马平川和齐头并进的,迄今为止这种融合仍具有失衡特征,这主要体现在城乡经济差距的时序波动、城乡经济差距与社会差距的变动差异以及城乡内部结构特征的凸显。由此可见,改革开放以来我国城乡经济关系演变呈现出多个向度,体现出演变的复杂性、系统性、多面性特征,在理论研究中须将这些向度放置在一个恰当的逻辑框架下进行解释。

7.2 城乡经济关系失衡型融合的形成逻辑

改革开放以来,我国城乡经济关系的基本特征是失衡型融合,这种失衡型融合置身于中国的市场化经济体制转型,因此,就必须结合这种本土实践并基于体制转型背景进行解释。如前所述,立足于发展战略和约束条件的组合形态,我国的经济制度变迁以政府-市场关系调整为逻辑主线,以政府对微观经济主体放权让利、不断增强市场在资源配置中的作用为基本趋向。然而,在中国这样实行社会主义制度的发展中大国,上述制度变迁不仅导致政府-市场关系的变化,而且导致政府内部和市场内部的结构特征也突现出来。政府间和市场间的制度安排也构成了政府-市场关系调整的组成部分,即形成了地方分权式治理体制和上游管控型市场扩展,这使得中国的市场化改革在实现路径上具有自身独特性。从这种独特的经济制度变迁出发,可以提出我国城乡经济关系失衡型融合的形成逻辑。如图7-3所示,在中国这个正处在经济体制转型进程中的发展中大国,解释城乡经济关系的失衡型融合应考虑如下基本机制。

7.2.1 政府-市场关系的基本变动趋势

政府和市场两者的关系是经济体制选择的核心命题,在不考虑政府间和市场间结构特征的前提下,相对于中央政府高度集权的计划经济体制,市场

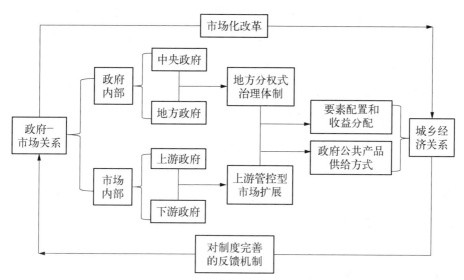

图 7-3 我国城乡经济关系失衡型融合的形成逻辑

经济体制往往更能处理复杂的供求信息,更能激发微观主体的经济活力,促使资源实现优化配置并推动生产力的解放和发展。这种经济体制比较可以解释早期实行计划经济体制的国家为何在 20 世纪后半叶出现了普遍的市场化转型。1978 年以来,在重工业优先发展战略转向经济增长主导战略的背景下,我国也实施了从计划经济体制向市场经济体制的经济转型,建立社会主义市场经济体制被确定为中国经济体制改革的目标。在政府-市场关系维度,上述转型集中表现为各级政府对经济管制的逐步放松,政府主要经济职能转向界定产权并提供公共产品,微观经济主体则主要依靠市场机制实现商品和资源配置,市场化导向是改革开放之后我国政府-市场关系调整的基本趋势。

从城乡经济关系的角度看,我国市场化导向的体制转型也表现得极为突出,前文所述的家庭联产承包责任制的实施、农产品流通体系的市场化改革、城乡户籍制度的逐步放松等均是明显例证。城乡之间商品和要素流动性的增强,一方面反映出城乡之间融合程度的提高,即城乡两大部门依靠市场机制越来越紧密地连接起来,城乡微观经济主体各自为对方提供商品同时也从对方获取商品,这使得我国的城乡经济关系逐步走出了此前相互割裂、微观主体交往受阻的格局。另一方面则反映出城乡之间收益分配的复杂性,城乡商品和要素流动性增强可以在整体上提高经济效率,优化资源配置,并使劳动力报酬等具有某种拉平功能,但城乡之间、城镇内部和农村内部不同主体的禀赋差别也更为显著地凸显出来,不同微观主体参与市场的程度以及从市场中获取收益的能力存在差别。这使得城乡收入差距和消费差距变动呈现出波动态势,城乡内部不同微观主体的经济差距也就显现出来,城乡经济差距并不是沿着同一方向在持续缩减。从这个意义上,市场化改革本身会带来城乡经济关系走向融合、但经济差距存在波动这样的结果。

7.2.2 政府内部的结构特征

在经济制度选择中,政府-市场关系通常关注政府和市场这两者之间的组合状态,它假设政府是一个内部完全同质的概念。然而,在中国这样的发展中大国,政府存在着不同的行政层级,且不同层级政府往往面临着差别化的目标函数和约束条件,这意味着将政府视为完全同质的概念是不准确的,应该关注不同层级政府间的结构特征和相应制度安排。1978年改革开放以来,我国在不同层级政府间逐步形成了地方分权式治理体制,央地之间的经济关系随即成为影响中国经济社会发展绩效的重要因素。从城乡经济关系角度看,地方分权式治理体制与经济增长目标以及地方政府普遍面临的财权-事权不匹配相关联,追求经济增长、舒缓财政收支压力是理解地方政府行为逻辑的主要切入点。这种政府内部的结构特征,以及政府间的制度安排通过如下两种机制而影响城乡经济关系:

第一种机制是要素配置和收益分配。中央政府在整体上推动了对城乡居民的经济放权,这会提高城乡之间的经济融合程度。然而,地方政府参与特定要素的配置(例如:土地、资本、重要能源等核心要素或上游市场的配置),并影响这些要素配置的分配格局(例如:土地财政、土地征用收益的城乡分配),这些因素均会对城乡经济关系的演变状态产生影响。表 7-3 给出了 2009—2015 年我国土地出让收支的变化情况,在土地出让收支相关项目中,土地出让收益等于土地出让收入减去成本性支出,土地出让收益则在城乡两大部门之间进行分配。其中:城市建设支出和保障性安居工程支出主要用于城镇部门,农村基础设施建设、土地整理与耕地保护支出、农业土地开发、农田水利资金支出和教育基金支出主要用于农村部门。该表显示:2009—2015 年,我国城市建设支出占土地出让收益的比重分别为 50.89%、59.46%、59.06%、51.17%、47.60%、45.21% 和 51.83%,保障性安居工程支出的占比分别为 2.85%、3.66%、7.03%、9.47%、9.10%、8.46% 和 12.09%,两者合计占比分别为 53.74%、63.12%、66.09%、60.64%、56.70%、53.66% 和 63.92%,年均值为 59.70%。与此相对,农村部门各项支出占土地出让收益的比重分别为 15.51%、17.76%、23.36%、31.94%、33.85%、27.10% 和 37.11%,年均值为 26.66%。上述对比可以反映出我国土地出让收益在城乡之间的配置状况,这种要素收益分配依然存在较为突出的城市偏向特征。

表 7-3 2009—2015 年我国土地出让收支情况表 单位:亿元

项目	2009 年	2010 年	2011 年	2012 年	2013 年	2014 年	2015 年
土地出让收入	14 239.70	29 397.98	33 477.00	28 886.31	41 649.20	42 940.30	33 657.73
土地出让收入支出	12 327.10	26 977.60	33 172.16	28 421.85	40 883.91	41 210.98	33 727.78
成本性支出	7 694.21	16 732.23	24 053.76	22 624.90	33 716.36	33 952.37	26 844.59
● 征地拆迁补偿支出	4 985.67	—	15 040.43		21 760.03	21 216.03	
● 补助被征地农民、国有企业职工安置等支出	1 386.08	—	3 503.35	17 401.60	3 358.67	3 529.96	20 310.79

(续表)

项　目	2009年	2010年	2011年	2012年	2013年	2014年	2015年
● 土地出让前期开发支出	1 322.46	—	5 509.98	5 223.30	8 580.04	9 206.38	6 533.90
土地出让收益	6 564.49	12 665.75	9 423.24	6 261.41	7 932.86	8 987.93	6 813.14
● 城市建设支出	3 340.99	7 531.67	5 564.88	3 204.15	3 776.04	4 063.02	3 531.53
● 保障性安居工程支出	187.10	463.62	662.35	593.01	721.84	760.10	823.49
● 农村基础设施建设	433.10	1 444.90	760.45	488.08	516.75	428.90	
● 土地整理与耕地保护支出	477.56	655.98	1 067.59	1 017.17	1 424.50	1 146.72	1 667.97
● 农业土地开发	107.25	148.66					
● 农田水利资金支出	—	—	140.75	224.59	378.37	482.80	423.51
● 教育基金支出	—	—	232.66	269.95	365.38	377.07	436.69

数据来源：根据财政部公布的历年《全国土地出让收入管理及使用情况》以及《全国土地出让收支状况》整理得出。土地出让收益为当年土地出让收入扣除成本性支出后的余额。2013年土地出让收入等数据根据《2014年全国土地出让收支状况》给出的变化幅度数据计算得出。

　　第二种机制是公共产品的供给状况。我国城乡经济关系的融合进程与城乡之间的公共产品配置状况紧密相关。在地方分权式治理体制背景下，中央政府提供具有普惠性质的城乡公共产品，其产品供给状况取决于国家财政能力以及发展理念调整，而地方政府则提供区域性的城乡公共产品，其产品的供给程度取决于自身的财政状况以及行政绩效的激励方式。在财政收支存在约束（即财权-事权不匹配）且以经济增长为导向的激励机制（为增长而竞赛)条件下,地方政府通常会将资源优先配置到更能显示经济增长绩效的领域,或者更能对自身施加压力的群体。结果是:在地方政府的公共资源配置序列中,与城乡民生相关的公共产品供给往往不占优势,在城乡公共产品配置中,城镇部门因对政策制定的影响显著而占据相对优势地位。这种公共产品的配置状况(例如:地区针对农村的基本社会保障供给不足)也会影响城乡经济关系。显然,在政府内部,中央政府推动市场化改革以及公共产品供给有助于实现城乡经济关系融合,但地方政府对要素市场以及对区域公共产品的配置则容易导致城乡经济关系失衡,融合和失衡并存随即成为现阶段我国城乡经济关系的重要特征。

7.2.3 市场内部的结构特征

改革开放以来,我国作为实行社会主义制度的发展中大国,在推进市场化体制转型时并未采取所有领域齐头并进的激进方式,而是采用了不同领域有先后次序、轻重缓急的渐进方式。这就导致我国市场内部的结构特征不断凸显,将政府-市场关系中的市场视为完全同质的概念也是不恰当的。尤其是,我国是在政府对上游市场(例如:土地、资本以及重要能源)管控的背景下不断放松下游市场,从而形成上游管控型市场扩展这种独特的市场化转型方式。这种市场内部的结构特征也会通过两个维度而影响城乡经济关系:

第一个维度是要素配置和收益分配。在下游市场(例如:农产品、农业生产资料、劳动力就业)等领域,市场化进程迅速使得我国城乡微观主体的自发交往变得频繁起来,这有助于城乡两部门之间融合程度的提高。然而,在上游市场(例如:土地、资本和重要能源)等领域,市场化改革的相对迟滞则抑制了城乡之间的经济交往。整体上看,要素市场化改革滞后于产品市场化改革,这意味着我国城乡要素市场之间存在着较为普遍的扭曲特征。例如:在城乡居民依然具有身份特征的前提下,农村劳动力的非农化转移以及城镇部门劳动力流向农村地区皆面临着制度阻力,这种格局会对城乡经济关系的融合产生阻滞作用。上述市场化进程的不协调既暗示着我国仍存在巨大的体制改革空间以及经济效率提升空间,也暗示着我国现阶段的城乡经济关系仍未达到高层次、高水平融合状态。

第二个维度是公共产品的供给格局。改革开放以来,我国开启了市场化导向的经济体制转型,体制转型的目标是建立社会主义市场经济体制。然而,市场并不是天然的"精巧的机器",市场机制发挥作用以一整套的经济制度安排作为条件。特别是,市场经济的有效运行需要两类制度或两种公共产品:一是作为运行前提的产权制度以及市场交易制度;二是作为运行结果的分配调节制度和社会保护制度。上游管控型市场扩展意味着我国针对不同市场的产权保护以及市场交易安排具有差别,这种差别暗示出不同微观主体在市场运行中的经济收益存在差异。就此而言,各级政府针对微观经济主体的分配调节制度和社会保护制度——尤其是具有城乡一体化特征的基本公共服务供给就变得至关重要,然而现阶段我国的城乡基本公共服务均等化"还在路上"。概括起来,上游管控型市场扩展对城乡经济关系演变也具有"双刃剑"效应:我国不断地放松下游市场、提高商品市场化进程,这导致了城乡微观主体选择权的扩大和经济关系的融合,但上游市场依然受到管控、且城乡公共产品均等化正在进行,这会导致城乡经济关系的融合进程呈现出失衡特征。

政府-市场关系、政府间的结构、市场间的结构构成了我国城乡经济关系失衡型融合的解释逻辑。在这种解释框架中,政府-市场关系的调整是我国整个经济体制转型的主要趋势,政府间的结构和市场间的结构均发生在这个大趋势之下。如果不存在市场化的经济体制转型,那么政府间的地方分权式治理体制以及市场间的上游管控型市场扩展也就成为无源之水、无本之木。在中央政府依靠指令性计划配置资源的条件下,统收统支和高度集权是不同层级政府关系的基本特征,而产品市场和要素市场均受到政府部门的严格管控,因此,计划经济时期政府间和市场间的结构问题即使存在,也是无足轻重的。地方分权式治理体制和上游管控型市场扩展是中国在经济体制转型背景下才出现的,然而,政府间和市场间的结构特征一旦出现,那么它们就暗示了中国市场化转型道路的独特性。1978年改革开放以来,中国确实从计划经济体制转向了市场经济体制,但这种转型的路径和方式却区别于其他国家。地方分权式治理体制使得中国的资源配置主体区别于主要发达国家,上游管控型市场扩展使得中国的体制转型道路区别于苏联和东欧等国家。更值得强调的是,上述政府间和市场间的结构特征具有制度互补、相互嵌套的特征,即地方分权式治理体制需要地方政府对某些要素拥有配置权,上游管控型市场扩展恰好提供了这样的条件;上游管控型市场扩展以政府对体制转型进程的可控为出发点,地方分权式治理体制则是保持改革进程可控的制度因素。

就城乡经济关系而言,无论是政府-市场关系的调整还是政府间和市场间的结构特征及其制度安排,它们都对城乡经济关系演变同时带来了双重效应:一方面是产品和要素依据市场机制在城乡之间再配置,这使得城乡之间的融合程度在提高;另一方面是市场化进程、公共产品配置受到不同层级政府行为的影响,也受到不同市场领域交互关系的影响,这使得我国的城乡经济关系融合存在失衡状况。可见,中国城乡经济关系的失衡型融合与市场化体制转型这种特定背景相关联,它导源于中国在推进市场化导向的经济体制转型,然而这种体制转型的路径又具有独特性。长期来看,城乡经济关系失衡型融合意味着中国要素配置效率和经济实力的增强,也意味着国民经济中结构性问题的延续、累积和加剧。前者导致我国继续改进城乡经济关系具有可行性,后者则导致我国继续改进城乡经济关系具有必要性。这两个方面的结合会对发展战略、约束条件及其组合形态形成反馈机制,从而通过经济制度的改革深化来推动城乡经济关系的持续调整。

7.3 城乡经济关系失衡型融合及其解释:一个例证

改革开放以来,我国通过政府-市场关系的调整来推进经济体制转型,并在转型进程中形成了独特的政府间和市场间结构安排,即地方分权式治理体制和上游管控型市场扩展,这使得中国的经济体制转型相对于其他经济体具有差异性。政府-市场关系、政府间和市场间的制度安排影响了我国的城乡经济关系,并使城乡经济关系呈现出失衡型融合的显著特征。为了验证这种失衡型融合的形成机制,我们可以通过2009年以来我国城乡经济关系的演变作为案例,以此阐释经济制度选择与失衡型融合的逻辑关联。前文通过统计数据指出:2009年以来我国城乡差距出现了"新形态"或内涵转换态势,即从城乡两大板块之间的收入落差逐步转向城镇内部的新二元结构和农村内部的收入分化。在城乡收入差距缩减的背景下,城镇内部和农村内部的结构反差加剧正成为我国城乡差距问题的新形态和新挑战。在城乡两大板块间收入差距逐步缩减,但城镇内部出现新二元结构和农村内部出现收入分化的情形下,我国城乡二元社会结构却呈现出较为显著的"固化"状态,即农村居民在基本教育、基本医疗、基本养老等资源的获取方面仍落后于城镇居民(高帆,2018b)。在上述变化进程中,城乡收入差距的逐步缩减体现了城乡经济关系的融合态势,但城乡社会保障落差显著、城镇内部和农村内部的经济差距拉大则体现出城乡经济关系的失衡。失衡型融合在2009年以来这个时段也是城乡经济关系的基本格局,这种格局必须结合我国的经济体制转型特征进行阐释。

利用上述失衡型融合的形成机制,可以为我国城乡差距的内涵转换提供一种解释(高帆,2018b)。2009年以来,我国在经济制度变迁方面,除了政府-市场关系维度继续凸显市场的资源配置功能之外,政府间的结构安排延续了分权化之后的制度框架。这种制度框架包含两个重要基点:一是中央政府实行对地方政府的行政绩效考核和激励,尽管中央政府已经更加强调科学发展观,更加强调"创新、协调、绿色、开放、共享"等发展理念,但由于标度发展目标的不同指标可识别性、可显示度存在着差异,因此,地方政府的目标函数往往还主要围绕经济增长速度而展开,"为增长而竞赛"在不同层级地方政府的经济实践中依然是存在的;二是地方政府之间存在着以行政区划为边界的竞赛,地方政府干部竞赛稀缺的晋升机会或财政资源。无论是基于政治激励还是经济激励,地方政府干部首先考虑的是辖区内发展目标的最大化或者发展成本的最小化,进而使得其在行政层级晋升或财政资源获取中占据相对优势。

与政府间的结构安排相对应,我国市场间的结构安排主要是围绕劳动力和土地这两类要素展开的,其核心是通过要素权利结构的细分和组合而推进市场化改革。这种结构安排也包含两个重要基点:一是在劳动力市场中,城乡之间的劳动力再配置被细分为劳动力使用权流转和劳动者身份权转换两个相互分割的过程,农村劳动力非农化流转首先是农民基于经济收益比较而进行的劳动力使用权流转。户籍制度的就业管控功能放松为这种流转提供了制度条件,但户籍制度的身份标识或社会保障资源配置功能仍是突出的。二是在农村土地市场中,伴随着农村劳动力的非农化转移和农民-土地对应关系的松弛,农民在农村获得土地承包权之后并不必然从事农业经营活动,家庭联产承包责任制背景下农村土地集体所有制-农民土地承包经营权的两分格局也被冲破。近年来我国农村土地被细分为集体所有权、农户承包权、土地经营权,"三权分置"成为新阶段下我国完善家庭联产承包责任制、推动农村土地制度变迁的重要方向。在实施农地"三权分置"背景下,农民可以通过土地流转市场保持承包权而让渡经营权,从而实现在土地承包期内的社会化再配置,农村集体组织则通过拥有所有权行使土地征用、土地承包权和经营权监督等职能,而农村之外的资本、技术、信息等要素也更有可能流向农村并与土地要素相结合。由此可见,劳动力市场中的身份转换和土地市场中的所有权属于市场结构特征中的"上游市场",在这些上游市场仍存在管控的条件下,农民可以通过对劳动力使用权、土地经营权等的再配置,即激活下游市场中的自发交易来提高经济回报。

立足于上述政府间和市场间的结构性安排,2009年以来我国延续了此前的农村劳动力非农化流转态势。CEIC数据库的统计数据显示:2017年底我国农民工数量为2.865 2亿,其中本地农民工和外出农民工的数量分别为1.146 7亿和1.718 5亿。同期,我国农村内部的土地经营权流转也呈现出快速扩展、不断活跃的基本态势。国家统计局发布的统计数据显示：2016年底我国家庭承包耕地流转面积已经达到3 195万公顷，占家庭承包经营耕地面积的比重为35.1%；家庭承包耕地流转出承包耕地的农户数为6 789万户，占家庭承包经营农户数的比重为29.7%。2009年之后我国农村的劳动力和土地流转态势对农民收入增长产生了重要影响，并由此也影响到此阶段城乡收入差距的演变态势。在农村劳动力可以跨地区、跨部门流转的背景下，农村劳动力的配置效率以及由此派生的工资性收入得到了显著提高。农村土地经营权可在农户之间、农户与其他经营主体之间进行转移，农村土地的配置效率以及由此派生的农民财产性收入也得到了显著提高。在这一时段，中央政府实施的一系列"强农、惠农、支农"政策也引致了农民转移性收入水平提高，上述因素综合发挥作用，结果必定会缩小城乡两大部门之间的收入差距。

值得说明的是，在地方分权式治理体制背景下，我国地方政府围绕经济增长的竞赛也为农村劳动力和土地要素的再配置提供了有效激励，地方政府"为增长而竞赛"与农村要素的流动性增强具有激励相容特征。对特定地方政府而言，无论是农村劳动力的流出和流入，均会因为劳动力配置效率优化而提高经济总量，农村土地的再配置则会推动本地的农业经营方式创新、优化产业结构进而促进经济增长。这种情形说明：农村劳动力和土地"下游市场"的活跃与地方政府的目标取向是耦合的。正是导源于上述格局，2009年以来我国城乡的要素再配置首先导致了城乡两部门的收入差距缩减。从收入来源的角度看，城乡居民的人均可支配收入可分为工资性收入、经营净收入、财产净收入和转移净收入，依据CEIC数据库的统计数据，2013—2017年农民的经营净收入始终领先于城镇居民，其工资性收入、财产净收入、转移净收入的增速超过了城镇居民，城乡居民这三类收入的差距均呈现出显著的缩减态势。其中，城乡居民工资性收入差距从4.55倍降至4.04倍，财产性收入差距从13.1倍降至11.91倍，转移性收入差距从2.63倍降至2.51倍。这种缩减态势与城乡之间的劳动力和土地的使用权再配置紧密相关，而城乡收入差距的缩减则表明城乡经济关系具有从割裂走向融合的显著趋势。

第 7 章 城乡经济关系失衡型融合的表现及形成机理

问题在于,我国农村劳动力和土地使用权的再配置并不唯一导致了城乡收入差距缩减。在缩减城乡之间收入差距的同时,这种再配置还伴生或引致了另外两重结果:一是农村劳动力流向城市之后,除了从事非农产业并获取经济回报之外,通常还具有融入城镇部门并实现身份转换的诉求,然而农民向市民的身份转换却与户籍制度以及背后的城乡公共产品配置格局紧密相关。如果城乡分割的公共产品配置制度没有得到根本消除,则在农村流转出的劳动力(即"农民工")和城镇户籍人口两者之间就形成了新二元结构。如前所示,新二元经济结构是现阶段我国城乡二元结构转化的衍生产物和特征事实。二是在农村劳动力非农化流转和土地经营权流转的背景下,农村内部每个农户承包耕地且耕作土地的"同质化"状态被打破,不同的农户往往面临着多种类型的职业和要素配置方式选择,而资本下乡等也导致城乡之间呈现出要素双向流动新格局(罗来军、罗雨泽、罗涛,2014)。现阶段中国要素流动的"城镇化"和"逆城镇化"(counter urbanization)往往是同时发生的,尽管要素下乡在现阶段还不是城乡要素流动的主要方面。上述因素的相互叠加加剧了农村不同成员的分化,农村内部的收入分配差距呈现出扩大态势,城乡之间的收入差距缩减也就伴生着农村内部的收入差距拉大。

新二元结构和农村内部的农民分化意味着现阶段我国城乡经济关系的融合具有失衡特征。理解上述这两种失衡结果,本质是要回答在城乡要素流动性增强的背景下,我国城乡之间的公共产品配置为何仍呈现出分割格局,以及城乡二元社会结构"固化"对农村内部分化的含义是什么。如前所述,我国的市场化体制转型是沿着政府-市场的关系调整这个主线展开的,市场机制在优化资源配置中的作用被不断凸显。但市场功能的发挥本身需要政府职能的调整和跟进,政府和市场的关系不是相互替代的,而是相互补充和相互增强的。基于此,进入 21 世纪之后,面对不平衡、不协调、不可持续发展问题的挑战日趋严峻,我国政府在整体上强调要推进城乡基本公共服务的均等化进程。但就不同层级地方政府而言,其追求本地经济增长的目标诉求与城乡要素流动背景下的公共产品供给诉求并不完全一致。无论是就农村劳动力的流出地和流入地而言,其增加流动劳动力的社会保障供给均意味着当地地方政府财政支出增加,且不同地方政府之间的居民社会保障也因水平差别而难以顺利结转,属地化的行政管理方式与流动性的城乡要素配置就出现了差异。在地方政府为增长而竞赛的经济制度背景下,城乡之间的公共产品均等化配置通常与地方政府的目标诉求之间并非内在契合,这是导致城乡二元社会结构"固化"以及城镇内部新二元结构的重要成因。

就客观效果而言,由政府间结构特征和制度安排所导致的二元社会结构"固化"不仅会对城乡经济关系产生阻滞作用,而且会对我国整体的持续发展和共同富裕目标产生负面结果。这种负面结果在城镇部门体现为它缩小了农村流转居民的职业选择和工资增长,在农村部门则体现为它影响了各类生产要素的配置效率和收益分配格局。如前所述,现阶段我国农村内部的农民分化正在加剧,伴随着时间的推移,资本、信息、技术、知识等各类要素下乡的规模还可能增大,范围还可能扩展。2017年12月召开的中央经济工作会议明确提出要"健全城乡融合发展体制机制,消除阻碍要素下乡各种障碍",2018年"一号文件"《中共中央国务院关于实施乡村振兴战略的意见》也强调要"推动城乡要素自由流动、平等交换,推动新型工业化、信息化、城镇化、农业现代化同步发展,加快形成工农互促、城乡互补、全面融合、共同繁荣的新型工农城乡关系"。国家统计局发布的统计数据也显示:2016年我国家庭承包耕地流转入企业的面积为309.17公顷,占家庭承包耕地流转面积的比重为9.7%。

就地方政府而言,资本等各类要素下乡可以推动农业的经营方式创新,推动农村第一、第二、第三产业融合并形成新的经济增长点,这与其追求本地经济增长及财政收入的目标诉求具有较高的耦合度。然而,在城乡二元社会结构"固化"的情形下,资本等非农领域的要素下乡通常会面临两种挑战:一是二元社会结构"固化"降低了农村的公共产品投入和农民的人力资本形成,然而资本等要素下乡需要与农村部门的这类要素相结合,这意味着二元社会结构"固化"会因要素对接难题而影响城乡要素的双向流动。二是

第 7 章 城乡经济关系失衡型融合的表现及形成机理

即使资本等因素可以下乡且规模在不断增长,然而,在二元社会结构"固化"的背景下,农村居民尤其是以小规模经营为基本特征的居民不仅需要面对资本大规模经营的优势,而且需要面对农村内部社会保障资源获取的落差,这意味着农村内部的经济分化可能会加剧。这种加剧不唯一来源于不同农民的努力程度或经济资源占有状况,还来源于农村内部不同群体公共产品获取的制度差异。概括起来,在城乡二元社会结构"固化"的背景下,城乡间的要素流动有助于提高要素配置效率,但农村内部的分化程度很可能会呈现出继续扩大态势。正是在这个意义上,我国在构建新型城乡关系时必须关注农村内部的农民分化问题,并不断探索小农户与现代农业发展有机衔接的体制机制。

上述分析表明,1978 年实施改革开放以来,我国作为世界最大的发展中国家,其城乡经济关系开始走出此前的割裂状态,并呈现出失衡型融合的基本特征。融合集中体现为城乡之间的产品和要素自发交易在增强,城乡收入和消费差距也呈现出阶段性缩减态势,失衡则主要体现为城乡收入和消费差距的波动特征、城乡社会保障差距的延续以及城乡内部收入差距的拉大,失衡型融合意味着我国城乡经济关系演变具有复杂性、系统性、多面性特征。我国城乡经济关系不是孤立存在的,它是整个经济体制选择在城乡维度的具体表现,解释城乡经济关系的失衡型融合必须将其放置在我国的市场化经济体制转型背景之下。

为此,可以从政府-市场关系、政府内部结构、市场内部结构等视角建构失衡型融合的分析逻辑,在这种框架中,政府-市场关系意味着市场化转型是我国体制变革的基本方向,但政府内部的地方分权式治理体制、市场内部的上游管控型市场扩展则体现出我国经济体制变革方式的独特性。政府-市场关系变化、政府内部和市场内部的结构安排对城乡经济关系均可带来融合和失衡的两重效应,改革开放以来,我国城乡经济关系的失衡型融合就是这些经济制度作用的产物。特别是,2009 年以来,我国在城乡收入差距逐步缩减的背景下,城镇内部和农村内部的经济差距却在相对扩大,且城乡收入差距缩减并未伴随着城乡社会保障差距的缩减。这种格局可以用前文提出的城乡经济关系政治经济学分析框架、特别是失衡型融合形成逻辑进行解释。概言之,改革开放之后,政府-市场关系、政府内部结构、市场内部结构等经济制度因素确实对我国城乡经济关系的演变产生了作用,针对我国城乡经济关系的失衡型融合必须联系这些制度特征进行深刻解析。

第8章

城乡经济关系失衡型融合的主要经济效应

自1978年启动改革开放以来,我国在实施经济增长主导战略的背景下推进了经济制度变迁。这种变迁的核心是在政府-市场关系层面形成市场化导向的经济体制转型,并在转型进程中形成地方分权式治理体制和上游市场管控型市场扩展。这些经济制度导致我国的城乡经济关系走出了此前的割裂状态,并呈现出失衡型融合的显著特征。对中国这样的发展中大国而言,城乡两大部门是国民经济的支柱,城乡经济关系也是整个经济系统的组成部分,它一旦形成就会通过影响微观主体行为而对整体经济发展产生作用,进而成为我国实现经济持续发展和共同富裕根本目标的影响因素。就发展绩效而言,失衡型融合是在我国推进经济增长主导战略背景下产生的,其实施结果的确推动了持续高速的经济增长,并成为我国形成总量增长"奇迹"的重要支撑因素。然而,失衡型融合也使城乡经济差距成为整个收入分配差距的重要组成部分,并对我国经济发展方式转变以及经济高质量发展产生了负面结果,这意味着城乡经济关系的失衡型融合已成为我国经济结构性问题的一个重要表征。概言之,改革开放以来,城乡经济关系的失衡型融合对中国经济发展带来了成就与挑战并存的两重绩效,理解这种绩效的多个面向对探究后续城乡经济关系的改善方案尤为重要。

8.1 城乡劳动力再配置对经济增长的贡献度

1978年启动改革开放以来,我国城乡经济关系的失衡型融合首先表现为城乡两部门更为紧密地连接起来,微观主体可以在城乡之间自发地进行产品和要素再配置。尤其是,农村劳动力的大规模流转已成为连接城乡两大部门的重要机制,而要素流动可通过资源优化配置推动经济持续增长。据此,探究城乡劳动力转移对我国改革开放以来经济增长的贡献度,就是一个具有实践意义的重要命题。迄今为止,我国第一产业主要集中在农村地区,而第二、第三产业主要集中在城镇部门,改革开放以来我国劳动力的城乡间流动是与劳动力的产业间流动紧密相连的,即数量庞大的农村劳动力脱离第一产业,并进入城镇部门的第二产业和第三产业。据此,可以通过测度劳动力在产业间配置格局变化产生的结果——劳动结构效应,来分析城乡经济关系失衡型融合对我国经济增长的贡献。从方法论的角度看,郝大明(2006)利用指数分析法对经济增长进行了因素分解,并探讨了1978—2004年不同阶段我国经济增长的劳动结构效应,高帆(2010)利用省级面板数据实证研究了1978—2007年我国各省份经济增长的因素分解与劳动结构效应。可以采用郝大明(2006)的指数分解方法研究1978年迄今我国城乡之间劳动力再配置对经济增长的贡献。这种测度方法强调特定国家的经济增长可归结为两种因素:劳动投入量和劳动生产率。令 Y、L、P 分别表示该国在某个时段的GDP总量、劳动投入量和劳动生产率,则有:$Y = L \cdot P$。为了表达经济增长率,可令 t_1、t_0 分别表示报告期和基期,Y^1、L^1、P^1 和 Y^0、L^0、P^0 分别表示 t_1 和 t_0 两个时点的GDP总量、劳动投入量和劳动生产率,$\dot{Y}$、$\dot{L}$、$\dot{P}$ 分别表示 t_0 到 t_1 的GDP增长率、劳动投入增长率和劳动生产率增长率。于是就有:

$$\dot{Y} = \frac{Y^1 - Y^0}{Y^0} = \frac{P^1 L^1 - P^0 L^0}{P^0 L^0} \qquad (8-1)$$

$$= \frac{P^0(L^1 - L^0) + L^0(P^1 - P^0) + (P^1 - P^0)(L^1 - L^0)}{P^0 L^0}$$

$$= \frac{(L^1 - L^0)}{L^0} + \frac{(P^1 - P^0)}{P^0} + \frac{(P^1 - P^0)}{P^0} \cdot \frac{(L^1 - L^0)}{L^0}$$

$$= \dot{P} + \dot{L} + \dot{P} \cdot \dot{L}$$

式(8-1)表明GDP增长率等于劳动生产率增长率、劳动投入增长率、劳动生产率增长率和劳动投入增长率的乘积三者之和。于是,可以分别解析劳动生产率增长率和劳动投入增长率,进而对 GDP 增长率进行因素分解。

就劳动生产率而言,不同产业的劳动生产率通常存在差异,令 P_1、P_2、P_3 分别表示第一、第二、第三产业的劳动生产率,Y_1、Y_2、Y_3 分别表示第一、第二、第三产业的 GDP 总量,L_1、L_2、L_3 分别表示第一、第二、第三产业的劳动投入量,R_1、R_2、R_3 分别表示第一、第二、第三产业的劳动投入在总劳动投入量中的占比。由此可以得到如下劳动生产率的表达式:

$$
\begin{aligned}
P &= \frac{Y}{L} = \frac{Y_1 + Y_2 + Y_3}{L} = \frac{Y_1}{L} + \frac{Y_2}{L} + \frac{Y_3}{L} \\
&= \frac{Y_1}{L_1} \cdot \frac{L_1}{L} + \frac{Y_2}{L_2} \cdot \frac{L_2}{L} + \frac{Y_3}{L_3} \cdot \frac{L_3}{L} \\
&= P_1 \cdot R_1 + P_2 \cdot R_2 + P_3 \cdot R_3
\end{aligned}
\tag{8-2}
$$

式(8-2)意味着:特定经济体的劳动生产率等于以三次产业劳动投入占比为权数的各产业劳动生产率的加权平均数。根据该表达式,可推导出 t_0 到 t_1 劳动生产率增长率的分解结果:

$$
\begin{aligned}
\dot{P} &= \frac{P^1 - P^0}{P^0} \\
&= \frac{P_1^1 \cdot R_1^1 + P_2^1 \cdot R_2^1 + P_3^1 \cdot R_3^1 - (P_1^0 \cdot R_1^0 + P_2^0 \cdot R_2^0 + P_3^0 \cdot R_3^0)}{(P_1^0 \cdot R_1^0 + P_2^0 \cdot R_2^0 + P_3^0 \cdot R_3^0)} \\
&= \frac{P_1^0 \cdot R_1^0}{P^0} \cdot \frac{P_1^1 \cdot R_1^1 - P_1^0 \cdot R_1^0}{P_1^0 \cdot R_1^0} + \frac{P_2^0 \cdot R_2^0}{P^0} \cdot \frac{P_2^1 \cdot R_2^1 - P_2^0 \cdot R_2^0}{P_2^0 \cdot R_2^0} \\
&\quad + \frac{P_3^0 \cdot R_3^0}{P^0} \cdot \frac{P_3^1 \cdot R_3^1 - P_3^0 \cdot R_1^0}{P_1^0 \cdot R_1^0} \\
&= \frac{Y_1^0}{P^0 \cdot L^0} \cdot \frac{P_1^0(R_1^1 - R_1^0) + R_1^0(P_1^1 - P_1^0) + (P_1^1 - P_1^0)(R_1^1 - R_1^0)}{P_1^0 \cdot R_1^0} \\
&\quad + \frac{Y_2^0}{P^0 \cdot L^0} \cdot \frac{P_2^0(R_2^1 - R_2^0) + R_2^0(P_2^1 - P_2^0) + (P_2^1 - P_2^0)(R_2^1 - R_2^0)}{P_2^0 \cdot R_2^0} \\
&\quad + \frac{Y_3^0}{P^0 \cdot L^0} \cdot \frac{P_3^0(R_3^1 - R_3^0) + R_3^0(P_3^1 - P_3^0) + (P_3^1 - P_3^0)(R_3^1 - R_3^0)}{P_3^0 \cdot R_3^0}
\end{aligned}
\tag{8-3}
$$

$$= y_1^0(\dot{R}_1 + \dot{P}_1 + \dot{P}_1\dot{R}_1) + y_2^0(\dot{R}_2 + \dot{P}_2 + \dot{P}_2\dot{R}_2) + y_3^0(\dot{R}_3 + \dot{P}_3 + \dot{P}_3\dot{R}_3)$$

$$= \sum_{i=1}^{3}(y_i^0 \dot{P}_i) + \sum_{i=1}^{3}(y_i^0 \dot{R}_i) + \sum_{i=1}^{3}(y_i^0 \dot{P}_i \dot{R}_i)$$

由式(8-3)可知,劳动生产率增长率可分解为3个部分:$\sum_{i=1}^{3}(y_i^0\dot{P}_i)$是以各产业基期GDP占比为权重的劳动生产率增长率加权平均数,它代表在GDP占比恒定条件下单纯因各产业劳动生产率增长而导致的总体劳动生产率增长,可称其为纯生产率效应;$\sum_{i=1}^{3}(y_i^0\dot{R}_i)$是以各产业基期GDP占比为权重的劳动投入占比增长率加权平均数,它代表在GDP占比恒定条件下单纯因各产业劳动投入占比变化而导致的总体劳动生产率增长,劳动投入占比变动体现了劳动力的产业间再配置效应,可称其为纯劳动结构效应;$\sum_{i=1}^{3}(y_i^0\dot{P}_i\dot{R}_i)$是以各产业基期GDP占比为权重的劳动生产率增长率、劳动投入占比增长率乘积的加权平均数,它代表产业劳动生产率变动和劳动投入占比变动交互作用而导致的总体劳动生产率增长,可称其为纯生产率效应与纯劳动结构效应的交互影响。

就劳动投入而言,除劳动生产率之外,劳动投入也是影响特定国家经济增长的一个重要因素。与劳动生产率增长率的分解方式相类似,劳动投入增长率也可从三次产业劳动投入变动的角度进行分析。由此有如下关系式:

$$\dot{L} = \frac{L^1 - L^0}{L^0} \tag{8-4}$$

$$= \frac{L_1^0(\dot{L}_1 + 1) + L_2^0(\dot{L}_2 + 1) + L_3^0(\dot{L}_3 + 1) - (L_1^0 + L_2^0 + L_3^0)}{L^0}$$

$$= \frac{L_1^0 \dot{L}_1 + L_2^0 \dot{L}_2 + L_3^0 \dot{L}_3}{L^0} = \frac{L^0 R_1^0 \dot{L}_1 + L^0 R_2^0 \dot{L}_2 + L^0 R_3^0 \dot{L}_3}{L^0}$$

$$= R_1^0 \dot{L}_1 + R_2^0 \dot{L}_2 + R_3^0 \dot{L}_3 = \sum_{i=1}^{3} R_i^0 \dot{L}_i$$

如果将劳动生产率增长率和劳动投入增长率的表达式代入GDP增长率

表达式,则可以得出如下 GDP 增长率的因素分解公式:

$$\dot{Y} = \dot{P} + \dot{L} + \dot{P} \cdot \dot{L} \qquad (8-5)$$

$$= \sum_{i=1}^{3}(y_i^0 \dot{P}_i) + \sum_{i=1}^{3}(y_i^0 \dot{R}_i) + \sum_{i=1}^{3}(y_i^0 \dot{P}_i \dot{R}_i) + \sum_{i=1}^{3}(R_i^0 \dot{L}_i)$$

$$+ \sum_{i=1}^{3}(R_i^0 \dot{L}_i) \cdot \left[\sum_{i=1}^{3}(y_i^0 \dot{P}_i) + \sum_{i=1}^{3}(y_i^0 \dot{R}_i) + \sum_{i=1}^{3}(y_i^0 \dot{P}_i \dot{R}_i) \right]$$

$$= \sum_{i=1}^{3}(y_i^0 \dot{P}_i) + \sum_{i=1}^{3}(R_i^0 \dot{L}_i) + \sum_{i=1}^{3}(y_i^0 \dot{P}_i) \cdot \sum_{i=1}^{3}(R_i^0 \dot{L}_i)$$

$$+ \sum_{i=1}^{3}(y_i^0 \dot{R}_i) + \sum_{i=1}^{3}(y_i^0 \dot{P}_i \dot{R}_i) + \sum_{i=1}^{3}(R_i^0 \dot{L}_i) \cdot \sum_{i=1}^{3}(y_i^0 \dot{R}_i)$$

$$+ \sum_{i=1}^{3}(R_i^0 \dot{L}_i) \cdot \sum_{i=1}^{3}(y_i^0 \dot{P}_i \dot{R}_i)$$

式(8-5)表明,在给定时段内特定国家的 GDP 增长率可分解为 7 个部分。其中,$\sum_{i=1}^{3}(y_i^0 \dot{P}_i)$ 为纯生产率效应,$\sum_{i=1}^{3}(R_i^0 \dot{L}_i)$ 为纯劳动投入效应,$\sum_{i=1}^{3}(y_i^0 \dot{P}_i) \cdot \sum_{i=1}^{3}(R_i^0 \dot{L}_i)$ 为纯生产率效应与纯劳动投入效应的交互影响,这三部分均与劳动结构转变 $\dot{R}_i$ 无关。$\sum_{i=1}^{3}(y_i^0 \dot{R}_i)$ 为纯劳动结构效应,它标度了在各产业 GDP 占比和劳动生产率给定情况下,纯粹因劳动力在不同产业间的再配置而引致的经济增长程度。$\sum_{i=1}^{3}(y_i^0 \dot{P}_i \dot{R}_i)$ 为纯生产率效应与纯劳动结构效应的交互影响,$\sum_{i=1}^{3}(R_i^0 \dot{L}_i) \cdot \sum_{i=1}^{3}(y_i^0 \dot{R}_i)$ 为纯劳动投入效应与纯劳动结构效应的交互影响,$\sum_{i=1}^{3}(R_i^0 \dot{L}_i) \cdot \sum_{i=1}^{3}(y_i^0 \dot{P}_i \dot{R}_i)$ 为纯劳动投入效应、纯生产率效应和纯劳动结构效应的交互影响。$\sum_{i=1}^{3}(y_i^0 \dot{R}_i)$、$\sum_{i=1}^{3}(y_i^0 \dot{P}_i \dot{R}_i)$、$\sum_{i=1}^{3}(R_i^0 \dot{L}_i) \cdot \sum_{i=1}^{3}(y_i^0 \dot{R}_i)$、$\sum_{i=1}^{3}(R_i^0 \dot{L}_i) \cdot \sum_{i=1}^{3}(y_i^0 \dot{P}_i \dot{R}_i)$ 均与劳动结构转变有关,可将这四部分称为总和劳动结构效应,以区别于 $\sum_{i=1}^{3}(y_i^0 \dot{R}_i)$ 所表达的纯劳动结构效应。

基于上述因素分解结构,可以用 $\sum_{i=1}^{3}(y_i^0 \dot{R}_i)/\dot{Y}$、$\sum_{i=1}^{3}(y_i^0 \dot{R}_i)/\dot{P}$ 分别表示纯劳动结构效应对 GDP 增长率以及劳动生产率增长率的贡献度。

依据上述 GDP 增长率的因素分解方法,可以分析 1978—2017 年我国劳动力在三次产业间再配置产生的经济结果,从而反映城乡经济关系失衡型融合对经济增长的贡献。在计算中需要使用该时段我国的 GDP 总量、三次产业增加值、就业人数、三次产业就业人数等数据,这些数据资料均来自 CEIC 数据库。为了剔除价格因素对 GDP 总量的影响,本书采用国内生产总值指数(1978 年 = 100)对 GDP 总量进行处理,从而得出以 1978 年不变价格计算的 GDP 总量,GDP 增长率也按照这种不变价格 GDP 总量计算得出。三次产业劳动生产率均等于各产业的增加值除以相应的就业人数,劳动生产率增长率以及劳动投入增长率则按照各自的原始数据计算得出。

图 8-1 给出了 1978—2017 年我国总体和三大产业劳动生产率的变化情况。在这一时段,总体和三大产业劳动生产率均呈现出逐步攀高的趋势,这反映出改革开放以来我国劳动产出效率持续改善的格局。其中,总体劳动生产率从 916.19 元增至 16 356.58 元,第一产业劳动生产率从 359.65 元增至 4 799.27 元,第二产业劳动生产率从 2 527.23 元增至 23 541.25 元,第三产业劳

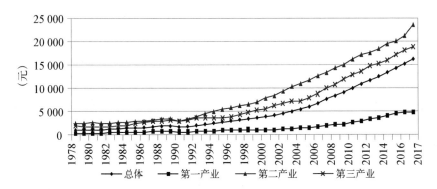

图 8-1　1978—2017 年我国总体和三大产业劳动生产率的变化情况

数据来源:根据总体 GDP 以及各产业增加值(1978 年 = 100)与相应口径就业人数计算得出,原始数据来自 CEIC 数据库。

动生产率从1 850.87元增至18 801.47元。就横向比较而言,第一产业劳动生产率始终低于第二产业和第三产业,例如:按照1978年不变价格计算,2017年第二产业和第三产业劳动生产率分别是第一产业的4.91倍和3.92倍。劳动生产率通常与劳动者的经济报酬紧密相关,因此,上述劳动生产率落差意味着劳动力存在着跨产业流动的内在需要。改革开放以后我国市场化导向的经济体制改革放松了产业间(以及城乡间)的就业控制,这样劳动力从农村部门流向城镇部门或者从第一产业流向第二、第三产业就成为国民经济运行的一个特征事实,这种特征事实能够从三次产业就业结构、城乡之间就业结构以及城镇化率等数据变动中得到证实。

根据前文给出的GDP增长率因素分解方法,可以测度改革开放以来我国不同因素对经济增长的贡献度。1978—2017年我国GDP总量从3 678.7亿元增至82.7万亿元,如果按照GDP指数(1978年=100)进行计算,则剔除价格变动因素之后的GDP总量从3 678.7亿元增至12.70万亿元。如表8-1所示,1979—2017年我国GDP年均增长率是9.54%,而劳动生产率年均增长率为7.75%,纯劳动投入效应年均增长率为1.74%。这说明:在推动GDP增长的两个主要因素中,劳动生产率增长是驱动我国GDP持续增长的关键性因素。如果进一步考察劳动生产率增长中的劳动结构效应,则可以发现:1979—2017年纯劳动结构效应的年均增长率为1.43%,总合劳动结构效应年均增长率为1.51%。

表8-1 1979—2017年我国劳动结构效应及其对经济增长的贡献度(%)

年份	GDP增长率	劳动生产率增长率	纯生产率效应	纯劳动投入效应	纯劳动结构效应	4个交叉项效应	总合劳动结构效应	纯劳动结构效应/GDP增长率	纯劳动结构效应/劳动生产率增长率
1979	7.60	5.31	4.02	2.17	1.40	0.01	1.32	18.41	26.33
1980	7.81	4.40	2.41	3.26	1.94	0.19	2.06	24.87	44.09
1981	5.17	1.89	1.00	3.22	0.93	0.02	0.92	17.94	49.05

(续表)

年份	GDP增长率	劳动生产率增长率	纯生产率效应	纯劳动投入效应	纯劳动结构效应	4个交叉项效应	总合劳动结构效应	纯劳动结构效应/GDP增长率	纯劳动结构效应/劳动生产率增长率
1982	8.93	5.16	5.10	3.59	0.07	0.18	0.06	0.77	1.34
1983	10.84	8.11	6.61	2.52	1.45	0.26	1.54	13.38	17.87
1984	15.14	10.93	6.47	3.79	4.37	0.51	4.63	28.85	39.96
1985	13.44	9.63	7.00	3.48	2.31	0.65	2.72	17.18	23.98
1986	8.94	5.95	3.64	2.82	2.23	0.24	2.37	24.97	37.54
1987	11.69	8.51	7.10	2.93	1.34	0.33	1.46	11.46	15.73
1988	11.23	8.06	7.15	2.94	0.84	0.31	0.94	7.45	10.38
1989	4.19	2.31	3.42	1.83	−1.06	0.00	−1.13	−25.37	−45.93
1990	3.91	−11.21	−11.11	17.02	−0.11	−1.89	−0.11	−2.91	1.01
1991	9.29	8.06	7.44	1.15	0.52	0.18	0.62	5.63	6.49
1992	14.22	13.07	11.07	1.01	1.74	0.40	2.03	12.24	13.31
1993	13.87	12.75	9.36	0.99	3.14	0.37	3.42	22.64	24.62
1994	13.05	11.97	9.12	0.97	2.83	0.14	2.88	21.68	23.65
1995	10.95	9.95	7.47	0.90	2.55	0.03	2.51	23.25	25.58
1996	9.93	8.52	6.45	1.30	2.01	0.17	2.09	20.21	23.56
1997	9.23	7.87	7.10	1.26	0.69	0.18	0.78	7.45	8.74
1998	7.84	6.59	6.60	1.17	−0.04	0.10	−0.01	−0.45	−0.54
1999	7.67	6.53	7.17	1.07	−0.59	0.02	−0.65	−7.74	−9.10
2000	8.49	7.45	7.64	0.97	−0.16	0.04	−0.19	−1.86	−2.12
2001	8.34	7.28	7.39	0.99	−0.12	0.08	−0.11	−1.38	−1.59
2002	9.13	8.41	9.00	0.66	−0.47	−0.06	−0.59	−5.13	−5.57
2003	10.04	9.36	8.04	0.62	1.21	0.16	1.32	12.06	12.93
2004	10.11	9.33	6.07	0.72	3.21	0.11	3.28	31.77	34.44

(续表)

年份	GDP增长率	劳动生产率增长率	纯生产率效应	纯劳动投入效应	纯劳动结构效应	4个交叉项效应	总合劳动结构效应	纯劳动结构效应/GDP增长率	纯劳动结构效应/劳动生产率增长率
2005	11.40	10.82	7.42	0.52	3.15	0.31	3.43	27.65	29.11
2006	12.72	12.22	8.71	0.44	3.25	0.32	3.53	25.53	26.57
2007	14.23	13.71	10.75	0.46	2.83	0.20	2.98	19.89	20.64
2008	9.65	9.30	7.76	0.32	1.46	0.12	1.55	15.07	15.64
2009	9.40	9.02	7.08	0.35	1.81	0.16	1.94	19.23	20.04
2010	10.64	10.23	8.33	0.37	1.78	0.17	1.91	16.70	17.35
2011	9.54	9.08	6.79	0.41	2.20	0.13	2.30	23.08	24.23
2012	7.86	7.46	6.00	0.37	1.43	0.06	1.47	18.17	19.14
2013	7.76	7.38	5.26	0.36	2.10	0.04	2.12	27.03	28.43
2014	7.30	6.91	5.20	0.36	1.69	0.05	1.72	23.19	24.48
2015	6.90	6.63	5.65	0.26	0.89	0.11	0.98	12.85	13.38
2016	6.72	6.51	6.06	0.20	0.42	0.05	0.46	6.22	6.42
2017	6.86	6.81	6.36	0.05	0.50	−0.05	0.45	7.24	7.30
平均	9.54	7.75	6.26	1.74	1.43	0.11	1.51	13.31	16.12

数据来源：在GDP增长因素分解的计算过程中，涉及我国总体的GDP、三大产业增加值、总体的就业人数、三大产业就业人数、GDP指数(1978年=100)等原始数据，这些数据均来自CEIC数据库。

依据劳动结构效应对经济增长以及劳动生产率增长的贡献度计算方法，则可以得出：在1979—2017年的考察期内，纯劳动结构效应对我国GDP增长率的年均贡献度为13.31%，对劳动生产率增长率的年均贡献度为16.12%。纯劳动结构效应对GDP增长以及劳动生产率提高均产生了推动作用，如果考虑纯劳动结构效应与其他因素的交叉项，则总合劳动结构效应对GDP增长和劳动生产率提高的贡献度将更为显著。反过来说，如果不考虑城乡之间的劳动结构效应，则我国的GDP年均增长率至少下降1.43个百分点，劳动生产率年均增长率至少下降 1.51 个百分点。这说明：1978 年改革开放以来，我国经济总量保持了持续高速的增长态势，而城乡之间的劳动力转移、尤其是农村劳动力非农化流动改变了不同产业间的就业格局，这种改变成为我国经济实现持续高速增长的一个重要驱动因素。从推动经济增长主导战略的角度看，城乡经济关系的失衡型融合确实对这种战略实施起到了积极作用。

8.2 城乡收入差距对整体收入分配格局的影响

改革开放以来，城乡经济关系的失衡型融合不仅影响到我国的经济增长程度，而且影响到我国的收入分配状况，不同社会群体的收入分配差距已经成为我国在现代化进程中面临的重要结构性问题。我国作为实行社会主义制度的发展中大国，其经济发展的目标是在解放和发展生产力的基础上实现共同富裕，这种目标必然包含着对不同社会群体收入差距问题的关注和化解。对任何国家而言，居民收入差距是一个内涵极为丰富的概念，它可从不同角度并基于不同的研究工具来展开，例如：研究视角包括城乡之间的差距、地区之间的差距、行业之间的差距、劳资之间的差距等，研究工具也包括了二元对比系数、变异系数、基尼系数等。然而，对于中国这样的发展中大国来说，其居民收入差距集中表现在城乡之间和地区之间，城乡差距和地区差距构成了我国居民收入差距的核心内容。问题在于：如何辨析城乡收入差距在总体居民收入差距中的贡献，这是理解城乡经济关系失衡型融合在分配维度所产生绩效的一个重要问题。

从研究工具的角度看，现有针对城乡收入差距的研究通常采用人均纯收入数据，而针对地区收入差距的研究往往采用人均 GDP 数据，数据类型区别会导致收入差距难以进行城乡和地区分解。相对于人均 GDP，统一采用人均纯收入数据可能更能满足对居民收入差距因素分解的需要。另外，现有针对我国总体基尼系数分解的研究不仅面临着没有内化地区收入差距的弊端,而且面临着无法满足可加以及可分解性的挑战,泰尔指数(Theil Index)相对于基尼系数更适合于进行收入不均等的因素分解,因此,利用基尼系数进行收入差距分解的结果应审慎对待(李虎,2005)。现有部分研究尝试利用泰尔指数将收入差距分解为城乡和地区两个部分,但此类研究面临的难题是泰尔指数一阶分解的次序会影响对收入分配格局的判断,先按城乡分解后按地区分解会夸大城乡收入不均等,先按地区分解后按城乡分解则会夸大地区收入不均等(王洪亮、徐翔,2006)。这样采用恰当的分析工具来对我国居民收入差距进行因素分解,进而展示城乡收入差距对总体居民收入差距的贡献度,就成为阐释我国城乡经济关系失衡型融合经济绩效的一个重要内容。

从方法论的角度看,依据 Shorrocks A.F.(1980),泰尔一阶指数可以对收入差距进行城乡分解或地区分解,但无法同时进行城乡和地区分解。为此,Akita T.(2003),唐东波、张军(2011)将泰尔指数拓展为二阶嵌套,高帆(2012a)利用这种二阶嵌套,并采用1978—2009年31个省份的数据实证研究了中国居民收入差距变动的趋势和内在机理。这种嵌套方法假定 $i=1,2$ 为城市和农村两个部门,$j=1,2,3$ 为东部、中部和西部三大地区①,$k=1,2,\cdots\cdots31$ 为北京、天津、……新疆等31个省(自治区、直辖市),y_{ijk} 和 n_{ijk} 分别为 i 部门 j 地区 k 省份的居民收入和人口数量,$Y=\sum_{i}^{2}\sum_{j}^{3}\sum_{k}^{31}y_{ijk}$ 和 $N=\sum_{i}^{2}\sum_{j}^{3}\sum_{k}^{31}n_{ijk}$ 表示总收入(总人口)等于 i 部门 j 地区 k 省份的收入(人口)之和。据此,Theil T 的二阶嵌套形式为:

$$T=\sum_{i}^{2}\sum_{j}^{3}\sum_{k}^{31}\left(\frac{y_{ijk}}{Y}\right)\log\left(\frac{y_{ijk}/Y}{n_{ijk}/N}\right) \tag{8-6}$$

---

① 东部指辽宁、北京、上海、天津、河北、山东、浙江、江苏、福建、海南、广东11个省、直辖市;中部指河南、安徽、湖北、湖南、江西、山西、吉林、黑龙江8个省;西部指重庆、四川、甘肃、陕西、宁夏、云南、广西、贵州、西藏、新疆、内蒙古、青海12个省、自治区和直辖市。

如果令 $T_{di} = \sum_{j}^{3}\sum_{k}^{N_{ij}}\left(\dfrac{y_{ijk}}{Y_i}\right)\log\left(\dfrac{y_{ijk}/Y_i}{n_{ijk}/N_i}\right)$，它表示 i 部门的地区收入差距，$T_{BS} = \sum_{i}^{2}\left(\dfrac{Y_i}{Y}\right)\log\left(\dfrac{Y_i/Y}{N_i/N}\right)$，它表示总体收入差距中的部门（或城乡）差距，其中 $Y_i = \sum_{j}^{3}\sum_{k}^{N_{ij}}y_{ijk}$，$N_i = \sum_{j}^{3}\sum_{k}^{N_{ij}}n_{ijk}$，于是可将式（8-6）写为：

$$T = \sum_{i}^{2}\left(\dfrac{Y_i}{Y}\right)T_{di} + \sum_{i}^{2}\left(\dfrac{Y_i}{Y}\right)\log\left(\dfrac{Y_i/Y}{Y_i/N}\right) = \sum_{i}^{2}\left(\dfrac{Y_i}{Y}\right)T_{di} + T_{BS} \quad (8-7)$$

进一步地，令 $T_{ij} = \sum_{k}^{N_{ij}}\left(\dfrac{y_{ijk}}{Y_{ij}}\right)\log\left(\dfrac{y_{ijk}/Y_{ij}}{n_{ijk}/N_{ij}}\right)$，它表示 i 部门 j 地区内部的居民收入差距，$T_{pi} = \sum_{j}^{3}\left(\dfrac{Y_{ij}}{Y_i}\right)\log\left(\dfrac{Y_{ij}/Y_i}{N_{ij}/N_i}\right)$，它表示 i 部门 j 地区之间的居民收入差距，其中 $Y_{ij} = \sum_{k}^{N_{ij}}y_{ijk}$，$N_{ij} = \sum_{k}^{N_{ij}}n_{ijk}$，则有：

$$\begin{aligned}T_{di} &= \sum_{j}^{3}\sum_{k}^{N_{ij}}\left(\dfrac{y_{ijk}}{Y_i}\right)\log\left(\dfrac{y_{ijk}/Y_i}{n_{ijk}/N_i}\right) \\ &= \sum_{j}^{3}\left(\dfrac{Y_{ij}}{Y_i}\right)T_{ij} + \sum_{j}^{3}\left(\dfrac{Y_{ij}}{Y_i}\right)\log\left(\dfrac{Y_{ij}/Y_i}{N_{ij}/N_i}\right) \\ &= \sum_{j}^{3}\left(\dfrac{Y_{ij}}{Y_i}\right)T_{ij} + T_{pi}\end{aligned} \quad (8-8)$$

于是式（8-7）可进一步表述为：

$$\begin{aligned}T &= \sum_{i}^{2}\left(\dfrac{Y_i}{Y}\right)T_{di} + T_{BS} \\ &= \sum_{i}^{2}\left(\dfrac{Y_i}{Y}\right)\left[\sum_{j}^{3}\left(\dfrac{Y_{ij}}{Y_i}\right)T_{ij} + T_{pi}\right] + T_{BS} \\ &= \sum_{i}^{2}\sum_{j}^{3}\left(\dfrac{Y_{ij}}{Y}\right)T_{ij} + \sum_{i}^{2}\left(\dfrac{Y_i}{Y}\right)T_{pi} + T_{BS} \\ &= T_{WD} + T_{BD} + T_{BS}\end{aligned} \quad (8-9)$$

式(8-9)即为 Theil T 的二阶嵌套分解形式,显然,Theil T 标度的总体居民收入差距可分解为三个部分：T_{WD}、T_{BD} 和 T_{BS}。其中：$T_{WD}=\sum_{i}^{2}\sum_{j}^{3}\left(\frac{Y_{ij}}{Y}\right)T_{ij}$，$T_{BD}=\sum_{i}^{2}\left(\frac{Y_i}{Y}\right)T_{pi}$ 和 $T_{BS}=\sum_{i}^{2}\left(\frac{Y_i}{Y}\right)\log\left(\frac{Y_i/Y}{N_i/N}\right)$ 分别表示标度了地区内部、地区之间以及城乡之间的居民收入差距。同理可得 Theil L 的二阶嵌套分解形式：

$$L=\sum_{i}^{2}\sum_{j}^{3}\sum_{k}^{31}\left(\frac{n_{ijk}}{N}\right)\log\left(\frac{n_{ijk}/N}{y_{ijk}/Y}\right) \qquad (8-10)$$

经过与 Theil T 类似的分解过程,最终可得：

$$L=\sum_{i}^{2}\sum_{j}^{3}\left(\frac{N_{ij}}{N}\right)L_{ij}+\sum_{i}^{2}\left(\frac{N_i}{N}\right)L_{pi}+L_{BS} \qquad (8-11)$$
$$=L_{WD}+L_{BD}+L_{BS}$$

与 Theil T 相比较,Theil L 采用人口占比、而不是收入占比作为权重来计算各个项目。将这两个指标结合起来使用,能够较为准确地反映居民收入差距的各因素影响程度。依据泰尔指数的二阶嵌套分解,可以考察城乡收入差距和地区收入差距这两者对总体居民收入差距的作用。以 Theil T 为例,T 标度了总体居民收入差距,T_{WD}/T、T_{BD}/T 和 T_{BS}/T 分别标度了地区内部、地区之间和城乡之间差距对总体居民收入差距的贡献度。按照同样的方法,可以计算 Theil L 中地区内部、地区之间和城乡之间差距对总体居民收入差距的贡献度。

上述讨论为人们研究中国居民收入差距的因素分解,特别是辨析城乡收入差距对总体居民收入差距的贡献度提供了方法论。自 1978 年启动改革开放以来,城乡收入差距的波动态势是我国城乡经济关系失衡型融合的一个表现,因此,考察城乡收入差距对总体居民收入差距的贡献度,实质就是阐释城乡经济关系失衡型融合对整体分配格局的影响。考虑到数据的可得性和一致性,本书采用 1992—2016 年我国 31 个省(自治区、直辖市)的实证数据进行研究,在研究中需要这一时段这些地区的农村居民人均家庭纯收入、城镇居民人均家庭可支配收入、农村人口、城镇人口、农村居民消费价格指数、城镇居民消费价格指数等数据。其中,城乡居民消费价格指数来自各年度《中国统计年鉴》,其余数据来自CEIC数据库。2013年之后我国开展了城乡一体化住户收支与生活状况调查,因此,2014—2016年的农村居民收入为人均可支配收入。为了剔除价格因素对居民收入差距的影响,我们采用城乡居民消费价格指数(1992年=100)对各省(自治区、直辖市)的居民收入进行了缩减,从而得到以不变价格计算的城乡居民收入数据。

　　计算的结果可概括为表8-2和表8-3,通过这两个表格可以发现我国居民收入差距整体呈现出在不同阶段的波动特征。以Theil T为例,1992—1994年该指数从0.1574攀升至0.1876,之后逐步下降至1998年的0.1412。1998—2003年该指数再次攀升,并在2009年之前大致在0.1900以上的高位徘徊,2009—2016年其数值从0.1925逐步缩减至0.1252,Theil L也呈现出类似的变动趋势。这说明:1992年以来我国总体居民收入差距具有显著的波动特征,它并未呈现出单向度攀升或缩减的趋势。值得强调的是,在总体居民收入差距中,不同组成部分扮演的角色并不相同。地区内部的差距、地区之间的差距始终不是引致整体差距变动的主要因素,而城乡收入差距则在整体差距变动中充当着关键因素。在整个考察期内,城乡收入差距对Theil T和Theil L的年均贡献度分别为77.28%和76.05%,地区内部的差距年均贡献度分别为8.14%和6.99%,地区之间的差距年均贡献度分别为14.58%和16.96%。上述结果表明:迄今为止,我国总体居民收入差距很大程度上仍主要是城乡收入差距问题,城乡收入差距的变动对总体居民收入差距的演变具有决定性的作用。1978年改革开放以来,我国城乡经济关系的失衡型融合在分配层面成为影响总体居民收入差距走向的核心因素,优化居民收入分配必须要关注和改进城乡经济关系的失衡型融合。

表 8-2 1992—2016 年我国居民收入差距 Theil T 的因素分解

年份	绝对数				贡献度			
	T	T_{WD}	T_{BD}	T_{BS}	T/T	T_{WD}/T	T_{BD}/T	T_{BS}/T
1992	0.1574	0.0187	0.0171	0.1216	100	11.88	10.84	77.28
1993	0.1797	0.0197	0.0207	0.1393	100	10.98	11.52	77.50
1994	0.1876	0.0212	0.0231	0.1433	100	11.29	12.31	76.40
1995	0.1743	0.0186	0.0271	0.1285	100	10.68	15.57	73.75
1996	0.1520	0.0175	0.0272	0.1073	100	11.49	17.93	70.59
1997	0.1435	0.0157	0.0274	0.1004	100	10.94	19.08	69.97
1998	0.1412	0.0156	0.0267	0.0989	100	11.03	18.91	70.07
1999	0.1517	0.0151	0.0264	0.1102	100	9.94	17.43	72.63
2000	0.1626	0.0142	0.0271	0.1213	100	8.75	16.66	74.59
2001	0.1740	0.0150	0.0276	0.1315	100	8.59	15.87	75.54
2002	0.1821	0.0134	0.0263	0.1424	100	7.37	14.42	78.21
2003	0.1958	0.0145	0.0273	0.1540	100	7.41	13.94	78.65
2004	0.1966	0.0150	0.0269	0.1547	100	7.63	13.67	78.70
2005	0.1980	0.0139	0.0276	0.1564	100	7.02	13.95	79.03
2006	0.1990	0.0127	0.0280	0.1583	100	6.39	14.05	79.56
2007	0.1947	0.0117	0.0259	0.1572	100	5.99	13.30	80.71
2008	0.1905	0.0108	0.0252	0.1544	100	5.68	13.24	81.08
2009	0.1925	0.0112	0.0259	0.1553	100	5.82	13.47	80.71
2010	0.1829	0.0106	0.0254	0.1468	100	5.82	13.89	80.29
2011	0.1707	0.0102	0.0245	0.1359	100	5.98	14.37	79.65
2012	0.1636	0.0096	0.0234	0.1307	100	5.85	14.28	79.87
2013	0.1498	0.0093	0.0208	0.1196	100	6.21	13.92	79.87
2014	0.1339	0.0091	0.0186	0.1062	100	6.78	13.90	79.32
2015	0.1291	0.0088	0.0181	0.1021	100	6.85	14.03	79.13
2016	0.1252	0.0089	0.0176	0.0987	100	7.11	14.08	78.81
平均	0.0136	0.0245	0.1310	0.1691	100	8.14	14.58	77.28

数据来源：作者根据居民收入差距二阶嵌套分解计算得出。

表 8-3 1992—2016 年我国居民收入差距 Theil L 的因素分解

年份	绝对数				贡献度			
	L	L_WD	L_BD	L_BS	L/L	L_WD/L	L_BD/L	L_BS/L
1992	0.1516	0.0171	0.0195	0.1149	100	11.27	12.89	75.83
1993	0.1746	0.0168	0.0246	0.1332	100	9.65	14.08	76.27
1994	0.1832	0.0169	0.0276	0.1386	100	9.24	15.08	75.69
1995	0.1729	0.0146	0.0336	0.1247	100	8.42	19.44	72.14
1996	0.1516	0.0141	0.0332	0.1043	100	9.32	21.91	68.77
1997	0.1437	0.0132	0.0327	0.0979	100	9.18	22.75	68.08
1998	0.1411	0.0128	0.0317	0.0966	100	9.06	22.49	68.45
1999	0.1530	0.0126	0.0322	0.1082	100	8.21	21.04	70.76
2000	0.1654	0.0115	0.0336	0.1204	100	6.94	20.29	72.77
2001	0.1792	0.0120	0.0351	0.1320	100	6.72	19.59	73.69
2002	0.1907	0.0112	0.0345	0.1450	100	5.86	18.11	76.04
2003	0.2071	0.0120	0.0357	0.1594	100	5.82	17.22	76.96
2004	0.2093	0.0127	0.0347	0.1620	100	6.06	16.56	77.37
2005	0.2135	0.0125	0.0351	0.1658	100	5.87	16.45	77.68
2006	0.2176	0.0119	0.0358	0.1699	100	5.47	16.46	78.08
2007	0.2150	0.0116	0.0332	0.1702	100	5.38	15.43	79.19
2008	0.2118	0.0113	0.0317	0.1688	100	5.36	14.98	79.66
2009	0.2157	0.0118	0.0325	0.1714	100	5.46	15.09	79.45
2010	0.2062	0.0113	0.0310	0.1639	100	5.47	15.04	79.49
2011	0.1933	0.0111	0.0299	0.1522	100	5.73	15.49	78.78
2012	0.1864	0.0105	0.0284	0.1474	100	5.65	15.24	79.11
2013	0.1708	0.0099	0.0261	0.1348	100	5.82	15.26	78.92
2014	0.1500	0.0093	0.0216	0.1191	100	6.21	14.38	79.40
2015	0.1451	0.0090	0.0210	0.1151	100	6.19	14.47	79.34
2016	0.1413	0.0090	0.0203	0.1120	100	6.38	14.39	79.23
平均	0.1796	0.0123	0.0302	0.1371	100	6.99	16.96	76.05

数据来源：作者根据居民收入差距二阶嵌套分解计算得出。

8.3 城乡劳动力市场扭曲对居民消费差距的影响

改革开放以来,我国城乡经济关系的失衡型融合导致城乡收入差距发生变化,城乡收入差距迄今为止依然是总体居民收入差距的主体部分。收入水平是影响居民消费状态的一个"工具"因素,相对于城乡收入差距,城乡消费差距能够更好地反映城乡居民生活状态和福利水平的差异。20世纪70年代末期以来,我国城乡居民的消费支出绝对数出现了单向度增长,但城乡居民消费的落差却在不同时段具有不同表现。从时序比较和跨国比较来看,当前我国城乡居民消费差距仍处在较高位置。城乡消费差距关联到二元结构转化、国内消费扩展、产业结构转型等诸多维度,"城乡消费差距不仅对未来中国经济的增长产生阻力,也将对人们的幸福感和和谐社会的构建产生不利的影响"(徐敏、姜勇,2015)。由此,探究城乡消费差距的形成动因和影响因素就具有重要的实践价值。从另一方面看,我国城乡经济关系的失衡型融合还表现为城乡之间仍存在要素自发流动的障碍,例如:城乡户籍制度的就业管控功能在减弱,但社会保障资源配置功能依然较为显著,这导致劳动力流动存在着职业转化和身份转换的不一致,其集中表现是农村劳动力非农化流转之后在城镇面临着新二元结构——城镇户籍人口和农村外来人口在就业岗位、工资收入、社会福利等方面面临着不对等。新二元结构表明迄今为止我国仍呈现出城乡间的劳动力市场扭曲或劳动力要素错配问题,城乡劳动力市场扭曲的成因和效应随即成为理论研究的重要议题。从上述格局出发,实证研究城乡劳动力市场扭曲对居民消费差距的影响,可视为理解城乡经济关系失衡型融合所产生效应的又一个切入点。

理解改革开放之后我国劳动力市场扭曲对城乡消费差距的影响,其实质是廓清二元结构转化和体制转型特征之间的关联性(高帆、汪亚楠,2016)。依据刘-费-拉模型,可用图8-2来刻画二元经济结构下的劳动力流动及福利效应。在该图中,图(a)、图(b)分别表示农村部门和城镇部门的劳动力市场均衡状态,横轴为劳动力数量,而纵轴为工资水平。D_t、D_m 分别为城乡两部门的劳动力边际产出线或劳动力需求线。S_t、S_m 分别为劳动力流动之前两部门的劳动力供给线。在劳动力跨部门流转之前,农村部门的工资 W_a 处在较低水平,而城镇部门的工资 W_b 处在较高位置。假定劳动力市场有效且不考虑交易成本,则上述工资差异将作为市场"信号"诱发农村劳动力流向城镇部门,这在经济实践中对应着劳动力的非农化流转以及城镇化水平的提高。于是,在图(a)中 S_t 向左上方移动,而在图(b)中 S_m 向右下方移动,其移动的结果是:农村劳动生产率或工资水平因劳动力减少而逐步攀高,城镇劳动生产率或工资因劳动力增加而不断下降,劳动力流转改变了两部门的劳动力供求状况,并促使部门间的劳动生产率和工资呈现出收敛态势。上述变动过程连续进行直至农村部门的劳动力供给线移至 S'_t,而城镇部门的劳动力供给线移至 S'_m,此时两部门的劳动力市场均衡工资均为 W_0,农村流出的劳动力数量为 $L_t - L'_t$,而城镇吸纳的劳动力数量为 $L'_m - L_m$。当两大部门的劳动力流动导致劳动生产率或工资相同时,则按照刘-费-拉模型,该经济体的二元经济结构转化过程随之完成。就经济效应而言,在图(a)中,$S_{\triangle ABC}$ 为农村因劳动力流出进而工资提高而形成的福利增加,在图(b)中,$S_{\triangle MNP}$ 为城镇因劳动力流入进而就业增长而产生的福利增加,这两者的加总即为劳动力再配置导

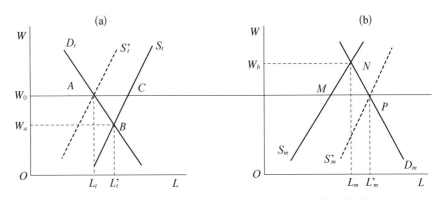

图 8-2 城乡二元经济结构下的劳动力流动及福利效应

致的资源配置效率提高或者经济增长水平。显然,在劳动力市场有效且不存在交易成本的条件下,城镇和农村两部门间劳动力流动将提高要素配置效率,并推动整个社会生产力的解放和发展。

在刘-费-拉模型中,城乡之间的劳动力流动是一国化解二元经济结构的根本路径,劳动力的跨部门转移既是一个要素配置效率提高进而经济总量增长的过程,也是一个不同产业和部门的劳动者劳动生产率和工资渐趋拉平的过程。问题在于:部门间的劳动力流动以及再配置效应取决于劳动力市场的有效性,尤其对于中国这样正处在经济体制转型进程中的发展中大国而言,迄今为止要素市场化进程仍滞后于商品市场化进程,劳动力市场扭曲仍是我国经济体制转型进程中的特征事实,这从前文中我国政府-市场关系变动、政府内部和市场内部的结构特征已经看得非常清楚。立足于我国市场化体制转型的渐进特征,即使城乡两部门存在着劳动生产率或工资水平的落差,农村劳动力客观上需要通过再配置来改善自身经济境遇,但劳动力市场完善却是一个长期演化过程,其制度性或非制度性因素很容易抑制劳动力充分流动,从而因劳动力市场扭曲而延缓了生产要素的跨部门、跨产业、跨地区流转。劳动力市场扭曲相当于在农村劳动力非农化流转中加入了若干"楔子",在这种情形下,刘-费-拉模型所预示的经济增长效应和工资拉平效应就难以充分实现。

在图 8-2 中,劳动力市场扭曲意味着 S_t 向左上方移动(以及 S_m 向右下方移动)是缓慢的或是间断的,这会导致城镇部门工资 W_b 和农村部门工资 W_a 之间的落差长期处在较高位置,由此农村劳动力的工资提高以及城镇的就业增长也会受到极大制约。如果引入劳动力市场的完善程度,则可以发现:二元经济结构转化取决于不同部门间的劳动力流动,而劳动力流动又取决于劳动力市场的有效性。这里的关键在于:在引入劳动力市场的有效性之后,城乡两部门的劳动力流动就不会总是自动发生,且这种情形也与我国要素市场正在完善这种转型背景相契合,它和刘-费-拉模型所隐含的要素市场完备假设就区别开来。从影响机制的角度看,劳动力市场扭曲主要通过如下两种渠道对城乡消费差距产生影响。

一是城乡收入差距,即劳动力市场扭曲会对二元经济结构转化、尤其是城乡收入差距的收敛产生负面影响。收入水平是影响不同社会群体消费支出的基本变量,而城乡收入差距是影响城乡消费差距的重要因素。这意味着:在不考虑其他因素的条件下,劳动力市场扭曲会通过收入差距而对城乡消费差距缩减产生负面影响。

二是公共产品或社会保障资源配置。在刘-费-拉模型中,农村劳动力非农化流动主要导源于部门间的工资差异,农村劳动力总是追求劳动生产率或工资水平更高的就业岗位。这里隐含的假设是:城乡劳动力(以及居民)的社会保障水平是一致的,不存在基于身份而形成的社会福利落差,劳动力流动单纯表现为以收入水平改善为取向的职业转换过程。然而在发展中国家,相对于城镇部门,农村部门的居民在政策制定和社会保障获取等方面处于不利地位。在针对中国本土化问题的讨论中,许多文献强调我国城乡居民的社会保障与其户籍或"身份"相关,不同身份导致中国存在着城乡居民的社会保障水平差异或二元社会结构。前文针对改革开放以来城乡经济关系的研究也显示:现阶段我国城乡之间的失衡型融合一个重要表现是城乡之间的公共产品配置落差仍存在固化特征,城乡基本公共产品均等化仍在进程之中。

从逻辑上说,部门间的劳动力流动会对二元社会结构消减产生积极作用,农村劳动力的非农化流转将导致其通过比较"发现"社会保障资源的配置落差,进而依靠"呼声"或对农村产业"用脚投票"来推动城乡间基本服务的均等化。此外,部分农村劳动力也有机会转为城镇居民以获取相对较好的社会保障,特别是,现阶段我国中小城镇的户籍制度已经大幅度放开,户籍制度的社会保障资源配置功能呈现出松动态势。尽管如此,在我国的经济体制转型进程中,社会保障仍主要按照市民和农民这样的"身份"属性来配置,而不是依据农村劳动力流动之后的就业岗位来配置,劳动力的非农化流动对"身份"配置基准有影响但影响极为有限。在城镇内部,不同规模和层级的城镇其公共产品与社会保障资源的配置也存在差别,大城市、尤其是特大城市往往更有条件为其市民提供更为充裕的基本公共服务。上述情形意味着:劳动力市场扭曲程度下降有助于城乡间公共服务以及社会保障差距的收敛,但考虑到"身份"在社会保障配置中的重要性及延续性,则劳动力市场程度提高对消减城乡社会保障差距,进而缩小城乡消费差距的作用并不突出。换言之,劳动力市场扭曲会通过社会保障配置而对城乡消费差距缩减产生负面影响,但这种作用因社会保障配置的"身份"属性而不显著。

基于上述理解,就必须选择能够耦合概念本质的指标进行实证研究。1992年之后我国确立了社会主义市场经济体制的改革目标,而2013年之后我国针对城乡居民收入的统计口径发生了微调。考虑到实证数据的可得性、翔实性和一致性,可以采用1992—2013年我国31个省(自治区、直辖市)的面板数据进行实证研究,研究涉及的分析指标及数据来源如下:

(1) 劳动力市场扭曲(DS)。在存在二元经济结构特征的背景下,特定国家的经济体系被分为城镇部门和农村部门两个部分,劳动力市场扭曲体现了控制人力资本因素之后,特定部门劳动力投入与其产出之间的匹配程度。据此,此处参照盖庆恩、朱喜、史清华(2013),采用如下形式测算各省区的劳动力市场扭曲(或劳动力市场一体化)程度:

$$DS = \frac{\alpha_a}{\alpha_m} \times \frac{y_a}{1-y_a} \times \frac{1-l_a}{l_a} \times e^{(r_m-r_a)s_a} \times e^{(s_m-s_a)r_m} \quad (8-12)$$

在式(8-12)中,α_a和α_m分别表示某个省份农村部门(主要表征为第一产业)和城镇部门(主要表征为第二产业和第三产业)的劳动力替代弹性,y_a和l_a分别表示第一产业增加值在GDP中的占比以及第一产业劳动力在总劳动力中的占比。s_a和s_m分别为两大部门的劳动力受教育年限,r_a和r_m分别为两大部门的劳动力教育收益率。依据上式得出的DS越高,则表明劳动力市场一体化程度越高,劳动力市场的扭曲程度越小,反之则反是。在式(8-12)的计算中,首先需要确定城乡两大部门的劳动力替代弹性,与Brandt L. & Zhu X. (2008)、Bosworth B. & Collins S.M. (2008)一致,这里的α_a和α_m均设为0.5。

在针对我国劳动力市场扭曲程度的计算过程中,还需要其他数据作支撑。其中,1992—2013年31个省(自治区、直辖市)的第一产业增加值占比数据,依据CEIC数据库给出第一产业增加值和GDP总量计算得出,31个省(自治区、直辖市)的第一产业就业占比数据根据CEIC数据库、各省区市统计年鉴以及国民经济和社会发展公报给出的资料计算得出。考虑到数据的可得性,我们用31个省(自治区、直辖市)的整体劳动力平均受教育年限标度城镇劳动力受教育年限,各省份的整体和农村劳动力平均受教育年限=未上过学占比×0+小学毕业占比×6+初中毕业占比×9+高中毕业占比×12+大学及以上毕业占比×16,其中不同受教育程度的占比数据来自CEIC数据库和各省份的统计年鉴。已有统计资料并未给出各省(自治区、直辖市)城乡劳动力的教育收益率,梁润(2011)基于中国营养与健康调查1989—2009年的数据测算了我国城乡劳动力的教育收益率。此处利用该研究得出的1993年、1997年、2000年、2004年、2006年和2009年平均数来表示各省区两大部门的劳动力教育回报率,即农村部门为0.026 3,而城镇部门为0.047 7。

(2)城乡消费差距(CG)。如前所述,城乡消费差距可以用名义差距、实际差距和泰尔指数三种形式来表达。现有文献往往采用城镇居民人均消费支出/农村居民人均生活支出表示城乡消费差距,该指标并未剔除价格因素的影响且未引入人口结构变化。为了引入城乡人口结构的变化因素,此处以泰尔指数形式标度城乡消费差距,令CG表示给定年份某一省(自治区、直辖市)的城乡消费差距,则有:

$$CG = \sum_{j=1}^{2} \left(\frac{c_j}{c}\right) \ln\left(\frac{c_j}{c} \Big/ \frac{p_j}{p}\right) = \left(\frac{c_1}{c}\right) \ln\left(\frac{c_1}{c} \Big/ \frac{p_1}{p}\right) + \left(\frac{c_2}{c}\right) \ln\left(\frac{c_2}{c} \Big/ \frac{p_2}{p}\right)$$

(8-13)

在式(8-13)中,$j=1,2$分别表示城镇和农村两大部门,p_j表示城镇($j=1$)和农村($j=2$)的人口数,$p=p_1+p_2$表示人口总数。c表示城镇($j=1$)和农村($j=2$)的消费规模,$c=c_1+c_2$表示消费总量。为了剔除价格因素,城镇消费规模为城镇居民真实人均消费支出乘以城镇人口数,农村消费规模为农村真实人均生活支出乘以农村人口数。其中,城镇真实人均消费支出按照各省区城镇CPI指数(定基,1992年=1)对人均消费支出平减得出,农村真实人均生活支出按照农村CPI指数(定基,1992年=1)对人均生活支出平减得出。城乡CPI指数(定基,1992年=1)根据城乡CPI指数(上年=100)计算得出。在计算中所涉及的各省(自治区、直辖市)城镇居民人均消费支出、农村居民人均生活支出、城乡CPI指数(上年=100)、城镇居民人口数、农村居民人口数等来自CEIC数据库以及西藏和重庆统计年鉴。

(3) 城乡收入差距(IG)。城乡收入差距最简单的测度方法是城镇居民人均可支配收入/农村居民人均纯收入,但与城乡消费差距相类似,这个指标实质是名义城乡收入差距。它既忽视了人口结构对城乡收入差距的影响,也忽视了不同收入来源对城乡收入差距的影响,因此其对城乡收入差距的表达是有缺陷的。在现有的统计资料中,我国各省(自治区、直辖市)的城乡居民收入按收入来源均可分为工资性收入、经营性收入、财产性收入和转移性收入,其中转移性收入主要来自政府或企业对劳动者(或居民)的福利供给。按照前文的逻辑推演,劳动力市场扭曲(或劳动力市场一体化程度)首先影响城乡居民的非转移性收入。依据这种理解,此处的城乡收入差距剔除掉居民的转移性收入差距,而将其界定为城乡居民工资性收入、经营性收入和财产性收入的差距。与城乡消费差距类似,此处也采用泰尔指数标度各省(自治区、直辖市)的城乡收入差距,令 IG 表示给定年份某一省(自治区、直辖市)的城乡收入差距,则有:

$$IG = \sum_{j=1}^{2}\left(\frac{i_j}{i}\right)\ln\left(\frac{i_j}{i}\Big/\frac{p_j}{p}\right) = \left(\frac{i_1}{i}\right)\ln\left(\frac{i_1}{i}\Big/\frac{p_1}{p}\right) + \left(\frac{i_2}{i}\right)\ln\left(\frac{i_2}{i}\Big/\frac{p_2}{p}\right)$$

(8-14)

在式(8-14)中,$p = p_1 + p_2$ 表示人口总数。i 表示城镇($j=1$)和农村($j=2$)的收入规模,$i = i_1 + i_2$ 表示收入总量,这里的收入为各省(自治区、直辖市)城乡居民的工资性收入、经营性收入和财产性收入三者之和。为了剔除价格因素的影响,我们按照各省(自治区、直辖市)的城镇 CPI 指数(定基,1992 年 = 1)对城镇居民人均可支配收入进行了平减,按农村 CPI 指数(定基,1992 年 = 1)对农村居民人均纯收入进行了平减,以此得出城镇居民真实人均可支配收入和农村居民真实人均纯收入。为反映各省(自治区、直辖市)城乡居民工资性收入、经营性收入、财产性收入三者的差距,可定义城镇居民收入 = 城镇真实人均可支配收入×(1 - 转移性收入在城镇居民收入中的占比),农村居民收入 = 农村居民真实人均纯收入×(1 - 转移性收入在农村居民收入中的占比)。各省(自治区、直辖市)的城镇居民人均可支配收入、农村居民人均纯收入、城乡 CPI 指数(上年 = 100)、城镇居民人口数、农村居民人口数来自 CEIC 数据库以及西藏和重庆统计年鉴。1992—2013 年各省(自治区、直辖市)转移性收入在城镇居民收入中的占比(该占比用城镇居民人均总收入中转移性收入占比表示),以及转移性收入在农村居民收入中的占比(该占比用农村居民人均纯收入中转移性收入占比表示)来自《中国农村统计年鉴》、国家统计局网站以及各省份统计年鉴,其中 1992—1996 年重庆的两个占比与四川相同。

(4) 城乡社会保障差距(SG)。已有统计资料并未给出 1992—2013 年我国 31 个省(自治区、直辖市)城乡居民的社会保障差距,且现有针对城乡社会保障落差的研究往往是分类别的,即按照教育、医疗、养老等不同社会保障类别的获取状况进行研究。这种研究是具有启发意义的,但对整体刻画城乡社会保障资源的获取程度及其变化却显得相对不足。事实上,城乡社会保障差距集中表现为城乡居民在其收入中获取转移性收入的差别。因此,采用各省(自治区、直辖市)城乡居民的转移性收入比较作为城乡社会保障差距的代理变量,并以泰尔指数测算这种差距的实际程度。令 SG 表示给定年份某一省(自治区、直辖市)的城乡社会保障差距,则有:

$$SG = \sum_{j=1}^{2} \left(\frac{s_j}{s}\right) \ln\left(\frac{s_j}{s} \Big/ \frac{p_j}{p}\right) = \left(\frac{s_1}{s}\right) \ln\left(\frac{s_1}{s} \Big/ \frac{p_1}{p}\right) + \left(\frac{s_2}{s}\right) \ln\left(\frac{s_2}{s} \Big/ \frac{p_2}{p}\right)$$

(8 - 15)

与城乡消费差距、城乡收入差距的表达方式类似,在式(8-15)中,$p = p_1 + p_2$ 表示人口总数,s 表示城镇($j=1$)和农村($j=2$)的社会保障规模,$s = s_1 + s_2$ 表示社会保障总量,此处各省(自治区、直辖市)的城乡社会保障水平用城乡居民人均转移性收入表示。与前文的处理方法一致,这里也按照各省(自治区、直辖市)的城镇CPI指数(定基,1992年=1)对城镇居民人均可支配收入进行了处理,按照农村CPI指数(定基,1992年=1)对农村居民人均纯收入进行了平减,以得出城镇真实人均可支配收入和农村真实人均纯收入。在此基础上,可定义各省(自治区、直辖市)的城镇居民社会保障=城镇真实人均可支配收入×转移性收入在城镇居民收入中的占比,农村居民社会保障=农村居民真实人均纯收入×转移性收入在农村居民收入中的占比。计算城乡社会保障差距的数据来源与计算城乡收入差距的数据来源相同。

(5) 控制变量。作为一个正处在经济体制转型进程中的发展中大国,我国的城乡消费差距并不单纯取决于城乡收入差距和城乡社会保障资源差距。城乡消费差距是多种因素综合作用的结果,除劳动力市场扭曲之外,此处还试图控制如下因素对城乡消费差距的影响。

① 人均GDP(PY),采用各省(自治区、直辖市)人均GDP指数(1992年=100)对人均GDP进行平减,以得出真实人均GDP并对其取自然对数。为了获得人均GDP指数,首先将各省(自治区、直辖市)的国民生产总值指数(上年=100)折算为国民生产总值指数(1992年=100),然后根据人口规模变化得出人口变动指数(1992年=1),之后用国民生产总值指数除以人口变动指数,进而间接地获得各省(自治区、直辖市)的人均GDP指数(1992年=100)。数据处理所需的各省(自治区、直辖市)GDP指数(上年=100)、人口数、人均GDP等数据均来自CEIC数据库。

② 市场化进程(MR),采用各省(自治区、直辖市)职工人数中非国有单位职工人数占比表示。1992—2008年的职工人数和非国有单位职工人数来自《新中国六十年统计资料汇编》,2009—2013年数据来自各省(自治区、直辖市)统计年鉴。

③ 对外开放程度（OP），采用各省（自治区、直辖市）出口贸易额占 GDP 的比重表示。1992—2013 年出口贸易额来自 CEIC 数据库，出口额按照汇率折算为人民币以便与 GDP 比较。

④ 基础设施（IN），采用各省（自治区、直辖市）单位国土面积的公路里程数表示。1992—2013 年的公路里程数来自 CEIC 数据库，各省份国土面积采用 2011 年数据。

⑤ 政府财政能力（FI），采用各省（自治区、直辖市）一般预算支出占 GDP 的比重表示。1992—2008 年的财政支出数据来自《新中国六十年统计资料汇编》，2009—2013 年数据则来自 CEIC 数据库。

依据前文理论推演，在存在城乡二元结构的情形下，劳动力市场扭曲会通过城乡收入差距和城乡社会保障差距这两个机制，而对城乡消费差距产生影响。为了检验这些理论，可提出如下模型进行分析：

$$CG_{it} = \alpha + \beta_1 DS_{it} + \beta_2 PY_{it} + \beta_3 MR_{it} + \beta_4 OP_{it} + \beta_5 IN_{it} + \beta_6 FI_{it} + \varepsilon_{it} \qquad (8\text{-}16)$$

在式（8-16）中，CG_{it} 是我国第 i 个省（自治区、直辖市）在 t 时期的城乡消费差距，DS_{it}、PY_{it}、MR_{it}、OP_{it}、IN_{it}、FI_{it} 分别是第 i 省（自治区、直辖市）在 t 时期的劳动力市场扭曲（劳动力市场一体化程度）、人均 GDP、市场化程度、对外开放程度、基础设施以及政府财政能力。β_1、β_2、β_3、β_4、β_5、β_6 分别是这些解释变量的系数。在控制其他变量的情形下，如 β_1 为负，则表明劳动力市场扭曲会对城乡消费差距产生负面影响，即劳动力市场扭曲程度的下降（表现为 DS_{it} 数据的逐步走高）会导致城乡消费差距的缩减（表现为 CG_{it} 数据的逐步减小），反之则反是。为了揭示劳动力市场扭曲对城乡消费差距的影响机制，此处还提出如下两个模型以进行辅助分析：

$$IG_{it} = \alpha + \beta_1 DS_{it} + \beta_2 PY_{it} + \beta_3 MR_{it} + \beta_4 OP_{it} + \beta_5 IN_{it} + \beta_6 FI_{it} + \varepsilon_{it} \qquad (8\text{-}17)$$

$$SG_{it} = \alpha + \beta_1 DS_{it} + \beta_2 PY_{it} + \beta_3 MR_{it}$$
$$+ \beta_4 OP_{it} + \beta_5 IN_{it} + \beta_6 FI_{it} + \varepsilon_{it} \quad (8-18)$$

式(8-17)的 IG_{it} 是第 i 个省(自治区、直辖市)在 t 时期的城乡收入差距,式(8-18)的 SG_{it} 是第 i 个省(自治区、直辖市)在 t 时期的城乡社会保障差距,其余变量的含义与式(8-16)相同。在控制其他变量之后,式(8-17)的 β_1 若为负值,则说明劳动力市场扭曲会对城乡收入差距产生负面影响,同样地,式(8-18)的 β_1 若为负值,则说明劳动力市场扭曲会对城乡社会保障差距产生负面影响。考虑到居民消费对收入水平和社会保障的依赖,则式(8-17)和式(8-18)的 β_1 均为负,意味着劳动力市场扭曲通过收入差距和社会保障差距而对城乡消费差距产生了不利影响。

为了利用设定的计量模型进行实证研究,首先需要对式(8-16)、式(8-17)和式(8-18)的变量进行单位根检验。依据相关变量的特征,此处的单位根检验均采用含有截距项和趋势项的类型。单位根检验包括 Levin, Lin & Chu t*、Breitung t-stat、Im, Pesaran & Shin w-stat、ADF-Fisher Chi-square、PP-Fisher Chi-square 等方法。基于这些方法并利用 Eviews7.0 得出的结果见表 8-4,可以发现:各序列的 1 阶差分均能在 1% 的显著水平上拒绝有单位根的原假设,这表明式(8-16)、式(8-17)和式(8-18)涉及的序列都是 1 阶单整的。变量通过单位根检验之后,还应利用 Pedroni、Kao 和 Engle-Granger 两步法、Johansen-Fisher 检验等方法进行协整关系分析,尤其是,Pedroni 提出了 Panel v-statistic、Panel rho-statistic、Panel PP-statistic、Panel ADF-statistic、Group rho-statistic、Group PP-statistic、Group ADF-statistic 以进行协整关系检验。此处综合采用上述方法,结果显示:式(8-16)、式(8-17)和式(8-18)涉及的变量均可在 5% 的显著性水平下拒绝不存在协整关系的原假设。这说明:1992—2013 年我国 31 个省(自治区、直辖市)的 CG_{it}(以及 IG_{it}、SG_{it})与 DS_{it}、PY_{it}、MR_{it}、OP_{it}、IN_{it}、FI_{it} 之间存在着长期稳定关系。

表 8-4 模型中被解释变量和解释变量的单位根检验

检验方法	CG	IG	SG	DS	PY	MR	OP	IN	FI
Levin, Lin & Chu t*	-18.6119 (0.000)	-10.518 (0.000)	-16.520 (0.000)	-14.212 (0.000)	-4.784 (0.000)	-11.942 (0.000)	-19.006 (0.000)	-19.285 (0.000)	-11.273 (0.000)
Breitung t-stat	-9.501 (0.000)	-9.699 (0.000)	-10.588 (0.000)	-6.360 (0.000)	-2.821 (0.002)	-7.632 (0.000)	-11.091 (0.000)	-19.030 (0.000)	-7.032 (0.000)
Im, Pesaran & Shin W-stat	-12.433 (0.000)	-10.256 (0.000)	-14.501 (0.000)	-15.289 (0.000)	-5.632 (0.000)	-9.212 (0.000)	-16.561 (0.000)	-13.756 (0.000)	-11.182 (0.000)
ADF – Fisher Chi-square	247.722 (0.000)	207.957 (0.000)	291.844 (0.000)	305.973 (0.000)	138.746 (0.000)	204.996 (0.000)	322.682 (0.000)	265.100 (0.000)	228.098 (0.000)
PP – Fisher Chi-square	583.193 (0.000)	305.008 (0.000)	350.863 (0.000)	284.794 (0.000)	146.208 (0.000)	295.066 (0.000)	629.600 (0.000)	269.852 (0.000)	279.416 (0.000)

注：括号内数据为 1 阶差分检验相应统计量的 P 值。

第8章 城乡经济关系失衡型融合的主要经济效应

表8-5 城乡劳动力市场扭曲影响居民消费差距的回归结果

区域	全国			东部地区			中西部地区		
变量	CG	IG	SG	CG	IG	SG	CG	IG	SG
常数项	0.001 (0.025)	0.024 (0.025)	1.132*** (0.116)	−0.048* (0.028)	0.092*** (0.024)	0.566*** (0.129)	0.084** (0.038)	0.072** (0.037)	1.226*** (0.175)
DS	−0.136*** (0.014)	−0.094*** (0.014)	−0.061 (0.066)	−0.061*** (0.013)	−0.005 (0.011)	−0.062 (0.061)	−0.206*** (0.023)	−0.150*** (0.022)	−0.058 (0.105)
PY	0.023*** (0.003)	0.012*** (0.003)	−0.057*** (0.015)	0.019*** (0.004)	−0.009*** (0.003)	−0.002 (0.017)	0.018*** (0.005)	0.012** (0.005)	−0.057** (0.024)
MR	−0.090*** (0.017)	−0.038** (0.017)	−0.044 (0.080)	−0.093*** (0.017)	0.006 (0.015)	0.128 (0.080)	−0.068** (0.030)	−0.043 (0.029)	−0.272** (0.139)
OP	0.057*** (0.015)	0.019* (0.014)	0.004 (0.063)	0.053*** (0.010)	0.033*** (0.008)	−0.048 (0.044)	0.057 (0.045)	−0.112*** (0.044)	0.240 (0.208)
IN	0.019*** (0.006)	0.005 (0.006)	−0.062** (0.028)	−0.015** (0.007)	0.014** (0.006)	−0.164*** (0.030)	−0.020** (0.008)	0.004 (0.008)	−0.021 (0.038)
FI	−0.090*** (0.018)	−0.039** (0.017)	−0.467*** (0.080)	0.022 (0.047)	0.119*** (0.040)	−0.937*** (0.215)	−0.089*** (0.023)	−0.031 (0.023)	−0.440*** (0.108)

(续表)

区域	全国				东部地区				中西部地区		
方法	固定	固定	固定	固定	固定	固定	固定	固定	固定	固定	固定
Hausman 检验	109.51 (0.000)	102.95 (0.000)	69.58 (0.000)	72.24 (0.000)	26.82 (0.000)	22.05 (0.001)	31.86 (0.000)		34.06 (0.000)		26.31 (0.000)
R^2	0.8506	0.8786	0.7874	0.8817	0.8616	0.8803	0.7741		0.8433		0.6691
调整后 R^2	0.8422	0.8718	0.7755	0.8733	0.8518	0.8718	0.7604		0.8338		0.6491
F 值	101.99	129.62	66.35	104.79	87.58	103.44	56.73		89.11		33.49
观测值	682	682	682	242	242	242	440		440		440

注：① 回归系数对应的括号内为标准误；② hausman 检验对应的括号内为 P 值；③ ***、**、* 分别表示在 1%、5%、10% 水平上显著。

变量通过单位根检验和协整关系检验,据此可针对模型式(8-16)、式(8-17)和式(8-18)进行计量回归。为了更清晰地廓清劳动力市场扭曲对城乡消费差距的影响,此处针对1992—2013年31个省(自治区、直辖市)的全国面板数据、11个省(直辖市)的东部地区面板数据和20个省(自治区、直辖市)的中西部地区面板数据分别进行了研究①。为了确定回归方程的具体形式,可利用Eviews7.0给出Hausman检验的统计值及相应的P值,如表8-5所示,Hausman检验的P值均小于0.05,可见应拒绝随机效应模型而采用固定效应模型。就全国而言,式(8-16)刻画了劳动力市场扭曲DS以及控制变量对城乡消费差距CG的影响,表8-5显示该回归方程的判定系数为0.8506,调整后的判定系数为0.8422,可见该方程的回归效果较好,DS和控制变量对CG具有较好的解释力。DS的系数β_1为-0.136,且可通过1%的统计显著性检验,这说明:劳动力市场扭曲(或劳动力市场一体化程度)与城乡消费差距正相关(或反相关),劳动力市场扭曲程度每下降1个单位,或劳动力市场一体化程度每提高1个单位,将导致城乡消费差距下降0.136个单位。就控制变量而言,β_2为0.023、β_4为0.057、β_5为0.019,即人均GDP、对外开放和基础设施每提高1个单位,会导致城乡消费差距分别提高0.023、0.057和0.019个单位,这三者与CG之间为正相关,这说明我国经济增长、对外开放和基础设施建设导致的"发展红利"在城乡之间是分布不均匀的。β_3和β_6均为-0.090,即市场化程度和政府财政能力每提高1个单位,分别会导致城乡消费差距下降0.090个单位,这说明当前我国市场化的体制转轨和政府财政能力增强,通过资源配置效率提高以及公共产品配置方式完善促进了二元经济结构转化。

分东部和中西部两大地区来看,东部地区式(8-16)的判定系数和调整后的判定系数分别为0.8817和0.8733,中西部地区式(8-16)则分别为0.7741

---

① 东部地区包括北京、天津、河北、辽宁、上海、江苏、浙江、福建、山东、广东、海南等11个省(直辖市),中西部地区包括山西、吉林、黑龙江、安徽、江西、河南、湖北、湖南、内蒙古、广西、重庆、四川、贵州、云南、西藏、陕西、甘肃、青海、宁夏、新疆等20个省(自治区、直辖市)。

和 0.7604,这两个方程的回归效果也比较理想。就这两大区域而言,其他控制变量与全国的情形非常接近,而 DS 的系数 β_1 分别为 -0.061 和 -0.206,也说明劳动力市场扭曲对各自的城乡消费差距均产生了负面效果,劳动力市场扭曲程度每下降 1 个单位,会分别导致东部地区和中西部地区的城乡消费差距下降 0.061 个单位和 0.206 个单位。劳动力市场扭曲对城乡消费差距的影响在中西部地区更为显著,这可能导源于:东部地区的劳动力市场一体化程度较高,其通过劳动力市场一体化来缩减城乡消费差距的空间在变小。此外,中西部地区农村劳动力资源相对更为充裕,但城镇部门的就业创造能力滞后于东部地区,这样劳动力市场扭曲的程度就更为突出,其对城乡消费差距的影响程度也就相对更大,或者说城乡消费差距对中西部地区的劳动力市场一体化程度更为敏感。尽管存在着不同地区的作用程度差别,但实证分析的结论却是一致的,即无论是针对全国还是两大区域而言,劳动力市场扭曲均对城乡消费差距产生了负面影响,而劳动力市场一体化程度提高则是缩减城乡消费差距的重要渠道。这种结论意味着:改革开放以来我国城乡经济关系的失衡型融合,特别是户籍制度导致的劳动力市场扭曲,对城乡消费差距缩减和二元经济结构的持续转化产生了阻滞作用。

在中国经济体制转型进程中,劳动力市场扭曲会对城乡消费差距产生负面影响,为了厘清这种影响的作用机制,可以利用模型式(8-17)和式(8-18)进行实证研究。就全国而言,式(8-17)回归方程的判定系数和调整后的判定系数分别为 0.8786 和 0.8718,劳动力市场扭曲 DS 以及其他变量对城乡收入差距 IG 具有较强的解释力。DS 的系数 β_1 为 -0.094,且可以通过 1% 的显著性检验,可见劳动力市场扭曲程度每下降 1 个单位或劳动力市场一体化程度每提高 1 个单位,会导致城乡收入差距下降 0.094 个单位。控制变量的符号与式(8-16)的回归结果相似,差别仅在于 IN 的系数 β_5 变得不显著了。式(8-18)回归方程的判定系数和调整后的判定系数分别为 0.7874 和 0.7755,解释变量对被解释变量 SG 也有较强的说服力。DS 的系数 β_1 为 -0.061,但不能通过显著性检验,这说明劳动力市场扭曲程度下降理论上可以缩减城乡

第8章 城乡经济关系失衡型融合的主要经济效应

社会保障差距,但当前我国的社会保障主要是按照"户籍"或"身份"配置的,劳动力市场一体化程度提高并不能显著地导致城乡社会保障差距收敛。就东部地区而言,式(8-17) DS 的系数 β_1 为 -0.005,且可通过 10% 的显著性检验,式(8-18) DS 的系数 β_1 为 -0.062,但不能通过显著性检验,这说明东部地区的劳动力市场扭曲对城乡收入差距有负面影响,且这种作用因劳动力市场一体化程度较高已变得很小,劳动力市场扭曲对城乡社会保障差距的作用并不突出。就中西部地区而言,式(8-17) DS 的系数 β_1 为 -0.150,且可以通过 1% 的显著性检验,式(8-18) DS 的系数 β_1 为 -0.058,不能通过显著性检验,显然,中西部的劳动力市场扭曲程度下降可以引致城乡收入差距的显著缩减,但不能导致城乡社会保障差距的明显缩小。

全国面板数据和区域面板数据均表明:劳动力市场扭曲程度下降(或劳动力市场一体化程度提高)会导致我国城乡收入差距显著缩小,但不能引致城乡社会保障差距明显收敛,劳动力市场扭曲对城乡消费差距(以及城乡收入差距)的负面影响在中西部地区尤为突出。上述结果证实了前文的理论推演:在改革开放之后的经济发展进程中,我国城乡收入差距和城乡社会保障差距是引致城乡消费差距变动的核心变量。当前我国劳动力市场扭曲主要是通过收入差距而影响城乡消费差距,其通过社会保障差距影响城乡消费差距的程度并不突出,而劳动力市场扭曲及其对城乡消费差距的影响机制,集中体现出城乡经济关系失衡型融合对我国经济持续发展以及共同富裕目标实现带来的不利影响。

总而言之,1978年启动改革开放以来,我国城乡经济关系呈现出失衡型融合的基本特征,它既意味着我国城乡经济关系从此前的割裂状态走向融合状态,也表明现阶段的融合存在着领域和时段的不平衡,因此是走向高层次、高水平融合阶段的过渡阶段。这种城乡经济关系的失衡型融合是在实施经济增长主导战略下,基于政府-市场关系变化、政府内部和市场内部的结构特征以及相应的制度安排而形成的。这些经济制度安排一旦形成,就会影响微观经济主体的行为选择,例如:城乡居民可以依据价格信号开展产品交易和要素流动,特别是农村劳动力的非农化流动已经成为链接城乡经济关系的重要机制,然而这种流动同时也伴随着城镇内部的新二元结构以及劳动力市场扭曲。

微观主体的行为选择则会产生相应的经济结果,相对于计划经济时期的城乡割裂状态,城乡经济关系失衡型融合首先因为提高资源配置效率而驱动了我国的经济增长,城乡之间的劳动再配置或劳动结构效应是我国高速经济增长的重要成因。然而,城乡经济关系失衡型融合也连带着不同社会群体经济差距的变动,迄今为止,城乡收入差距仍是我国居民收入差距的主体部分,我国要调节居民收入分配就必须回应和解决城乡收入分配这个关键因素。另外,失衡型融合意味着我国城乡之间存在着劳动力市场扭曲,这种扭曲通过影响城乡收入差距、城乡社会保障差距而对城乡消费差距产生作用,城乡劳动力市场一体化程度提高会导致城乡消费差距逐步缩减。总之,改革开放40年以来,我国城乡经济关系的失衡型融合支撑了经济总量的高速增长,但也加剧了经济体系中的结构性问题,它是导致我国国民经济不平衡、不协调的一个重要诱因。自然地,城乡经济关系失衡型融合的实施绩效也会改变我国经济的发展战略和约束条件,特别是,对经济结构问题的关注内在地要求城乡经济关系发生持续改进。

第9章

协同型融合：新时代背景下的中国城乡经济关系

1978年我国启动了对内市场化改革和对外融入全球经济的历史进程。改革开放以来,中国经济总量的持续高速增长伴随着城乡经济关系的演变,即城乡经济关系开始从割裂状态转向失衡型融合。对于正处在体制转型阶段的发展中大国而言,我国城乡经济关系的失衡型融合是发展战略、约束条件及其两者组合状态变动的产物。如果说割裂型城乡经济关系服务于重工业优先发展战略,那么失衡型融合城乡经济关系则内生于经济增长主导战略。从实践结果来看,城乡经济关系失衡型融合确实驱动了我国经济总量的持续高速增长,城乡居民的收入和消费水平在时序意义上均在提高,但其导致的劳动力市场扭曲、城乡收入分配差距等却加剧了经济的结构性问题,使得我国城乡居民并未相对均等地分享高速增长的成果。我国在解放和发展生产力之后仍面临着实现持续发展和共同富裕目标的使命。简单地说,与城乡经济关系的失衡型融合相伴随,改革开放之后我国国民经济具有经济高速增长但结构问题突出的两重绩效。

发展绩效的两重性已使我国经济步入新台阶,并将我国经济带入新阶段,这必然推动经济发展战略、约束条件以及两者组合关系的动态变化。2002年中国共产党的十六大报告提出"科学发展观",2015年中国共产党十八届五中全会提出贯彻落实"创新、协调、绿色、开放、共享"五大发展理念,2017年中国共产党十九大报告则明确提出中国特色社会主义进入新时代,中国社会主要矛盾发生转化且经济转向高质量发展阶段。这些表述意味着:在改革开放进入40年的特定时期,我国经济的发展战略出现了重大调整,从经济增长主导战略转向统筹协调发展战略已成为新时代经济发展的重要趋向。这种转变必定会导致经济制度变迁持续推进,经济体制改革将拓展到更深远和广泛的领域,据此,城乡经济关系也需逐步从失衡型融合走向协同性融合。

9.1 我国统筹协调发展战略的提出及其约束条件

改革开放以来,我国确立并实施了经济增长主导的发展战略,并由此推进了市场化导向的经济体制转型。在经济制度层面,政府-市场关系从此前的政府高度管制转变为向微观主体的放权让利,市场在优化资源配置中的作用不断凸显。在市场化转型的过程中,我国政府内部和市场内部的结构特征开始显露,由此也就在政府内部形成了地方分权式治理体制,在市场内部形成了上游管控型市场扩展。这些制度安排影响了微观经济主体的行为选择,并导致城乡经济关系呈现出失衡型融合的突出特征。城乡经济关系失衡型融合与其他因素——例如:对外开放程度提高、科学和技术进步、物质和人力资本累积等——相互叠加、交织作用,共同推动了我国经济总量的持续高速增长,并使得我国生产力水平相对于改革开放初期得到了极为显著的提高。表9-1给出了1978—2017年我国GDP以及人均GDP的增长情况。改革开放40年,我国的GDP总量从3 679亿元增长至82.7122万亿元,人均GDP则从385元增至至59 660元,GDP和人均GDP的年均增长率分别达到9.59%和8.55%,如果以1978年=100,则2017年的GDP指数和人均GDP指数分别达到3 452.1和2 380.8。显而易见,经济总量持续高速增长是改革开放40年以来我国现代化进程的重要特征事实,从时序上看,改革开放40年以来的经济增长在整个中国发展史上是最为快速、最为显著的时段。

表9-1 1978—2017年中国GDP以及人均GDP的增长情况

年 份	GDP（十亿元）	人均GDP（元）	GDP指数（上年=100）	人均GDP指数(上年=100)	GDP指数（1978年=100）	人均GDP指数（1978年=100）
1978	367.9	385.0	111.7	110.2	100.0	100.0
1979	410.0	423.0	107.6	106.2	107.6	106.2

第9章 协同型融合：新时代背景下的中国城乡经济关系

(续表)

年 份	GDP（十亿元）	人均 GDP（元）	GDP 指数（上年＝100）	人均 GDP 指数（上年＝100）	GDP 指数（1978 年＝100）	人均 GDP 指数（1978 年＝100）
1980	458.8	468.0	107.8	106.5	116.0	113.1
1981	493.6	497.0	105.1	103.8	122.0	117.3
1982	537.3	533.0	109.0	107.4	132.9	126.0
1983	602.1	588.0	110.8	109.2	147.3	137.6
1984	727.9	702.0	115.2	113.7	169.6	156.4
1985	909.9	866.0	113.4	111.9	192.4	175.1
1986	1 037.6	973.0	108.9	107.3	209.6	187.9
1987	1 217.5	1 123.0	111.7	109.9	234.1	206.5
1988	1 518.0	1 378.0	111.2	109.4	260.4	226.0
1989	1 718.0	1 536.0	104.2	102.6	271.3	231.9
1990	1 887.3	1 663.0	103.9	102.4	281.9	237.5
1991	2 200.6	1 912.0	109.3	107.8	308.1	256.0
1992	2 719.5	2 334.0	114.2	112.8	351.9	288.8
1993	3 567.3	3 027.0	113.9	112.6	400.7	325.1
1994	4 863.7	4 081.0	113.0	111.8	453.0	363.4
1995	6 134.0	5 091.0	111.0	109.8	502.6	398.9
1996	7 181.4	5 898.0	109.9	108.8	552.5	433.9
1997	7 971.5	6 481.0	109.2	108.1	603.5	469.1
1998	8 519.6	6 860.0	107.8	106.8	650.8	501.1
1999	9 056.4	7 229.0	107.7	106.7	700.7	534.8
2000	10 028.0	7 942.0	108.5	107.6	760.2	575.7
2001	11 086.3	8 717.0	108.3	107.6	823.6	619.1
2002	12 171.7	9 506.0	109.1	108.4	898.8	671.2

(续表)

年 份	GDP（十亿元）	人均 GDP（元）	GDP 指数（上年=100）	人均 GDP 指数（上年=100）	GDP 指数（1978年=100）	人均 GDP 指数（1978年=100）
2003	13 742.2	10 666.0	110.0	109.4	989.0	734.0
2004	16 184.0	12 487.0	110.1	109.5	1 089.0	803.4
2005	18 731.9	14 368.0	111.4	110.7	1 213.1	889.7
2006	21 943.8	16 738.0	112.7	112.1	1 367.4	997.3
2007	27 023.2	20 505.0	114.2	113.6	1 562.0	1 133.3
2008	31 951.6	24 121.0	109.7	109.1	1 712.8	1 236.3
2009	34 908.1	26 222.0	109.4	108.9	1 873.8	1 345.8
2010	41 303.0	30 876.0	110.6	110.1	2 073.1	1 481.8
2011	48 930.1	36 403.0	109.5	109.0	2 270.1	1 615.4
2012	54 036.7	40 007.0	107.9	107.3	2 449.2	1 733.8
2013	59 524.4	43 852.0	107.8	107.2	2 639.2	1 859.1
2014	64 397.4	47 203.0	107.3	106.8	2 831.8	1 984.7
2015	68 905.2	50 251.0	106.9	106.4	3 027.2	2 110.9
2016	74 358.6	53 935.0	106.7	106.1	3 230.6	2 240.6
2017	82 712.2	59 660.0	106.9	106.3	3 452.1	2 380.8

数据来源：CEIC 数据库。

更值得强调的是：从跨国比较的角度看，改革开放 40 年以来，中国的经济高速增长在全球范围内也堪称"奇迹"。在人类经济发展史上，一个人口接近 14 亿的发展中大国在 40 年内保持 GDP 年均增长率接近 10%，是绝世罕见甚至前所未有的。作为一个实行社会主义制度的发展中大国，我国改革开放以来在解放和发展生产力维度，确实体现出相对于其他国家的比较优势。在经济全球化的大格局下，持续高速的增长态势显著地增强了中国的经济实力、综合国力和国际影响力，中国 GDP 占全球经济总量的份额在不断攀高，并呈现出向其他主要发达国家的快速追赶甚至出现超越的态势。

图9-1给出了1978年以来中国、美国和日本三个国家GDP占世界GDP的比重变化。按照现价美元计算,1978—2017年中国GDP总量从1 495.41亿元增长至12.24万亿元,占世界GDP的比重则从1.75%提高至15.17%。与中国经济的持续高速增长相对,20世纪90年代中期之后日本的GDP份额却在不断下降,2017年其占世界GDP的比重已降至6.04%,2010年中国已经超越日本成为GDP总量仅次于美国的全球第二大经济体。除与日本的比较之外,考察期内中国的GDP总量还呈现出向美国的急速追赶,美国GDP占世界GDP的比重呈现出在波动中逐步下降的态势,这种下降态势在进入21世纪之后表现得尤为突出。1978年和2017年美国占世界GDP的比重分别为27.59%和24.03%,而中国GDP相对于美国GDP的比重则从6.35%攀高至63.11%。

与GDP总量的持续高速增长相伴随的是,中国在改革开放之后的人口总数也在增长,但人口增长态势显著落后于GDP增长速度,其结果是中国的人均GDP呈现出持续提高并向其他主要经济体的快速靠近的趋势。按照现价美元计算,1978—2017年中国的人均GDP从156.40美元提高至8 826.99美

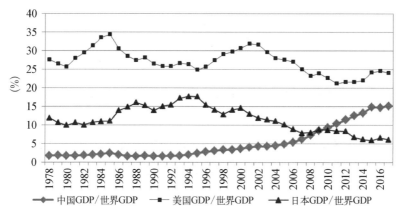

图9-1　1978—2017年中美日GDP占世界GDP的份额变化

数据来源:计算所需的原始数据均来自世界银行数据库。

元,其占世界人均 GDP 的比重从 7.85% 提高至 82.38%,占美国人均 GDP 的比重从 1.48% 提高至 14.83%,占日本人均 GDP 的比重从 1.77% 提高至 22.97%。迄今为止中国仍是发展中国家,但其人均 GDP 已进入国际组织定义的中上等收入国家行列。这些数据清晰地说明:改革开放 40 年以来中国的持续高速增长在全球范围内也是引人注目的,它深刻地改变了中国自身的经济状况及其与域外的经济关联格局。

经济总量的持续高速增长意味着中国的经济增长主导战略取得了显著绩效,然而,改革开放之后总量高速增长并不是我国经济领域的唯一主题。事实上,在总量持续高速增长的背景下,我国国民经济不断地面临着一系列结构性问题的挑战,总量高速增长-结构问题突出构成了改革开放 40 年以来中国经济"一枚硬币的两个表面"。从理论上说,任何国家的国民经济均是由不同部分组成的,经济的持续发展需要这些不同部分之间保持相对平衡。当然这种平衡不是依靠政府的指令性计划来强制达成,而应依靠市场机制以及政府作用两者的协同来实现。如果不同组成部分的发展出现不协调、不平衡,那么结构性问题的累积和加剧会对经济长期发展产生重大挑战。自 1978 年启动改革开放以来,伴随着市场化导向的经济体制转型,我国国民经济在多个方面表现出结构性问题,例如:需求结构、产业结构、投入结构、经济增长与生态环境的紧张关系等等。作为对这些结构性问题的回应,党的十七大报告在提出深入贯彻落实科学发展观这个命题之后,特别强调科学发展观的第一要义是发展,核心是以人为本,基本要求是全面协调可持续,根本方法是统筹兼顾,要统筹城乡发展、区域发展、经济社会发展、人与自然和谐发展、国内发展和对外开放等不同领域的关系。

在国民经济统计中,需求结构是理解特定国家经济发展状况的一个切入点,宏观经济学的凯恩斯需求管理理论及政策选择就是立足于需求结构而展开的,可以以需求结构为例说明改革开放以来我国经济体系的结构性问题。如表 9-2 所示:从支出法的角度看,我国 GDP 可分解为最终消费支出、资本形成总额、货物和服务净出口三个部分,而最终消费支出可分解为居民消费

表 9-2 1978—2017 年中国支出法 GDP 中不同部分的占比情况(%)

年份	最终消费					资本形成总额	货物和服务净出口
	最终消费支出	政府消费支出	居民消费支出	城镇居民消费	农村居民消费		
1978	61.44	13.04	48.40	18.35	30.06	38.87	-0.31
1979	63.22	13.84	49.38	18.62	30.76	37.27	-0.49
1980	64.85	13.77	51.08	20.15	30.92	35.48	-0.32
1981	66.11	13.11	53.00	20.52	32.49	33.54	0.34
1982	65.89	13.06	52.84	19.35	33.49	32.43	1.68
1983	66.78	13.80	52.99	19.68	33.30	32.38	0.84
1984	65.13	14.90	50.23	19.58	30.65	34.85	0.02
1985	64.46	14.06	50.41	20.05	30.36	39.54	-4.00
1986	64.23	13.69	50.54	20.82	29.72	38.21	-2.44
1987	62.13	12.94	49.19	20.95	28.24	37.78	0.09
1988	61.46	12.33	49.13	22.05	27.08	39.53	-0.99
1989	63.56	12.99	50.57	22.54	28.02	37.51	-1.07
1990	62.94	13.46	49.48	22.00	27.49	34.38	2.68
1991	61.54	13.87	47.66	22.47	25.19	35.67	2.79
1992	59.36	14.31	45.04	23.29	21.76	39.63	1.01
1993	57.93	14.21	43.72	24.22	19.50	43.96	-1.89
1994	57.91	13.98	43.93	25.14	18.79	40.79	1.30
1995	58.82	13.20	45.62	26.87	18.75	39.56	1.62
1996	59.76	13.07	46.68	27.05	19.63	38.22	2.02
1997	59.37	13.60	45.77	27.07	18.70	36.20	4.44
1998	60.20	14.78	45.41	28.01	17.40	35.56	4.25
1999	62.34	16.19	46.15	29.84	16.31	34.86	2.79
2000	63.30	16.58	46.72	31.20	15.52	34.33	2.37
2001	61.61	16.03	45.58	30.93	14.65	36.30	2.09

(续表)

年份	最终消费					资本形成总额	货物和服务净出口
	最终消费支出	政府消费支出	居民消费支出	城镇居民消费	农村居民消费		
2002	60.57	15.53	45.04	31.12	13.91	36.90	2.53
2003	57.49	14.58	42.90	30.05	12.85	40.37	2.14
2004	54.74	13.82	40.92	29.10	11.82	42.66	2.60
2005	53.62	13.86	39.77	28.71	11.05	40.98	5.40
2006	51.86	13.84	38.03	27.79	10.23	40.61	7.53
2007	50.14	13.41	36.73	27.31	9.42	41.24	8.62
2008	49.22	13.17	36.05	27.04	9.01	43.21	7.57
2009	49.37	13.17	36.20	27.44	8.76	46.33	4.30
2010	48.45	12.89	35.56	27.38	8.18	47.88	3.67
2011	49.59	13.27	36.32	27.87	8.45	48.01	2.40
2012	50.11	13.42	36.70	28.34	8.36	47.18	2.71
2013	50.31	13.50	36.81	28.53	8.28	47.25	2.44
2014	50.73	13.25	37.48	29.08	8.40	46.77	2.50
2015	51.82	13.77	38.05	29.59	8.46	44.75	3.43
2016	53.63	14.28	39.35	30.73	8.63	44.14	2.22
2017	53.62	14.52	39.10	30.70	8.41	44.41	1.97

数据来源：CEIC 数据库。

支出和政府消费支出，居民消费支出又可分解为城镇居民消费支出和农村居民消费支出。该表显示，1978 年改革开放以来，我国支出法 GDP 至少存在三个显著特征：一是就支出法 GDP 而言，最终消费支出和资本形成总额是构成 GDP 的主体部分，但这两个部分存在着前者占比逐步降低、后者占比渐趋攀高的显著态势。1978—2010 年我国最终消费支出占比（最终消费支出/GDP）从 61.44% 降至 48.45%，资本形成总额占比则从 38.87% 攀高至 47.88%。2010 年之后在实施供给侧结构性改革的背景下，我国的最终消费支出占比开始攀高,但目前尚未达到改革开放初期的水平。二是就最终消费而言,政府消费和居民消费是构成最终消费支出的两个部分。在整个考察期内,我国政府消费占比(即政府消费支出/GDP)具有很强的稳定性,其数值始终在13%—15%之间波动,但居民消费占比(居民消费支出/GDP)却在很长时期内呈现出下降态势。例如:1978—2010年居民消费占比从48.40%下降至35.56%,下降接近13个百分点,2010年之后该比重逐步攀高并在2017年达到39.10%,但仍不能与1978年改革开放起始年份的水平相提并论。三是就居民消费而言,城镇居民消费和农村居民消费是构成居民消费支出的两个部分。我国这两个部分的占比变化是单方向的,即城镇居民消费占比(城镇居民消费支出/GDP)逐步攀高而农村居民消费占比(农村居民消费支出/GDP)逐步下降,2017年上述两者占支出法GDP的比重分别为30.70%和8.41%。城乡居民消费的占比变化与城镇化紧密相关,值得强调的是:农村居民消费占比的下降速度远高于其人口占比的下降速度。按照户籍人口计算,2017年我国农村居民占全部人口的比重为57.65%,但其占居民消费支出的比重仅为21.50%,这说明农村庞大人口的普遍低消费是引致我国居民消费率走低的核心原因。从需求结构的角度看,我国存在着消费率、居民消费率、农村居民消费率走低的显著态势,这种结构问题对国内经济的持续发展以及政策选择带了严重负面结果。

  为了更清晰地理解改革开放以来我国经济发展的结构特征,可以基于跨国数据比较,来反映中国与世界和其他主要经济体的结构变动状况。如图9-2所示,按照世界银行数据库的资料,1978—2016年世界和欧盟的居民消费支出占比(居民消费支出/GDP)具有很强的稳定性。其中,1978年和2016年世界的占比分别为57.98%和58.29%,欧盟的占比则分别为58.40%和56.08%。在同一时期,美国和日本的占比甚至呈现出小幅走高的态势,其中,美国从60.52%提高至68.64%,日本则从51.32%攀升至55.69%。与世界和其他主要经济体的变化趋势相区别,这一时段中国的居民消费支出占比却呈现出逐步下降的态势,1978年和2016年的占比数据分别为47.82%和

39.46%,其下降趋势在1990—2010年尤为突出,该时段从49.99%持续下降至35.36%,下降接近15个百分点。2010年之后中国的居民消费支出占比开始缓慢攀升,但其数值仍未达到1978年改革开放初期的水平,且明显落后于世界以及主要发达国家。尽管中国和主要发达国家存在着发展水平、发展阶段等方面的差别,因此,给定年度的居民消费支出占比等指标不能直接相比。然而,在较长的时段内(1978—2016年)观察不同国家的消费支出演变趋势却具有价值。更重要的是,改革开放之后,我国的GDP总量和人均GDP已经呈现出向世界和主要发达国家的追赶甚至超越,人均GDP也步入国际组织定义中的中上等收入国家行列,这样主要发达国家的需求结构特别是居民消费支出占比对中国就具有借鉴意义。上述跨国比较表明:在全球范围内,改革开放以来中国需求结构中居民最终消费支出的占比下降是引人注目的,它的变动趋势与世界和主要发达国家存在着极为突出的差别。

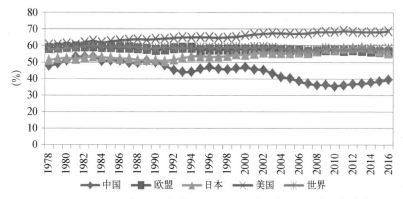

图 9-2　1978—2016 年我国与世界及主要经济体的居民消费支出占比

数据来源:世界银行数据库。

不难看出,自1978年启动改革开放以来,导源于城乡经济关系失衡型融合等因素的推动,我国经济领域呈现出经济高速增长但结构问题突出的基本格局。这种格局不仅意味着实施经济增长主导战略已经取得了显著成效,而且意味着中国经济越来越面临着一系列结构性问题的挑战。改革开放已经将中国经济带入到一个新时期、新阶段,并紧迫需要推动经济发展战略的适

第9章 协同型融合：新时代背景下的中国城乡经济关系

应性调整。事实上，进入21世纪之后，我国已经注意到经济发展进程中的一系列结构性问题，注意到经济体系中不平衡、不协调、不可持续问题带来的挑战，据此在政策文本中也开始矫正此前的经济增长主导战略。例如：2003年10月中国共产党的十六届三中全会提出了发展观创新，即要实施以统筹协调作为价值取向的新型发展观，这意味着经济增长主导战略开始转向统筹协调发展战略（高帆，2016b）。2007年10月中国共产党的十七大报告明确提出了要深入贯彻科学发展观，并强调科学发展观的提出是因为进入新世纪、新阶段，我国发展呈现一系列新的阶段性特征，这些阶段性特征在经济层面集中体现为一系列的结构性问题，例如：缩小城乡、区域发展差距和促进经济社会协调发展任务艰巨。这些政策文本的表述意味着：我国已经开始意识到经济增长主导战略背后的结构性问题，并开始将化解结构性问题、推动经济不同部分的统筹协调放在更为重要的位置。

此后的政策文本延续了这种思路，特别是，2012年中国共产党的十八大以来中国经济发展战略的调整开始进入加速推进阶段。2015年10月中国共产党的十八届五中全会提出破解发展难题、厚植发展优势必须牢固树立并切实贯彻"创新、协调、绿色、开放、共享"的发展理念，新发展理念意味着统筹协调发展战略对经济增长主导战略的替代程度更加突出了。在我国改革开放之后发展战略的转型过程中，2017年中国共产党的十九大无疑具有至关重要的作用。十九大报告强调中国特色社会主义进入新时代，据此提出我国社会主要矛盾已转化为人民日益增长的美好生活需要与不平衡不充分发展之间的矛盾，并强调我国经济已经从高速增长阶段转向高质量发展阶段，为此必须在经济领域贯彻新发展理念，建设现代化经济体系。考虑到此前我国的社会主要矛盾长期被表述为：人民日益增长的物质文化生活需要与落后的社会生产之间的矛盾，则社会主要矛盾转化意味着我国对经济社会发展格局的认识发生了变化。正是因为中国社会生产力有了极大程度的解放和发展，经济总量保持了持续高速增长态势，我国此前社会主要矛盾中"落后的社会生产"才被改变了；正是因为中国改革开放之后不同领域、尤其是经济领域的结构性问题不断累积和加剧,我国当前社会主要矛盾中的"不平衡不充分发展"才被凸显出来。

与发展战略的取向转变相一致,在实践和操作层面,我国从2017年末开始推动加快形成推动高质量发展的指标体系、政策体系、标准体系、统计体系、绩效评价、政绩考核,创建和完善制度环境。2017年12月国家统计局、国家发展改革委、环境保护部和中央组织部联合发布2016年度各省份绿色发展指数和公众满意程度,就是一个明显的例证。在社会主要矛盾中突出不平衡发展的挑战,在经济发展定位中提出转向高质量发展阶段,在经济发展路径上强调贯彻落实五大发展理念,在发展绩效考核中突出经济增长与其他领域的协同。这些意味着,中华人民共和国成立以来我国的经济发展战略真正开启了第二次转型,即从此前的经济增长主导战略正式转向新时代背景下的统筹协调发展战略。

值得强调的是,在改革开放业已推进到40年的特定时期,我国发展战略从经济增长主导战略走向统筹协调发展战略,这种转向并不意味着此前的战略选择是"错误的"。其原因在于:理解发展战略必须结合特定的社会实践背景,任何发展战略都是从特定的时空背景中派生出来的。重工业优先发展战略、经济增长主导战略均服务于我国在不同时期面临的核心问题,因此,它们都构成了中国这个社会主义的发展中大国实现持续发展和共同富裕目标的重要环节。站在现在的发展阶段批评或指责此前的发展战略选择,是不符合历史演变逻辑的。事实上,统筹协调发展战略与经济增长主导战略不仅具有时序上的继承关系,而且具有逻辑上的关联关系。正是因为经济增长主导战略下的制度安排将GDP增长放置在首要位置,并由此引发了经济发展进程中的不平衡、不协调、不可持续问题,我国才需要促使发展观、发展理念以及发展战略的转变,社会主要矛盾转化才需要将不平衡不充分发展作为现代化进程的主要瓶颈因素。正是因为经济增长主导战略有效地解放和发展了社会生产力,显著地增强了经济实力和综合国力,我国才具备更为厚实的物质基础去解决国民经济中的一系列结构性问题,社会主要矛盾转化中落后的社会

第9章 协同型融合:新时代背景下的中国城乡经济关系

生产格局也才得到了根本改变。

由此可见,在我国进入新时代的背景下,统筹协调发展战略的正式提出和切实实施具有其特定的实践逻辑,它与此前的发展战略存在着"承接且改进"的关系。值得强调的是,统筹协调发展战略的正式确立并不等同于该战略已经实现,从此前的发展战略走向新设的发展战略总是伴随着国民经济中不同组成部分连续变化的系统性转型,这意味着中国经济真正走向统筹协调发展格局必定是一个漫长的过程。就实践而言,现阶段我国实施统筹协调发展战略正面临着一系列的约束条件,中国经济面临的结构性问题不是单一的,而是多元的,它体现在城乡之间、地区之间、产业之间等诸多维度,且这些结构性问题往往相互交织、彼此嵌套,这就增大了有效解决不平衡、不协调、不可持续问题的难度。

尽管中国改革开放 40 年已经取得了经济增长的突出成就,但迄今为止中国仍是世界上人口最多的发展中国家,人均 GDP 以及城乡居民人均收入距离主要发达国家仍有很大距离,这意味着保持较快的经济增长速度对中国仍是有必要的。由此,如何在推动经济较快增长与实现统筹协调发展之间找寻平衡点,就成为现阶段的我国经济发展必须直面和回应的新挑战。更值得强调的是,改革开放 40 年以来,我国基于经济增长主导发展战略在不同领域形成了相应的制度安排和激励方式,尤其是"为增长而竞赛"对许多地方政府的行为选择仍具有实际影响力,这意味着现有制度安排的"路径依赖"会对统筹协调发展战略产生阻滞作用。总而言之,改革开放 40 年以来,我国在推动经济增长主导战略的背景下,形成了政府-市场关系、政府内部结构、市场内部结构的特定制度安排,这些制度安排影响了城乡微观经济主体的行为选择,并形成了城乡经济关系的失衡型融合。上述情形意味着已有的经济制度对我国经济产生了推动经济增长、但加剧结构问题的双重效应,这种发展绩效进而促使此前的发展战略、约束条件及其组合状态发生变化,这种变化必定会导致经济制度的持续变迁,并由此驱动城乡经济关系从失衡型融合走向协同型融合。

9.2 协同型融合城乡经济关系的内涵及实现条件

在经济增长主导战略转向统筹协调发展战略的背景下,我国城乡经济关系也应随之发生变化。在城乡二元结构特征仍然显著的格局下,城乡经济关系变革应视为我国统筹协调发展战略实现的重要组成部分。就其演变方向而言,改革开放以来城乡经济关系的失衡型融合应该转向协同型融合。这里的融合仍然强调了城乡之间产品和要素的充分流动和优化配置,但协同型则强调了城乡要素配置过程中不同组成部分之间的平衡和互补。它既是对此前我国城乡经济关系融合但失衡这种格局的一个矫正,也是对全面建成小康社会以及建设社会主义现代化经济强国的一个回应。

与失衡型融合相比,城乡经济关系的协同型融合是一种更高层次、更高水平的融合,它至少包含了如下内涵:一是城乡两大部门的商品和要素应具有更高的流动性和再配置效应,在持续优化资源配置的基础上形成推动我国经济的较快增长。特别是,生产要素应从此前的农村单向度流出转向后续的城乡之间双向流动,资本、技术、信息等生产要素进入农村应视为城乡一体化的重要组成部分。从要素流动的角度看,"城镇化"和"逆城镇化"同时发生应成为城乡两部门经济关联的新常态,这种新常态回应了城乡经济关系概念中的要素配置方式问题。二是要素高效配置所形成的增长结果应在城乡之间有更为均等的分配,即城乡居民能够相对均等地分享经济发展的成果,其收入差距和消费差距应呈现出持续收敛态势,城乡基本公共服务的均等化进程也应持续加速推进。城乡收入差距、消费差距、社会保障差距的收敛回应了城乡经济关系概念中的要素配置结构分配问题。三是城乡经济关系除了强调城乡两部门的经济关联之外,还应引入对城乡两大部门内部结构性问题的关注。伴随着时间的推移,尤其是伴随着城乡要素流动性的进一步增强,城镇内部的新二元结构和农村内部农民分化很可能得以延续甚至会渐趋加剧。

第9章 协同型融合：新时代背景下的中国城乡经济关系

在此背景下，新时代我国的城乡经济关系不仅包括城乡二元结构的转化，而且包含城乡两部门内部结构问题的化解，它是在更为广泛、更为动态的背景下理解城乡经济关系。立足于上述多重内涵容易发现，城乡经济关系的协同型融合是我国统筹协调发展战略的内生产物，即在中国这样实行社会主义制度的发展中大国，要实施统筹协调发展战略就必须促使城乡经济关系从失衡型融合走向协同型融合，应该在新型城乡经济关系的形成和构建中支撑起新发展战略的顺利实施。

协同型融合的实质是在实施统筹协调发展战略的大背景下，我国在经济体系中形成了城乡经济一体化新格局或新型城乡经济关系。这种新格局相对于此前的失衡型融合而言的，即它矫正了此前城乡经济关系融合进程中的失衡格局：城乡经济差距的时序波动、城乡经济差距与社会差距的变动差异以及城乡内部结构特征的凸显。从上述多重内涵出发，可以提出我国城乡经济关系协同型融合的相应测度指标，考虑到不同指标揭示了协同型融合的不同维度，因此，采用综合性的指标体系去测度协同型融合的实现状况就是必要的。在这个综合测度指标体系中，至少应该包括如下内容：城乡劳动力市场的一体化程度；城乡产品尤其是农产品的商品化程度；城镇资本要素进入农村的程度；城乡之间信息化进程的收敛程度；城乡劳动生产率的收敛程度；城乡收入差距和消费差距的缩减态势；城乡基本公共产品配置的均等化程度；农村贫困发生率的下降程度；农村产业融合以及附加值的提高程度；农村产业的全要素生产率的提高程度等。考虑到城乡要素流动必然伴随着城乡空间结构的变化，因此，我国城乡经济关系的协同型融合还意味着：各级政府可以依据城乡之间以及农村内部的人口集聚状况提供相应的基础设施以及公共服务。概括地说，协同型融合并不意味着城镇和农村变成完全同质，而是说这两大部门以及部门内部的不同部分能够消除产品和要素流动的制度障碍，进而因社会分工形成"你中有我、我中有你"的新型经济交互格局，城乡居民也能够走向不断趋向等值化的生活状态和福利水平。

问题在于，我国城乡经济关系不会自动从失衡型融合走向协同型融合，失衡型融合是在特定的发展战略下并依托一系列的制度条件而生成的。在发展战略发生实质性转变的前提下,城乡经济关系的协同型融合也严格依赖于一系列的经济制度条件。与此前阶段相类似,这些经济制度条件也以政府-市场关系、政府内部和市场内部的结构变动为前提,但这些关系变动的内涵和指向却与经济增长主导阶段存在着显著区别。具体地说:

(1)在政府-市场关系层面,我国城乡经济关系的协同型融合需要继续推进市场化改革,促使市场在城乡资源配置中发挥更具决定性的作用,促使微观主体在城乡资源配置中具有更大的选择空间以及更小的交易成本。除了向城乡微观经济主体的持续放权之外,各级政府还必须通过职能转变增强公共产品供给,进而形成对市场机制充分发挥作用的制度支撑,这包括界定和保护产权、加强城乡基础设施建设、推动城乡基本服务均等化等。如前所述,现阶段我国要素市场化改革滞后于商品市场化改革,且城乡之间存在着要素市场扭曲,这些意味着市场化导向的经济体制改革仍存在持续深化的空间,市场在优化资源配置中的作用仍需要进一步地凸显和释放。概括地说,政府-市场关系的主线是发挥市场在资源配置中的决定性作用和更好地发挥政府作用,这是现时代我国深化经济体制改革的关键命题。

(2)在政府内部,改革开放以来我国政府间的结构特征渐趋放大,伴随着时间推移,我国逐步形成了不同层级政府间的地方分权式治理体制。这种经济制度在加快经济增长速度的同时,也加剧了经济体系中的结构性问题。城乡经济关系的协同型融合必须改进这种不同层级政府间的经济制度安排,即在保持中央政府经济统辖权和宏观经济调控的同时,通过完善地方政府的财政管理制度和激励机制,增强不同层级政府经济发展目标的耦合度,促使地方政府从"为增长而竞赛"转向"为协调而竞赛"、"为创新而竞赛"、"为民生而竞赛",促使经济体制改革深化和高质量发展成为不同层级政府的共识和一致行动。特别是,对于城乡经济关系的协同型融合而言,市场化改革意味着地方政府对核心要素(特别是土地要素)配置的自由裁量权在下降,而城乡基本公共服务均等化则意味着地方政府的财政支出责任在增强,因此,政府间

第9章 协同型融合：新时代背景下的中国城乡经济关系

的经济制度改革必须考虑地方政府在推动城乡经济关系变动中的意愿和能力。

（3）在市场内部，改革开放40年以来，我国的市场化体制转型具有渐进性质，不同领域并不是齐头并进地推进市场化进程。就市场内部的结构特征而言，1978年以来我国市场间形成了上游管控型市场扩展方式，相对于计划经济体制，这种市场化转型方式扩大了微观主体的经济自主权，并在资源配置效率提高的基础上推动了经济高速增长。然而，不同领域的市场化进程却存在较大落差，其与政府间制度安排的相互嵌套则加剧了经济结构问题，此前城乡经济关系的失衡型融合就与这种市场间的结构特征密不可分。在城乡经济关系走向协同型融合的背景下，我国必须矫正不同领域的市场化进程差距，消除城乡之间土地、资本、劳动力等要素的市场化配置障碍。特别是，要逐步缩小上游市场的政府管控范围和力度，将深化经济体制改革的重心放在加快要素市场化进程领域，将各级政府对经济运行的影响转向宏观调控和公共产品供给方面。

概括地说，新时代背景下我国城乡经济关系的协同型融合以政府-市场关系、政府内部结构、市场内部结构变动为前提条件，发展战略和约束条件的新组合也意味着我国需要推动这些领域的变革，以此为新发展战略以及微观经济主体的行为选择提供制度环境。为了理解城乡经济关系协同型融合的制度条件，我们可以以农村土地产权制度的变迁为例，来阐述政府-市场关系、政府内部结构、市场内部结构对城乡经济关系演变的影响。之所以选择农村土地产权制度作为解析案例，其原因是农村土地产权制度是影响城乡居民、尤其是农村居民行为选择的重要因素。在现阶段，农村土地产权制度的管制放松——例如耕地实施"三权分置"还影响到城镇要素的再配置，即它为城镇资本、信息、技术等生产要素进入农村部门提供了拉力。前文所述的"城市化"和"逆城市化"同时发生也以农村土地产权制度变迁为前置条件。

1949年以来，中国的农村耕地的产权制度发生了多次变迁，理解这种变迁必须考虑政府-市场关系的特征，政府内部和市场内部的制度安排则为这种变迁提供了牵引力和支撑力(高帆,2018d)。1949—1953年我国形成了农民垄断的农村土地产权制度,农民垄断是指在以"耕者有其田"为指向的土地改革背景下,农民垄断地拥有了所有权、使用权、处置权和收益权等完整的土地产权。中华人民共和国成立初期,我国在农业农民占主导的背景下需要国民经济秩序恢复,这促使我国将解放农业生产力放在经济秩序恢复的首要位置,而农业生产力解放又以赋予农民的完整土地产权并以此激励农民的农业生产活力为基础。1950年通过并实施的《中华人民共和国土地改革法》就明确规定要废除地主阶级封建剥削的土地所有制,实行农民的土地所有制。

就政府内部和市场内部的结构特征而言,这个时期政府间和市场间的制度安排使得农民垄断的农地产权制度能够有效实现。其原因是:在取得解放战争和抗日战争的胜利之后,我国中央政府对地方政府具有严格的管控,且地方政府高度依赖和服从中央政府的权威,即不同层级政府间的目标和行为差别并不显著,政府可被视为一个高度同质的概念。此外,这个时段我国政府对上游的核心要素市场以及下游的一般要素市场和商品市场均放松管制,这可以从农民拥有土地所有权,且农村土地可以自由交易得到证实。政府间的行动一致性和市场间的充分自主性确保了"耕者有其田"能够有效实施,农民因获得土地的完整产权而释放了投资动力和经营活力,其结果显著地提升了这个时段的农业生产效率并解放了农业生产力。

1953年之后,中国的重工业优先发展战略与当时资本短缺、劳动力充裕的约束条件存在着冲突。为了解决这种冲突,农民垄断的土地产权制度随之转向集体垄断的土地产权制度,在农业合作化运动和社会主义改造的背景下,人民公社以集体方式拥有了农村土地的所有权和经营权,进而农业剩余可按照国家发展战略取向流向工业部门,并成为推动重工业优先发展战略的重要资本来源。就政府内部和市场内部的制度安排而言,1953—1978年我国政府间延续了中央政府对地方政府的严格管控,财政资源的统收统支是这一时段政府间的重要经济制度安排。在高度集权的计划经济体制背景下,地方政府通常充当了中央政府指令性计划"执行者"的角色,这种严格管控确保了央地之间经济行为的

第9章 协同型融合：新时代背景下的中国城乡经济关系

一致性。市场间则从此前的完全放松转变为完全管控，在高度集权的计划经济体制背景下，无论是上游的核心要素市场还是下游的一般要素和商品市场均具有严格管制特征，微观主体依据价格信号进行要素流动和商品交换事实上是不可能的。这种政府间和市场间的制度安排导致集体垄断的农地产权制度能够充分执行，结果是农地制度变革有力地支撑了重工业发展以及独立工业体系的建立，却因抑制微观主体的生产效率而将国民经济带入崩溃的边缘，并使得我国城乡经济关系呈现出显著的相互割裂特征。

20世纪70年代末期，我国提出了以经济建设为中心并突出了解放和发展生产力的意义，发展战略随之从重工业优先发展战略转向经济增长主导战略，但这种转变遇到的约束条件却是农民和农村就业人数占主导且农业生产长期低效率。正是基于这种背景，我国将集体垄断的农地产权制度转变为两权分离的农地产权制度，人民公社制则转变为家庭联产承包责任制。在这种农地制度变迁中，农村集体仍拥有土地所有权，以此体现与此前农地产权制度的连续性；而农民以家庭为单位拥有土地承包经营权，以此体现对此前农地产权制度的变革性。这种变革的指向是在不改变集体所有权的前提下，通过放活农地承包经营权来激发农民的经济活力，进而为我国农业投资增长和农业生产力发展提供动力源泉。

两权分离的农地产权制度以家庭为单位赋予了农民土地承包经营权，但这种权利在期限和范围上是有约束的。它隐含的假设是：农民和农村土地的关系具有稳定性，即法律层面承包土地的农民就是操作层面经营土地的农民。从政府内部和市场内部的制度安排来看，1978年之后我国虽然开始对地方政府进行放权让利，但在核心经济制度特别是财税制度方面仍具有过渡特征，中央政府对地方政府仍保持严格的管控，地方政府的经济自主性是较为有限的，但市场内部则采取上游市场管控、下游市场放活的渐进方式，这从农产品统购统销制度的取消以及商品市场的发育中可以得到证明。上述政府间和市场间的制度安排导致了两权分离的土地产权制度能在实践中有效推进，1983年我国包产到户、包干到户在农村生产队总数中已占据绝大多数。

相对于人民公社制,两权分离的产权制度赋予了农民土地经营的自主权,且农民的经营努力与自身经济收益产生了直接关联,这就形成了农业生产力显著提高的强大推动力量。

1978—1993年我国形成了两权分离的农地产权制度,1994—2013年这种制度则演化为两权裂变的农地产权制度。两权裂变是指在农地所有权内部,地方政府介入到农村集体的土地所有权行使中,在农地经营权内部,则出现了土地承包者因劳动力流转而未必是土地使用者的情形。之所以出现这种演变,是因为20世纪90年代中期之后,中国的发展战略依然是经济增长主导战略,但农村劳动力却出现了跨产业、跨地域和跨部门的流动。这种情形需要对此前的农地产权制度进行调整,调整的基本方向是在不改变集体所有和农户承包的前提下,允许农户在承包期内通过出租、互换、转让、股份合作等方式实现土地使用权的流转,从而实现土地在承包户和其他农业经营者之间的再配置。

从政策文本的角度看,1993年11月中共中央、国务院发布的《关于当前农业和农村经济发展的若干政策举措》提出"在原定的耕地承包期到期之后,再延长三十年不变",并强调"在坚持土地集体所有和不改变土地用途的前提下,经发包方同意,允许土地的使用权依法有偿转让"。这意味着我国开始松动此前的土地承包户必须是使用者的严格规定。1994年之后的政府间和市场间制度安排也发生了显著变化,尤其是,我国在政府间实施了财政分权化改革,这体现出中央政府对各级地方政府的经济放权,而地方政府有动力通过影响要素配置来实现自身利益最大化。就农地产权制度而言,地方政府可通过影响农村集体参与到土地所有权的配置决策中,也可通过推动农地承包经营权流转来提高辖区内的经济增长,土地出让收入在地方财政收入中往往也占据显著地位。同时,市场间则出现了上游市场管控而下游市场放活的分化格局,上游市场管控意味着各级政府对核心要素配置仍具有极强的影响力,尤其是,农地转向城市用地依托于地方政府的征地供地,但下游市场围绕农地承包经营权的再配置却因农村劳动力转移而得到了空前发展。

第9章 协同型融合：新时代背景下的中国城乡经济关系

两权裂变的农地产权制度适应了城乡要素流转的格局，推动了农村土地在不同群体之间的再配置。然而这种制度在实施中遭遇到如下挑战：一是承包户拥有的是完整的土地承包经营权，但流转的通常是这种权利的一个组成部分，两权裂变无法体现农户承包和流转权利之间的差别；二是地方政府往往在农村土地要素配置中发挥着显著影响，"土地财政"就是这种影响的集中体现，地方政府在农地配置中的影响成为新时期城乡经济社会不平衡的一个重要成因；三是伴随着发展战略和约束条件的改变，两权裂变的农地产权制度存在着调整的内在需要。中国共产党的十八大以来，我国的发展战略从解放和发展生产力转向强调统筹协调的经济发展，"创新、协调、开放、绿色、共享"等发展理念的提出就是有力证据。中国共产党十九大报告提出中国特色社会主义进入新时代，且在社会主要矛盾中凸显了对不平衡不充分发展的关注。十九大报告意味着经济增长主导战略正式转向统筹协调发展战略，这是我国在改革开放之后又一次重要的发展战略调整。上述发展战略和约束条件需要我国通过农地制度的动态调整，来形成新时代背景下城乡融合发展的新动力和新机制。

基于这种情形，2014年以来我国将"三权分置"作为新时期农地产权制度变革的基本方向，"三权分置"的核心是在坚持农地集体所有制的前提下，在农户承包经营权的基础上分解出承包权和经营权，以此实现农民的多样化选择、土地的社会化配置和城乡要素的双向流动，并在农村经济效率提升和社会秩序平稳之间形成更优平衡。"三权分置"既体现出对此前农地产权制度的延续，它与两权分离和两权裂变一样均强调了集体的土地所有权；也体现出对此前农地产权制度的变革，它提出了承包权和经营权这两个新的权利概念，并强调这两种权利可以通过土地流转形成新的组合形态。从政策文本来看，2014年中央"一号文件"首次提出"在落实农村土地集体所有权的基础上，稳定农户承包权，放活土地经营权，允许承包土地的经营权向金融机构抵押融资"。这意味着农地"三权分置"从指导思想转变为实际操作，"三权分置"随即被视为我国在新的历史时期农地产权制度变革的基本方向，是家庭联产承包责任制之后农村改革的又一重大制度创新。

就政府内部和市场内部制度安排而言,"三权分置"与此前农地产权制度存在着继承和变革的双重关系。"三权分置"强调要落实农村土地的集体所有权,原因在于:集体所有权是稳定承包权和放活经营权的前置条件,农地所有权通常由"村两委"等集体组织来行使。"村两委"既是经济组织,也是行政组织,它在某种程度上是行政层级在农村的延伸。基于此,土地所有权的执行不仅取决于特定农村社区中,村民个体和集体组织之间的关联关系,而且取决于地方政府与集体组织之间的关联关系。从"三权分置"的内涵来看,落实集体所有权意味着中央政府和地方政府经济一致性的增强,即中央政府通过深化财政制度改革和行政激励体制改革,减弱地方政府对土地配置的实际影响力,这相对于此前的政府间制度安排是一个变革。此外,"三权分置"强调要激活土地经营权,原因在于:从承包经营权中分解出承包权和经营权,可以适应土地承包者未必是实际经营者的农村社会实践,通过经营权流转实现农村土地的社会化配置,进而拓展农民的职业选择范围和收入渠道,提高土地要素的流动性和配置效率。这里的关键是在对土地上游市场(例如:土地所有权)规范的同时,更为充分地激活土地下游市场,即经营权在不同主体之间的流动和交易,促使土地流转价格成为反映下游市场相对稀缺性的核心变量。下游市场放松还意味着城乡之间资本、劳动力等要素的双向流动增强,资本、技术、信息等生产要素下乡能够得到土地制度的支持,各类微观主体在城乡间配置要素的自主权也在增大。

立足于政府内部和市场内部的制度安排,可以将中央政府-地方政府经济行为的一致性、上游市场-下游市场微观主体的自主性分别作为纵轴和横轴,以此在经济史维度上理解我国农地产权制度的变革以及"三权分置"的形成。如图9-3所示:1949年以来,我国政府间分权化程度经历了从弱到强、再从强到弱的变化,市场间自主性程度则经历了从强到弱、再从弱到强的变化。相应地,农地产权制度则经历了农民垄断、集体垄断、两权分离、两权裂变、"三权分置"的依次变革。在这种变革进程中,"三权分置"很大程度上是嵌入在发展战略和约束条件的组合,以及政府间和市场间制度变革的进程之中,

第9章 协同型融合：新时代背景下的中国城乡经济关系

它体现了中国依据实践持续展开渐进式变革的经济转型特征。"三权分置"具有路径依赖性质，即它体现出对此前制度中土地集体所有制、统分结合方式的继承，同时也具有持续变革性质，即它通过保持承包权来延续农民的土地经济权益，通过激活经营权体现出农地在农村内部和城乡之间的更有效配置。

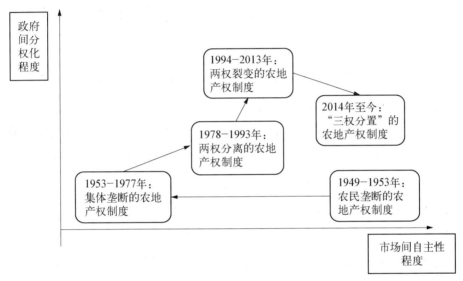

图 9-3　1949 年以来我国农地产权制度的演变历程

总体而言，"三权分置"是在不改变土地集体所有制的前提下，通过产权的细分和交易性增强来释放土地配置活力，产权的细分和可交易性增强则意味着我国农村形成了新型农地权利结构。考虑到农地还部分承载着农民的社会保障功能，并对社区内的农民而言通常还具有成员权性质，因此，"三权分置"是在不触动农户承包权的前提下，通过经营权流转来提高农村土地的配置效率，并保障城镇化进程中农民退回农村仍具有某种"安全阀"装置，这样就在土地经济效率提高和社会保障功能发挥之间找寻到新的平衡点。在政府内部和市场内部制度演变的进程中，我国农地产权制度从两权分离、两权裂变到"三权分置"是一个自发演进的过程，持续的渐进式变革不可能从此前制度中衍生出其他形式的农地产权制度。上述演变过程不仅体现出政府内部、市场内部制度安排与土地产权制度的关联关系,而且从土地制度视角体现出我国城乡经济关系从割裂型到失衡型融合、再到协同型融合的动态变动过程。

9.3 实现城乡经济关系协同型融合的政策方案

中华人民共和国成立以来,我国经济发展战略在经历了重工业优先发展战略和经济增长主导战略之后,现阶段已正式转向统筹协调发展战略。统筹协调发展战略是改革开放在推进到 40 年的特定时期,我国经济发展战略的第二次关键性调整。与此相契合,我国城乡经济关系则在经历了割裂状态和失衡型融合之后,现阶段也亟待转向协同型融合的新格局。相对于失衡型融合,协同型融合意味着城乡经济关系更高层次、更高水平的融合状态,城乡经济关系的协同型融合是实现统筹协调发展战略的重要组成部分。在中国特色社会主义进入新时代的背景下,城乡经济关系的协同型融合不仅应作为理念加以强调,而且应作为实践予以实施。就实施条件而言,我国在改革开放 40 年之后实现城乡经济关系的协同型融合,已经具备了相对于改革开放初期,甚至 21 世纪初期更为优越的条件。

从发展理念的角度看,城乡经济关系的协同型融合是在发展理念转变的背景下才可能提出和实施的,它与我国作为社会主义国家要解放和发展生产力、进而实现持续发展和共同富裕目标紧密相连。现阶段我国已推动了发展理念的转变,这种转变具体体现为科学发展观和五大发展理念的提出,社会主要矛盾转化和经济发展定位的变化,以及基本实现现代化和建成现代化强国的目标设定。我国经济高速增长阶段转变为高质量发展阶段,这里的高质量发展内含着国民经济协调性、平衡性和可持续性的增强。在我国基本实现现代化和建成现代化强国的目标设定中,不同社会群体共同富裕的实现程度

第9章 协同型融合：新时代背景下的中国城乡经济关系

是一个至关重要的内容。在改革开放进入 40 年的特定时期，发展理念的变动促使我国从经济增长主导战略转向统筹协调发展战略，这就为城乡经济关系的协同型融合提供了思想基础。

从物质条件的角度看，改革开放 40 年以来，我国经济增长主导的发展战略取得了引人注目的绩效。这集中体现为：我国经济总量的持续高速增长在全球范围内创造了"奇迹"，整个国家的经济实力、综合国力和国际影响力得到了显著增强。从时序角度看，我国城乡居民的收入水平、消费支出和社会福利改善程序均得到了明显提高，城乡居民已普遍从市场化体制转型中获得了经济社会状况改善，尽管不同社会群体改善的相对程度仍存在较大的落差。整个国家的财政资源动员能力也呈现出快速增长态势，1978—2017 年我国财政收入规模已经从 1 132.26 亿元提高至 17.26 万亿元，这为城乡经济关系的协同型融合提供了坚实的物质基础。坦率地说，在社会生产力水平落后、物质资源普遍短缺的条件下真正实现城乡经济关系协同型融合是不可能的。

从经济格局的角度看，城乡经济关系的协同型融合意味着城乡产品和要素流动性的增强，也意味着城乡收入差距和消费差距的持续缩减，这种缩减至少应达到或低于 20 世纪 80 年代中期的水平。经济差距缩减只有在城乡人口结构发生变动的背景下才更具有可行性。事实上，改革开放 40 年以来，我国持续的工业化和城镇化进程已经使得农业、农村不断地"小部门化"，现阶段中国已经从此前的农业产值、农业就业、农村人口占主体转变为非农产值、非农就业、城镇人口占主体。此外，针对农村的精准扶贫脱贫工作也取得了显著成效，按照现行农村贫困标准计算，1990—2016 年我国农村贫困发生率已经从 73.5% 锐减至 4.5%。上述经济格局的变化也为城乡经济关系从失衡型融合转向协同型融合提供了支撑条件。

从技术手段的角度看，城乡经济关系的协同型融合需要提高城乡之间（以及城乡内部）商品和要素的配置效率，而市场信息的对接成本对这种配置效率具有重要影响作用。就此而言，改革开放以来尤其是进入 21 世纪之后，我国信息技术得到了快速发展和广泛应用,表9-3给出了2006—2017年我国互联网网民数及互联网普及率的变化情况。该表显示:2006年以来我国互联网网民数及普及率均呈现出急速提高态势,这一时期我国互联网网民数从137百万人攀高至771.98百万人,其中手机接入网民数从17百万人攀高至752.65百万人,现阶段移动终端已成为我国互联网技术发展和应用的主体部分。同期,全国、城镇和农村的互联网普及率分别从10.42%、19.54%、3.16%提高至55.53%、69.28%和36.15%。互联网普及率的提高、以及移动终端技术的广泛应用意味着城乡微观主体的信息获取成本大大下降,交易成本下降有助于推动城乡之间(以及城乡内部)开展更为频繁、更为广泛的经济交往,这种情形表明信息化进程为我国城乡经济关系的协同型融合提供了有利的技术条件。

表9-3　2006—2017年我国互联网网民数及互联网普及率的变化

项目	互联网网民数(百万人)				互联网普及率(%)		
	全国	手机接入网民数	城镇	农村	全国	城镇	农村
2006	137.00	17.00	113.89	23.11	10.42	19.54	3.16
2007	210.01	50.40	157.39	52.62	15.89	25.96	7.36
2008	298.17	117.60	213.57	84.60	22.45	34.22	12.02
2009	384.00	233.44	277.20	106.81	28.77	42.97	15.49
2010	457.30	302.73	332.46	124.84	34.10	49.64	18.60
2011	513.10	355.58	377.10	136.00	38.08	54.59	20.71
2012	564.00	419.97	408.34	155.67	41.65	57.37	24.24
2013	617.58	500.06	440.95	176.63	45.39	60.31	28.05
2014	648.75	556.78	470.34	178.41	47.43	62.78	28.84
2015	688.26	619.81	492.79	195.47	50.07	63.90	32.39
2016	731.25	695.42	530.90	200.40	52.89	66.95	33.98
2017	771.98	752.65	563.55	208.43	55.53	69.28	36.15

数据来源:互联网普及率根据互联网网民数/人口数计算得出,其中全国(城镇和农村)的互联网网民数、全国(城镇和农村)人口数均来自CEIC数据库。

第9章 协同型融合：新时代背景下的中国城乡经济关系

概括地说，在发展战略从经济增长主导战略转向统筹协调发展战略的大背景下，我国城乡经济关系从失衡型融合走向协同型融合既有必要性，也有可行性。如何立足于政府-市场关系、政府内部和市场内部的结构特征，依靠经济制度变迁来矫正失衡型融合的形成机制，夯实协同型融合的实施条件随即成为这种转向的核心问题。从前文的理论和实证研究出发，现阶段我国要实现城乡经济关系的协同型融合必须加快深化经济体制改革，必须依靠经济制度的持续变迁来形成城乡经济关系协同型融合。在实践中，经济制度变迁往往是通过一系列的经济政策来实现的，这些政策充当了从失衡型融合到协同型融合的转化动力。

从逻辑上说，与城乡经济关系协同型融合相契合的政策应具有如下特征：一是系统性，即城乡经济关系的失衡型融合不是一个单一问题，特别是，城乡要素配置中的失衡表现在多个方面，且城乡收入差距和消费差距的波动也存在相互纽结的关系。失衡的多个面向意味着协同型融合不能依靠单一政策，而必须在多种政策的组合中来实现预期目标，依靠系统性的政策来解决现阶段城乡经济关系中系统性的问题。二是制度性，即城乡经济关系的失衡型融合导源于一系列的经济制度，发展战略转向统筹协调发展战略为经济制度变迁提供了基础，但这种战略转向并不自然地等同于政府-市场关系等制度层面的随即变化。我国城乡经济关系的协同型融合必须关注"制度互补"，即从深化经济体制改革的视角来考虑城乡经济政策的制定，而不能单纯依靠政府财政资源的"输血"来实现短期的城乡经济平衡。三是差异性，即我国是一个实行社会主义制度的发展中大国，不同地区的经济发展阶段往往存在明显落差，其城乡经济关系的表现形式和具体成因也可能存在差异。总体上看，东部地区的城乡二元结构转化相对于中西部地区处于领先位置，其城乡两部门之间的要素双向流动也相对于中西部地区更为活跃。因此，实现城乡经济关系的协同型融合不仅需要出台全国性、普遍性的经济政策，而且需要激励不同地区政府积极探索适合当地特征的经济政策，因地制宜、因时制宜也是城乡经济关系相关政策实施的重要基准。四是可行性，即城乡经济关系协同型融合不单纯是一个城乡关系变动的理论问题,它也是与我国现阶段国情特征、特别是与制度演变进程紧密相关的实践问题。推动城乡经济关系演变不能采用理论上完美但实践不可操作的方案,那些理论上次优但更具可行性的政策方案是可取的。在中国这样人口和地理规模超大的发展中国家,要有效实现城乡经济关系的协同型融合,充分发挥政策的累积效果并连续推动政策完善是至关重要的。

立足于统筹协调发展战略以及我国经济社会的发展态势,进入21世纪以来、尤其是近年来我国围绕城乡经济关系实施了一系列的政策变化。例如:2004—2018年我国连续发布以解决农业、农民、农村问题作为主旨的中央"一号文件"。2002年我国明确提出各级政府要积极引导农民建立以大病统筹为主的新型农村合作医疗制度,其实质是形成个人、集体和政府多方筹资,以大病统筹为主的农民医疗互助共济制度。2009年我国开始实施新型农村社会养老保险制度试点,区别于此前依靠农民自我储蓄积累的筹资方式,这种新型农村养老制度强调国家对农民老有所养承担的责任。上述举措意味着我国在城乡基本公共服务均等化方面迈出了较大步伐。此外,我国城乡之间的产品和要素流通渠道也不断拓展,尤其是城乡户籍制度改革开始步入更高层面和更广范围,例如:2014年7月国务院发布了《关于进一步推进户籍制度改革的意见》,其中明确提出要进一步调整户口迁移政策,统一城乡户口登记制度,全面实施居住证制度。到2020年,基本建立与全面建成小康社会相适应,有效支撑社会管理和公共服务,依法保障公民权利,以人为本、科学高效、规范有序的新型户籍制度,努力实现1亿左右农业转移人口和其他常住人口在城镇落户。如前所述,脱胎于计划经济时期的城乡户籍制度具有就业管控和社会保障资源配置的双重功能,改革开放以来户籍制度的就业管控功能渐趋减弱,2020年新型户籍制度如能有效达成,则意味着户籍制度的社会保障资源配置功能也逐步退出历史舞台。

在城乡经济关系协同型融合的实现过程中,中国共产党的十九大报告无疑具有至关重要的地位。这不仅是因为该报告提出了我国社会主要矛盾转

第9章　协同型融合：新时代背景下的中国城乡经济关系

化以及经济发展阶段转变，而且是因为该报告在建设现代化经济体系中提出了实施乡村振兴战略这个命题。乡村振兴战略是新时代背景下我国围绕农村改革发展做出的整体部署，它强调农业农村优先发展、农业农村现代化、产业兴旺等多元任务、深化土地产权制度改革、培育壮大农村新型经营主体等，因此是立足于现阶段的经济格局变化，从系统视角来回应农业农村发展和城乡经济关系变动等问题。进一步地，2018年中央"一号文件"以实施乡村振兴战略为主线，强调实施乡村振兴战略是解决我国不平衡不充分发展问题的内在需要，是实现经济持续发展和共同富裕目标的必然要求，并强调实施乡村振兴战略应以建立健全城乡融合发展体制机制和政策体系为出发点和落脚点。概括起来，进入21世纪之后，我国实施城乡经济政策的主线是异常清晰的，即从失衡型融合开始转向协同型融合，且这种转向服务于统筹协调发展战略。另外，这些政策的基本立足点是在激活市场机制的同时更加凸显政府对农业、农村和农民的资源倾斜，由此也就体现出对持续调整政府-市场关系这个体制改革主线的回应。

问题在于，实现城乡经济关系的协同型融合是一项系统工程，此前的失衡型融合在实践中仍存在着"路径依赖"效应，现有的经济政策实施效力还需要放在较长时间来观察。更重要的是，城乡经济关系的协同型融合涉及多个主体，这就需要考虑不同主体的参与动机和激励相容问题。此前的失衡型融合是政府-市场关系、政府内部和市场内部结构特征及制度安排的产物，因此，作为对失衡型融合的矫正和超越，城乡经济关系的协同型融合必须回应这些领域政策的变迁需要。在政府-市场关系层面，其核心是真正体现促使市场在资源配置中起决定性作用，更好地发挥政府作用。这里政府和市场不是简单的作用范围替代关系，而是基于统筹协调发展战略的功能互补、相互增进关系。在政府-市场关系之外，政府内部和市场内部的制度安排完善必须作为协同型融合的实施要件。换而言之，在我国深入推进市场化体制转型的情形下，"市场内驱-政府补位的组合型政策"是我国实现城乡经济关系协同型融合的政策选择，政府-市场关系、政府内部和市场内部的制度变迁以及参与者的激励相容对政策的实施具有支撑作用。由此出发,我国现时代背景下城乡经济关系的协同型融合必须从如下政策组合来切入(高帆,2018e),这些政策能够较好地契合系统性、制度性、差别性和可行性等原则,并能够支撑我国在统筹协调发展战略背景下实现城乡经济关系的持续改善。

(1)通过深化土地制度改革提高农村要素配置效率。城乡经济关系的协同型融合首先需要继续提高商品和要素的配置效率,我国在推动城乡经济关系完善的进程中,应将加快提高城乡要素市场化程度、继续放松政府管制力度放在关键位置。在新时代背景下,我国深化城乡要素的市场化改革集中体现在农村土地要素领域,这主要是因为:"土地是农业的基本生产资料,是农民的重要生活保障,也是保持农村社会和谐稳定的根本"(宋洪远,2018)。农村土地制度和产权结构对农村经济发展具有举足轻重的作用,改革开放以来我国农村经济改革与土地制度变革紧密相关。考虑到农村土地仍在事实上承担着农民的社会保障功能,它为农民在城乡之间的流动提供了"安全阀"和"缓冲带",且生产资料公有制占主体仍是我国经济制度的基本特征,因此,农村土地私有制和国有制不是现阶段我国土地产权制度变革的可选项。我国农村要在坚持土地集体所有权的基础上,通过稳定农户土地承包权和放活土地经营权赋予农民更广泛的选择空间。同时,应通过发展土地流转市场、对接土地流转信息等来节约微观主体之间的交易成本,将农村耕地的"三权分置"改革推向更高层次和更广范围,土地承包关系在第二轮承包到期后再延长30年就体现了上述制度变革取向。

依托上述制度变革,农民承包土地后可直接使用土地,也可将经营权流转给他人,还可将承包权和经营权让渡给集体组织。这种市场化变革是新格局下针对农民的再次"放权让利",它对于释放农村劳动力、引入外部资本、推动农村经营方式创新是重要的。考虑到土地"三权分置"涉及多重利益主体,因此,我国实施农村土地"三权分置"必须着力解决不同利益主体之间的激励相容问题,只有土地相关利益主体均能因制度变革得到福利改进,则"三权分置"的土地产权制度演变才能得到顺利推进。值得强调的是,在耕地"三权分置"广泛推进的基础上,我国还应积极实施农村宅基地所有权、资格权、使用权的"三权分置"试点。这种试点可采用农民个体对宅基地进行社会化、市场化配置,也可依托集体组织采用"资源变资产、资金变股金、农民变股东"的方式提高要素配置效率。从根本上说,农村耕地和宅基地的"三权分置"改革就是要依靠土地产权制度细分,来推动土地要素的市场化进程并以此提高城乡之间要素的配置效率。

(2)依托持续化制度变革来完善城乡要素交换方式。改革开放以来,我国城乡经济关系走向融合以城乡产品和要素流动性提高为前提,以城乡微观经济主体可以自发配置要素为要件。在新时代背景下,我国城乡经济关系的协同型融合更要以城乡之间以及城乡内部的要素充分流动、优化配置为前置条件。1978年以来,在市场价格信号和政策因素的共同作用下,我国存在着农村劳动力、土地和资本的单向度外流趋势,这种流动提高了要素配置效率并推动了经济增长,但城乡之间仍然存在着要素市场扭曲问题,且要素再配置后的收益分配也具有城镇偏向问题,前文所论证的土地出让收益在城乡间的分配格局就是明显例证。

在实施统筹协调发展战略的背景下,我国对于因价格因素导致的要素流动不应采用政府力量强制干预,不能强制性地将农村要素限制在农村,也不能强制性地要求城镇要素下乡,但应通过矫正具有普遍性质的经济制度来完善城乡要素交换方式。应深化土地征用制度改革,农村土地对农民具有生产资料和社会保障的两重功能,因此,应依靠农业产出和社保资源两个基准提高对失地农民的补偿标准,土地征用收益应更多向城乡基本公共服务均等化领域倾斜。加快推进农村集体经营性建设用地进入土地市场,土地增值收益分配"首先要保证处于弱势地位的失地农民的合理权益,而且也要给国家和相关投资者必要的补偿或回报"(简新华,2015)。依靠土地流转、经营方式创新和产业功能拓展等提高农村经济的要素回报率,吸引高素质农民返乡成为新型职业农民,吸引城市高素质人才进入农村成为"新农人"(农业部农村经济体制与经营管理司课题组,2016)。充分利用农村社区相对稳定的特性,允许并鼓励农村合作金融机构发育壮大,在设置农村投资负面清单的前提下推动资本下乡,使农村经济成为金融发展服务实体经济的重要领域,鼓励农村经营主体采用"互联网+"等信息技术降低要素对接的交易成本。

(3) 基于新发展理念加快推进城乡基本公共服务均等化。在新时代背景下,我国要践行"创新、协调、绿色、开放、共享"等发展理念,要推动经济从高增长阶段转向高质量发展阶段,且我国城乡居民基于身份所形成的社会保障资源差距已拖累了城乡一体化,城镇化进程中的新二元结构问题就是显著例证。这就需要我国直面城乡在公共产品、社会保障获取等方面的落差,将缩减二元社会结构作为构建新型城乡关系的重要内容,将城乡两部门的融合发展从收入差距收敛拓展到基本公共服务均等化。

这种基本公共服务均等化可通过两种渠道来实现:一是切实提高农村人口的城镇融入力度,在经济增长和财政能力增强的基础上,我国需要在分类别的基础上逐步降低不同规模和层级城市的落户条件。特别是,人口规模相对有效、融入成本相对较低的中小城市应加快放开户籍壁垒,促使更多的农村人口进入城镇就业并最终融入城镇生活,将农民工内含的职业转换-身份转化不同步变为职业转换-身份转化相一致。二是切实提高农村社会保障供给水平,即在城镇化健康持续发展的同时,我国还应加大农村居民的基本医疗、基本养老、基本教育等公共产品的供给力度,拓宽农村居民的发展机会,提高农村居民的人力资本,推动城乡社会保障差距逐步收敛,降低城乡户籍的"含金量"落差,使社会保障供给成为普惠性的、能够契合人口流动格局的经济社会发展托底机制。

(4) 依托生产经营和组织方式创新提高农村经济效率。新时代背景下我国城乡经济关系的协同型融合需要有效地激活农村经济的内生能力,需要契合人民日益增长的美好生活需要。因此,农村部门需要提供多样化的产品和服务,农村部门也需要将此前的产中生产环节延伸至产前和产后等领域,同时需要通过适度规模经营来提高要素回报率、增强市场议价能力。此外,城乡要素流动性和再配置渠道的拓展,也会导致城镇资本等生产要素进入农村

第 9 章　协同型融合:新时代背景下的中国城乡经济关系

部门,上述这些因素均意味着农村生产经营和组织方式的持续变迁。

改革开放以来,我国通过家庭联产承包责任制取代人民公社制,实现了农村生产经营和组织方式的深刻变革,这种统分结合的双层经营体制显著地推动了农村生产力的解放和发展。新时代背景下,我国需要继续推进农村生产经营和组织方式的变迁。在这方面,我国需要在坚持家庭联产承包责任制的基础上,通过激活土地使用权来变革农村要素组合方式,政府可通过健全农村推动流转市场、提高土地配置中的信息匹配程度等推动土地要素再配置。政府可通过土地、财政、金融和产业政策引导,促使农村经营在确保粮食安全的基础上提高三次产业融合程度,在产业链延伸、价值链提高、产业功能拓展的基础上形成农村经营的新动力。此外,政府还应健全针对职业农民的筛选和培训机制,通过教育和培训提高农村从业者的人力资本含量,尽快形成一大批拥有专业技能、对市场变动敏感且具有要素整合能力的职业农民,为专业大户、家庭农场、农民合作社、农业龙头企业等新型经营主体提供综合服务体系,促使新型经营主体与小农户形成功能互补、利益共享新格局。依靠小农户与现代农业经营主体之间的利益分享机制化解农村内部的收入差距扩大问题。

(5)按照分类和协同基准提高农村经济政策的瞄准性。我国实施统筹协调发展战略意味着经济制度的持续变革,即要在政府-市场关系持续调整中实现制度变迁,进而影响微观主体的行为选择和决策方式,这种制度变迁也是实现城乡经济关系协同型融合的内在需要。制度变迁是以经济政策为载体的,考虑到我国农民内部的分化特征以及大国背景下不同地区农村发展的差异特征,提高农村经济政策的瞄准性、针对性、有效性就尤为重要。提高农村经济政策的瞄准性需要对政策的实施对象和目标进行分类,同时通过不同政策的相互协同形成整体的制度变革效应。

我国不同地区之间存在着极为显著的经济发展落差,应在农村经济基本制度给定的同时,允许不同地区因地制宜进行农村经济的制度创新,激活不同层级政府的农村政策探索活力,鼓励不同地区之间开展横向的农村政策学习和扩展,尽量规避依靠行政力量将某种区域性的政策强制性地推广到全国范围。特别是,东部地区因其发展水平可能会率先遇到城乡经济关系改进过程中的若干问题,例如:都市现代农业问题、农村三次产业融合问题、农业全要素生产率提高问题、农村职业劳动力形成问题等,应通过总结做法、经验和教训,发挥这些地区城乡融合发展对其他地区的借鉴和启示作用。另外,我国农民在职业、收入、消费及要素配置方式等方面存在着落差,为此农村经济政策首先应明确其核心目标和实施对象,将针对小农户、专业大户、家庭农场和专业合作社的政策区别开来,将推动粮食增产、农民增收和城乡基本公共服务均等化的政策区别开来,将激发市场活力、精准扶贫和缩减农民内部落差的政策区别开来,在分类别和增强协同性的基础上提高农村政策的整体实施效力。

(6) 基于激励相容基准深化不同层级政府的经济制度变革。在新时代背景下,我国城乡经济关系协同型融合不仅涉及政府-市场之间的关系调整,也涉及政府内部、市场内部的结构调整和制度变迁,后者是我国作为发展中大国在经济体制转型进程中制度层面最为独特的部分。土地产权制度改革、城乡要素交换关系意味着市场化改革走向深入,意味着要素市场化进程与商品市场化进程的契合,这是政府-市场关系调整的过程,也是政府内部、市场内部制度安排调整的过程。就政府间制度安排而言,20世纪90年代中期之后,我国政府间的分权化改革内生出中央政府和地方政府、地方政府和地方政府之间的经济制度安排,这种制度既导致地方政府"为增长而竞争"从而推动了经济总量高速增长,同时也导致地方政府因介入要素配置而加剧了经济结构问题。

现阶段我国要实现协同型融合导向的城乡经济关系,扎实推进乡村振兴战略等重大部署,就必须关注政治、社会因素与经济活动之间的交互影响,从政治经济学视角理解中国的城乡经济关系变革逻辑。据此,应将城乡融合发展内生为各层级地方政府的目标函数,形成与城乡协同型融合相匹配的地方政府绩效指标体系、评估体系、考核体系和激励体系。此外,应通过深化国家

第9章 协同型融合:新时代背景下的中国城乡经济关系

财政管理体系改革,着力破解地方政府普遍面临的财权-事权失衡格局,促使不同层级地方政府在权责边界清晰、收支相对平衡的基础上,在更大范围内放松市场管制,并持续增强针对农村的公共产品供给能力。依靠中央政府-地方政府经济制度安排的变迁形成各个层级政府权责对称的新格局,以此为城乡经济关系的协同型融合提供政府间的坚实制度基础。

第10章

结语和展望

从全球范围来看,城乡二元结构是发展中国家的普遍状态,促进二元结构转化是这些国家现代化进程面临的重要使命,而发展经济学也形成了以刘-费-拉模型为主要代表的二元经济理论。作为世界上最大的发展中国家,我国自20世纪40年代末期以来也始终存在着城乡二元结构问题。伴随着时间的推移,中国城乡二元结构在不同时段呈现出差别化的特征及表现形式,城乡二元结构的动态演变是我国经济发展进程的一个特征事实。基于这种实践背景,从理论层面阐释长时段内中国城乡经济关系的演变机制就是一个重大课题。这种探究对拓展已有的二元经济理论以及提出中国城乡协调发展的政策建议均有积极意义。本书基于政治经济学视角系统分析二元经济结构这个典型的"发展"问题,并用割裂、失衡型融合、协同型融合等概念来刻画中华人民共和国成立以来中国城乡经济关系的变迁历程,就体现了对这个重大课题的积极回应,它同时也从城乡经济关系维度展示了改革开放40年带给中国经济社会的深刻影响。

在发展经济学中,刘-费-拉模型是阐释二元经济结构问题的经典模型,它对理解发展中国家的城乡结构变化具有广泛的影响力。该模型隐含地假设二元结构导源于城乡两大部门的禀赋差异、经济体存在着完备的要素市场以及农村劳动力转移是实现结构转化的核心机制。然而,这些隐含假设与中国的实践背景并不完全契合。1949年中华人民共和国成立以来,我国始终是一个实行社会主义制度的发展中大国,20世纪70年代末期之后,我国又开启了改革开放的伟大历程。中国开始从计划经济体制转向市场经济体制、从封闭经济格局转向开放经济格局,市场化导向的经济体制转型是改革开放以来中国现代化进程的重要变革趋向。

上述情形意味着中国的经济发展始终围绕着这个根本命题:一个实行社

会主义制度的发展中大国如何实现持续发展和共同富裕目标。中国的经济发展具有三个关键词：社会主义制度、发展中大国和经济体制转型。这些关键词不仅意味着中国要在更为严苛的条件下（人口和地理规模超大的发展中国家）实现更为高远的目标（社会主义制度所内含的持续发展和共同富裕目标），而且意味着中国迄今为止仍处在市场化转型进程之中，市场正在完善、而不是市场已经完备是中国国民经济运行的真实状态。

基于此，理解中国的城乡经济关系问题，就必须借鉴现有的研究文献，同时基于本土化实践提出更具说服力的分析框架。本书从政治经济学视角出发，强调理解中国城乡经济关系必须将其嵌入经济发展的整体格局中，必须关注社会主义制度、发展中大国、经济体制转型等社会背景，必须关注发展战略和约束条件—经济制度选择—微观主体行为—经济发展绩效（城乡经济结构转化）之间的依次影响关系。在上述影响关系中，发展战略和约束条件的组合均服从于社会主义制度发展中大国如何实现持续发展和共同富裕这个根本命题，但是回应这个命题的社会实践却是分阶段、有步骤的，即不同时期的发展战略、约束条件及其组合状态存在差别。在不同阶段，发展战略和约束条件的组合会内生出相应的经济制度，且这种经济制度主要围绕政府-市场关系而展开，但在中国这样的发展中大国，政府内部和市场内部均存在着结构特征，因此，经济制度必定会突破政府-市场两分框架，它包含针对政府内部和市场内部结构特征的相关规则或制度安排。

概括地说，中国的本土化特征意味着经济制度既包括政府-市场关系这个经济运行机制的主线，也包括属于发展中大国的政府内部结构和市场内部结构安排。这些经济制度充当了在特定约束条件下实现某种发展战略的机制，然而，经济制度在选择和实施之后，必定会通过产权界定、交易秩序等途径影响微观主体的行为选择，这种选择会产生相应的经济结果或发展绩效，而经济绩效的一个重要表现就是城乡二元结构及其转化状态，这种结果进一步通过影响发展战略和约束条件而导致城乡经济关系动态变迁。显而易见，上述城乡经济关系的分析框架与刘-费-拉模型存在着区别，它是基于中国的本土化特征并试图内生经济制度及其变迁对中国城乡经济关系的影响,因此是从"发展的政治经济学"而不是单纯发展经济学视角去理解中国城乡经济关系问题。

立足于政治经济学分析框架,本书将研究视野放在了1949年中华人民共和国成立迄今的较长时段,阐释了此时段内不同时期中国城乡经济关系的基本特征及其变迁机理。在中国这样实行社会主义制度的发展中大国,实现经济的持续发展和共同富裕目标不可能一蹴而就,它必定是一个分阶段、逐步推进的过程。中华人民共和国成立初期,我国基于内外部的复杂环境和多重挑战,在经济层面选择了重工业优先发展战略,但这种发展战略与当时的禀赋条件(资本短缺但劳动力充裕)之间存在着冲突,因此,经济制度均围绕化解这种冲突而展开,即经济制度是从发展战略和约束条件的组合中内生出来的。在城乡经济关系维度,我国逐步形成了农村的人民公社制、城镇的单一公有制、农产品统购统销制以及城乡户籍制度,这些制度的主要目标是政府(特别是中央政府)依靠指令性计划对城乡产品和要素配置进行严格管控,进而为重工业优先发展提供资本来源,同时避免劳动力流动而"摊薄"工业部门的资本。

在这一阶段,由于实施中央高度集权和严格管控的计划经济体制,因此,我国不同层级政府之间、不同市场之间的差异性是微乎其微的,即政府-市场关系充当了整个经济制度安排的全部内容。上述制度安排对城乡微观主体的行为选择产生了广泛影响,城乡居民甚至缺少依据经济利益计算自发配置产品和要素的机会。这些经济制度的实施结果是:中华人民共和国成立直至20世纪70年代末期,我国在初始条件极度不利的条件下形成了独立且较为完整的工业体系,但整个国民经济却因为资源配置低效率而濒临崩溃的边缘。就城乡经济关系而言,由于城乡两部门微观经济主体不能自发进行产品交易和要素配置,且其劳动生产率、收入差距和消费差距均长期处在高位水平,因此,相互割裂成为这个时段我国城乡经济关系的基本特征。

中华人民共和国成立之后的较长时期,服务于重工业优先发展战略的制度安排带来了推动国家工业化但抑制经济效率的双重结果。伴随着时间的推移，这些结果的积累就深刻改变了中华人民共和国成立初期的战略目标和约束条件。从1978年开始，我国的发展战略开始从重工业优先发展战略转向经济增长主导战略，其约束条件却是长期计划经济体制的影响以及农村人口和农村就业人数占主体的国情条件。导源于这种发展战略和约束条件的新组合，我国依靠政府-市场关系调整来推动经济体制变革，其主线是中央政府放松对微观主体的经济管制，不断凸显市场在资源配置中的作用。采用市场化机制来提高资源配置效率，进而实现经济的高速增长，这体现出中国经济发展与其他国家相类似的特征，改革开放随即成为20世纪70年代末期以来中国经济社会的关键抉择。

然而，作为一个实行社会主义制度的发展中大国，我国的政府内部结构和市场内部结构特征开始显露，即分别形成了地方分权式治理体制和上游管控型市场扩展。这体现出中国市场化体制转型与其他经济体的差异性，即在市场化体制转型的路径和方式层面中国是具有独特性的。在上述经济制度的作用下，我国微观经济主体的行为选择必定会产生相应的结果，即中国经济总量在全球范围内创造了增长的"奇迹"，但经济领域的结构性问题却在不断累积和加剧。就城乡经济关系而言，上述经济制度导致微观经济主体在城乡间的资源配置空间在放大，资源配置效率不断提高，社会生产力得到极大解放和发展，城乡居民收入和消费均呈现出时序上的不断增加。与此同时，我国城乡之间的收入差距、消费差距变动存在着波动性质，且特定时段内城乡收入差距缩减并未伴随着社会保障差距的同步缩减。这意味着：1978年实施改革开放之后，中国的城乡经济关系走出了此前的相互割裂状态，开始步入整体融合、但融合存在失衡特征的新格局。

进入新世纪之后，尤其是2012年中国共产党的十八大召开以来，我国开始推动发展理念的适应性调整，发展战略也从经济增长主导战略转向统筹协调发展战略。中国共产党十九大报告明确提出中国特色社会主义进入新时代，明确提出社会主要矛盾转化以及经济发展阶段转变，意味着我国在经济层面正式确立了统筹协调发展战略。然而,统筹协调发展战略在实践中面临着匹配于经济增长主导战略的制度约束,能够确保经济高速增长的制度未必能够自然地支撑统筹协调发展,发展战略和约束条件的组合转变意味着经济制度的适应性调整。由此出发,我国推动统筹协调发展战略必须深化经济体制改革,它不仅需要促使市场在资源配置中起决定性作用和更好地发挥政府作用,而且需要通过深化改革以改进政府内部和市场内部的制度安排,在改进地方分权式治理体制和上游管控型市场扩展的基础上,使微观经济主体的行为选择更加耦合统筹协调发展战略。

就城乡经济关系而言,在实施统筹协调发展战略背景下,我国必然要推动城乡经济关系从失衡型融合走向协同型融合,这里的协同型融合包含了城乡要素流动性和配置效率的提高,包含了城乡收入差距和消费差距的缩减,包含了城乡基本公共服务均等化程度的提高,也包含了城乡内部分化背景下不同部分之间的结构优化。就实现机制而言,协同型融合需要立足于系统性、制度性、差异性、可行性等基准,从加快城乡要素市场化进程、降低城乡市场交易成本、提高城乡基本公共服务均等化、形成地方政府内生动力等视角完善政策安排。概括地说,"市场内驱-政府补位的组合型政策"是我国实现城乡经济关系协同型融合的政策选择,政府-市场关系、政府内部和市场内部的制度变迁以及参与者的激励相容对政策的实施具有支撑作用。

显而易见,本书利用具有本土化特征的政治经济学分析框架阐释了中国城乡经济关系的演变逻辑。这种研究的理论含义是:刘-费-拉模型是理解中国二元结构问题的重要思想来源,但不能从该模型直接推演出中国城乡经济关系的形成和演变机理。探究中华人民共和国成立以来我国的城乡经济关系问题,必须根植于中国的本土化特征——社会主义制度、发展中大国和经济体制转型,在这些特征中提出理解二元结构问题的核心概念以及概念间的关联。在针对中国城乡经济关系的理论构建中,有三个要点是值得强调的:

一是在中国这样实行社会主义制度的发展中大国,不存在单纯的城乡经济关系问题,城乡经济关系问题都是发展战略这个大命题在城乡两部门的具体表现。因此,理解我国城乡经济关系的演变逻辑必须将其放在较为宏观的领域,即将其嵌入整个中国经济社会系统中进行分析,这样才可能准确阐释城乡经济关系为什么是这样以及为什么这样演变。

二是中国城乡经济关系是微观经济主体行为选择的产物,但微观主体的行为选择不仅导源于差别化的个体特征,而且导源于共同性的制度条件。因此,理解不同时段中国经济制度的形成、演变及其对微观主体的影响就变得极为重要,阐释城乡经济关系的演变必须回答这些经济制度是怎样形成的以及是怎样变迁的。

三是对中国这样实行社会主义制度的发展中大国而言,讨论经济制度不仅需要分析政府-市场关系,而且需要分析政府内部和市场内部的结构特征,不能将政府和市场天然地视为内部高度同质的概念,而应突破政府-市场的两分法去探究两个概念的内部特征。其原因在于:政府-市场关系变动体现出中国经济体制变迁的一般性,但政府内部和市场内部的结构特征却体现出中国经济体制变迁的特殊性。特别是,改革开放以来,地方分权式治理体制和上游管控型市场扩展是中国经济制度中最具特色的部分,理解城乡经济关系演变必须内生这种制度变革的一般性和特殊性。由此可见,政治经济学对理解中国经济发展问题是有效的,从"发展的政治经济学"视角阐释中国城乡经济关系问题是重要的,而构建中国特色社会主义政治经济学这个命题具有其实践依据。

从实践的角度看,中华人民共和国成立以来、尤其是改革开放 40 年以来,中国致力于推动人类历史上前所未有的经济结构变迁,在一个人口接近 14 亿的人口大国中推进工业化和城镇化是规模空前、影响深远的重大事件。然而,中国的工业化和城镇化路径与其他经济体有类似的地方,例如:农村劳动力的非农化流转;但也有不同的地方,例如:农村劳动力流动中的"农民工"。上述格局意味着中国的城乡经济关系是与社会主义制度、发展中大国、经济体制转型等特征相伴随的,因此它在很大程度上体现为一个"中国的故事"。如前所示,从较长的时段来看,中国的城乡经济关系均服务于这个根本命题:

第 10 章 结语和展望

一个实行社会主义制度的发展中大国如何实现持续发展和共同富裕目标。在这一根本命题的导引下,我国不同时期形成了差别化的发展战略以及约束条件,制度安排以及由此导致的城乡经济关系就是实施这些发展战略的产物。计划经济时期的重工业优先发展战略,伴随着割裂型的城乡经济关系,这意味着中国的城乡二元结构问题不单纯是一个资源禀赋问题,也是一个发展战略选择问题。改革开放40年以来,中国选择了经济增长主导战略,其实施结果使得我国的社会生产力得到了显著解放和发展,但也形成了失衡型融合的城乡经济关系,这意味着中国城乡二元经济不同维度的转化并不是同步的,且这种失衡是经济高速增长的伴生产物。

在不同的时段,我国城乡经济关系所表现出的形态并不意味着此前的制度选择是"错误的",它仅仅是与特定时段的发展战略和约束条件相匹配,不能用后续的发展水平和战略选择去苛求此前的经济制度选择以及相应的城乡经济关系。在中国特色社会主义进入新时代的背景下,我国的经济增长主导战略正式转向统筹协调发展战略,社会主要矛盾也要求我国重点回应不平衡不充分发展问题,这必然要求城乡经济关系从失衡型融合走向协同型融合。与此前的发展战略和城乡经济关系演变相类似,从经济增长主导战略转向统筹协调发展战略也是我国实现根本命题的重要步骤,这种转变的核心也是推动一系列的经济制度变迁,即实现政府-市场关系、政府内部结构、市场内部结构的相应调整,深化经济体制改革对新时代背景下我国城乡经济关系的协同型融合具有关键作用。

将上述理论含义和实践指向综合起来,可以得到我国不同时段城乡经济关系的特征及其变迁路线图。如表10-1所示,我国为了实现经济持续发展和共同富裕这个根本目标,从中华人民共和国成立以来大致经历了三个阶段,并由此形成了差异化的制度安排和城乡经济关系,以及与这种实践变动紧密关联的经济理论。

1953—1977年我国在经济领域的主要目标是重建国民经济秩序,并由此确立了重工业优先发展战略。与这种发展战略相契合,我国在政府-市场关系、政府内部和市场内部就形成了特定的经济制度安排,指导这些制度安排的理论基础是苏联政治经济学,其结果是在城乡经济关系中形成了城乡两大部门的相互割裂状态。1978—2012年我国在经济领域的主要目标是推动经济持续高速增长,因此,发展战略开始从重工业优先发展战略转向经济增长主导战略。为了有效实施这种发展战略,我国在政府-市场关系、政府内部和市场内部也就内生了相应的经济制度安排,在这个阶段,政府间和市场间的结构特征相对于此前逐渐凸显出来,指导这种制度变迁的理论依据是综合的,它既包括新古典经济学在中国的引入和扩展,也包括政治经济学在中国的创新和发展。2012年之后,我国在经济高速增长的基础上开始更加追求持续发展和共同富裕目标,发展战略也随之逐步转向统筹协调发展战略,中国共产党十九大报告可视为这种发展战略正式确立和实施的标志。这种发展战略转变必然导致政府-市场关系、政府内部和市场内部结构的相应变化,即中国需要深化经济体制改革:在充分释放市场活力的同时增强政府的公共产品供给职能,同时也需要提高不同层级政府间的经济目标耦合度,以及不同领域市场间的市场化进程匹配性。在这个时段,中国应在不断积累实践元素的基础上形成具有学理性的中国特色社会主义政治经济学,这种理论成为后续指导中国经济建设的主要理论依据。在这种制度变迁的支撑和本土化理论的指引下,中国的城乡经济关系才可能从失衡型融合走向协同型融合。

表10-1 中国不同阶段城乡经济关系的理论和政策含义

比较项目	1949—1977年	1978—2012年	2012年之后
主要目标	经济秩序重建	经济高速增长	持续发展和共同富裕
发展战略	重工业优先发展	经济增长主导	统筹协调发展
体制特征	计划经济体制	市场化转型	深化经济体制改革
政府间制度	中央-地方完全一致	政治集中、经济分权	不同层级政府的权责耦合化

第10章 结语和展望

(续表)

比较项目	1949—1977年	1978—2012年	2012年之后
市场间制度	上游-下游完全管制	上游管制、下游放开	上下游市场的改革进程匹配化
理论学说	苏联政治经济学主导	新古典经济学扩展和政治经济学发展	中国特色社会主义政治经济学
城乡经济关系	割裂	失衡型融合	协同型融合

总而言之,本书从政治经济学的视角出发,为中国城乡经济关系从割裂到融合的演变提供了一种解释,这种解释相对于发展经济学的二元经济理论,具有更加契合于中国本土化实践的边际改进特征。这种解释在理论层面强调了政府-市场关系、政府内部结构和市场内部结构特征,特别是从政府间结构和市场间结构解释了中国经济体制转型的独特性,而经济制度的独特性以及经济绩效的多面性,为构建中国特色社会主义政治经济学提供了重要支撑。中国特色社会主义政治经济学的探索和形成是一个大命题,围绕这个大命题,后续应准确地把握中国的经济发展进程中的特征事实,进而形成核心命题,依据这些命题提出具有内在逻辑一致性的理论体系。这种理论体系展示了经济发展理论的多样性和丰富性,它体现出中国经济发展实践对经济理论发展的贡献,并为其他发展中大国的经济发展特别是城乡经济关系转变提供了参考蓝本。

从实践的角度看,本书从政治经济学视角阐释了中华人民共和国成立以来,特别是改革开放40年以来中国城乡经济关系的演变机制,但这种机制阐释更多还是框架性的,对机制的分析和论证还较多地体现在逻辑层面。后续可以基于这种框架继续深入研究城乡经济关系这个课题的多个细分领域。例如:在中国这样实行社会主义制度的发展中大国,不同层级地方政府如何才能既保持经济自主权又能与中央政府确定的根本目标相一致?新时代背景下与统筹协调发展战略相匹配的各级政府激励方式应如何设置?城乡收入差距和城乡消费差距缩减的合理范围应如何确定?城乡要素双向流动中新型农业经营主体与小农户如何实现有效衔接？在人口普遍流动背景下城乡和地区之间的公共产品如何进行顺畅接转？现阶段我国城镇内部和农村内部的经济差异化问题如何持续解决？城乡要素流动性提高与不同地方政府的属地化社会治理如何形成匹配关系？等等。由此可见，本书的研究工作揭示了中国城乡经济关系这个宏大问题的一个部分，而不是全部内容。后续基于政治经济学和发展经济学的结合部，或者说"发展的政治经济学"来分析中国城乡经济关系，应该说还面临着众多的题材和"实践之谜"。针对这些主题的研究，不仅构成了本书研究工作的延续和支撑，而且构成了中国有效实施新型城乡关系经济政策的理论来源。我们有理由相信：在中国经济持续发展以及理论研究不断改进的背景下，我国的城乡经济关系必定会从失衡型融合逐步走向协同型融合。

参考文献

1. Bardhan P., Udry C., *Development Microeconomics*, Oxford University Press, New York, 1999.
2. Bengs, C., "Urban-Rural Relations in Europe", In Collections of Inter-regional Conference on Strategies for Enhancing Urban-rural Linkages Approach to Development and Promotion of Local Economic Development. http://www.upo-palnning.org/detail.asp?articleID=219, 2004.
3. Boeke, J.B., "Economics and Economic Policy of Dual Societies as Exemplified by Indonesia", New York: Institute of Pacific Relations, 1953.
4. Bosker M., Brakman S., Garretsen H., Schramm M., "Relaxing Hukou: Increased Labor Mobility and China's Economic Geography", *Journal of Urban Economics*, 2012, Vol, 72(2): 252-266.
5. Bosworth B., Collins S.M., "Accounting for Growth Comparing China and India", *Journal of Economic Perspectives*, 2008, Vol, 22: 45-66.
6. Bourguignon F., Morrison, C., "Inequality and Development: the Role of Dualism", *Journal of Development Economics*, 1998, Vol, 57: 233-257.
7. Brandt L., Zhu X., "Accounting for China's Growth", University of

Toronto, Working Paper, No.394, 2010.

8. Brookfield H., "Family Farms are still Around: Time to Invert the Old Agrarian Question", Geography Compass, 2008, Vol, 2(1): 108-126.

9. Cai F., Wang M., "A Counterfactual Analysis on Unlimited Surplus Labor in Rural China", China & World Economy, 2008, 16(1): 51-65.

10. Cao K. H., Birchenall J. A., "Agricultural Productivity, Structural Change, and Economic Growth in Post-reform China", *Journal of Development Economics*, 2013, Vol, 104(3): 165-180.

11. Chang H., Dong X., Macphail F., "Labor Migration and Time Use Patterns of the Left-behind Children and Elderly in Rural China", *The World Development*, 2011, Vol, 39(12): 2199-2210.

12. Chaplin H., Davidova S., Gorton M., "Agricultural Adjustment and the Diversification of Farm Households and Corporate Farms in Central Europe", *Journal of Rural Studies*, 2004, Vol, 20(1): 61-77.

13. Chavas J.P., "Structural Change in Agricultural Production: Economics, Technology and Policy", *Handbook of Agricultural Economics*, 2001, Vol, 1: 268-269.

14. Chen S., Chen X., Xu J., "Impacts of Climate Change on Agriculture: Evidence from China", *Journal of Environmental Economics and Management*, 2016, Vol, 76(3): 105-124.

15. Chernina, E., P. C. Dower, A. Markevich, "Property Rights, Land Liquidity, and Internal Migration", *Journal of Development Economics*, 2014, Vol, 110: 191-215.

16. Chiodi V., Jaimovich E., Montes-Rojas G., "Migration, Remittances and Capital Accumulation: Evidence from Rural Mexico", *Journal of Development Studies*, 2012, Vol, 48(8): 1139-1155.

17. Chun-Chung Au, Henderson, J.V., "How Migration Restrictions Limit

Agglomeration and Productivity in China", *Journal of Development Economics*, 2006, Vol, 80(2): 350-388.

18. Demurger S., Gurgand M., Li S., Yue X.M., "Migrants as Second-class Workers in Urban China? A Decomposition Analysis", *Journal of Comparative Economics*, 2009, Vol, 37(4): 610-628.

19. Demurger S., Li S., Yang J., "Earnings Differences between the Public and Private Sectors in China: Exploring Changes for Urban Local Residents in the 2000s", *China Economic Review*, 2012, Vol, 23(1): 138-153.

20. Fan S., Gulati A., Thorat S., "Investment, Subsidies and Pro-poor Growth in Rural India", *Agricultural Economics*, 2008, Vol, 39(2): 163-170.

21. Fei, J.C.H., Ranis, G., *Development of the Labor Surplus Economy: Theory and Policy*, Richard D.Irwin, Homewood, IL. 1964.

22. Fei, J. C. H., Ranis, G., *Growth and Development from an Evolutionary Perspective*, Blackwell Publishers Ltd, 1999.

23. Fields, G.S., "A Welfare Economic Analysis of Labor Market Policies in the Harris-Todaro Model", *Journal of Development Economics*, 2005, Vol, 76: 127-146.

24. Graeub B.E. *et al.*, "The State of Family Farms in the World", *World Development*, 2016, Vol, 87(11): 1-15.

25. Gray C.I., Bilsborrow R.E., "Consequences of Out-Migration for Land Use in Rural Ecuador", *Land Use Policy*, 2014, Vol, 36: 182-191.

26. Hayashi F., Prescott C.E., "The Depressing Effects of Agricultural Institutions on the Prewar Japanese Economy", *The Journal of Political Economy*, 2008, Vol, 116(4): 573-632.

27. Hayami Y., Ruttan V.W., *Agricultural Development-An International*

Perspective, The Johns Hopkins University Press, 1985.

28. Hertel T., Fan Z., "Labor Market Distortions, Rural-urban Inequality and the Opening of China's Economy", World Bank Policy Research Working Paper3455, November 2004.

29. Hsieh C. T., Klenow P. J., "Misallocation and Manufacturing TFP in China and India", *The Quarterly Journal of Economics*, 2009, Vol, 124(4): 1403-1448.

30. Islam N., Yokota K., "Lewis Growth Model and China's Industrialization", *Asian Economic Journal*, 2008, Vol, 22(4): 359-396.

31. Jin S. Q., Deininger K., "Land Rental Markets in the Process of Rural Structural Transformation: Productivity and Equity Impacts from China", *Journal of Comparative Economics*, 2009, Vol, 37: 629-646.

32. Just D. R., "Calibrating the Wealth Effects of Decoupled Payments: Does Decreasing Absolute Risk Aversion Matter?", *Journal of Econometrics*, 2011, Vol, 162(1): 25-34.

33. Kanbur R., Zhang X B., "Which Regional Inequality? The Evolution of Rural-urban and Inland-costal Inequality in China from 1983 to 1995", *Journal of Comparative Economics*, 1999, Vol, 27: 686-701.

34. Kanwar S., "Relative Profitability, Supply Shifters and Dynamic Output Response in a Developing Economy", *Journal of Policy Modeling*, 2006, Vol, 28(1): 67-88.

35. Knight J., Li S., "Wages, Firm Profitability and Labor Market Segmentation in Urban China", *China Economic Review*, 2005, Vol, 16(3): 205-228.

36. Knight J., Song L., Huaibin J., "Chinese Rural Migrants in Urban Enterprises: Three Perspectives", *Journal of Development Studies*,

1999, Vol, 35(3): 73-104.

37. Krueger A., Maurice S., Alberto V., *The Political Economy of Agricultural Pricing Policy*, 5Vols. Baltimore, Maryland, The Johns Hopkins University Press, 1992.

38. Kumbhakar S.C., Christopher F.P., "The Effects of Match Uncertainty and Bargaining on Labor Market Outcomes: Evidence from Buyer and Seller Specific Estimates", *Journal of Productivity Analysis*, 2009, Vol, 31(1): 1-14.

39. Kwan F., "Agricultural Labor and the Incidence of Surplus Labor: Experience from China during Reform", *Journal of Chinese Economic and Business Studies*, 2009, Vol, 7(8): 341-361.

40. Lewis A., "Economic Development with Unlimited Supplies of Labor", *The Manchester School*, 1954, Vol, 22(2): 139-191.

41. Li H., Kung J., "Fiscal Incentives and Policy Choices of Local Governments: Evidence from China", Journal of Development Economics, 2015.Vol, 116: 89-104.

42. Li, S., Sicular, T., "The Distribution of Household Income in China: Inequality, Poverty and Policies", *The China Quarterly*, 2014, Vol, 217: 1-41.

43. Lipton M., *Why Poor People Stay Poor: Urban Bias in World Development*, Cambridge, MA: Harvard University Press, 1977.

44. Liu Z., "Institution and Inequality: The Hukou System in China", *Journal of Comparative Economics*, 2005, Vol, 33(1): 133-157.

45. Lu M., Wan G., "Urbanization and Urban Systems in the People's Republic of China: Research Findings and Policy Recommendations", *Journal of Economic Surveys*, 2014, Vol, 28(4): 671-685.

46. Meng X., Bai N., "How Much have Wages of Unskilled Workers in

China Increased?", *China: Linking Markets for Growth*, Canberra, Asia Pacific Press, 151-175, 2008.

47. Meng X., Zhang J., "The Two-Tier Labor Market in Urban China", *Journal of Comparative Economics*, 2001, Vol, 29(3): 485-504.

48. Meyer B., Sullivan J., "Further Results on Measuring the Well-being of the Poor using Income and Consumption", *Canadian Journal of Economics*, 2011, Vol, 44(1): 52-87.

49. Meyer B., Sullivan J., "Consumption and Income Inequality and the Great Recession", American Economic Review, 2013, Vol, 103(2): 178-183.

50. Overbeek G., Terluin I., "Rural Areas under Urban Pressure: Case Studies of Rural-urban Relationships across Europe", The Hague: Agricultural Economics Research Institute, 2006.

51. Parman J., "Good School Make Good Neighbors: Human Capital Spillovers in Early 20th Century Agriculture", *Explorations in Economic History*, 2012, Vol, 49: 316-334.

52. Piketty, T., Yang, L. & Zucman, G., "Capital Accumulation, Private Property and Rising Inequality in China, 1978-2015", NBER Working Paper 23368, 2017.

53. Ranis G., Fei J. H. "A theory of economic development", *American Economic Review*, 1961, Vol, 51(4): 533-565.

54. Ravallion M., Chen, S., "China's (Uneven) Progress against Poverty", *Journal of Development Economics*, 2007, Vol, 82(1): 1-42.

55. Rozelle S., Taylor J. E., Brauw A., "Migration, Remittances and Agricultural Productivity in China", *American Economic Review*, 1999, Vol, 89(2): 287-291.

56. Shifa A. B., "The Dual Policy in the Dual Economy — The Political

Economy of Urban bias in Dictatorial Regimes", *Journal of Development Economics*, 2013, Vol, 105(1): 77-85.

57. Veenhuizen R. van, "Cities Farming for the Future: Urban Agriculture for Green and Productive Cities", RUAF Foundation, IDRC and IIRR, 2006.

58. Vollrath D., "How Important are Dual Economy Effects for Aggregate Productivity?", *Journal of Development Economics*, 2009, Vol, 88(2): 325-334.

59. Wen G., Xiong J., "The Hukou and Land Tenure System as Two Middle Income Traps — the Case of Modern China", *Frontiers of Economics in China*, 2014, Vol, 9(3): 438-459.

60. Whalley J., Zhang S. M., "A Numerical Simulation Analysis of Labor Mobility (Hukou) Restrictions in China", *Journal of Development Economics*, 2007, Vol, 83(2), 392-410.

61. Winters P. *et al.*, "Assets, Activities and Rural Income Generation: Evidence from a Multicounty Analysis", *World Development*, 2009, Vol, 37(9): 1435-1452.

62. Wu X. M., Perloff, J. M., "China's Income Distribution, 1985-2001", *Review of Economics and Statistics*, 2005, Vol, 87(4), 763-775.

63. Xin X. F., Qin F., "Decomposition of Agricultural Labor Productivity Growth and its Regional Disparity in China", *China Agricultural Economic Review*, 2011, Vol, 3(1): 92-100.

64. Xu Chenggang, "The Fundamental Institutions of China's Reforms and Development", *Journal of Economic Literature*, 2011, Vol, 49(4): 1076-1151.

65. Yang D. T., "Education and Allocative Efficiency: Household Income Growth during Rural Reforms in China", *Journal of Development*

Economics，2004，Vol，74：137-162.

66. 巴里·诺顿：《中国经济：转型与增长》，上海人民出版社 2010 年版。

67. 白永秀：《城乡二元结构的中国视角：形成、拓展、路径》，《学术月刊》2012 年第 5 期。

68. 薄一波：《若干重大决策与事件的回顾》上卷，中共中央党校出版社 1991 年版。

69. 蔡昉：《城乡收入差距与制度变革的临界点》，《中国社会科学》2003 年第 5 期。

70. 蔡昉：《"工业反哺农业、城市支持农村"的经济学分析》，《中国农村经济》2006 年第 1 期。

71. 蔡昉：《中国农村改革三十年：制度经济学的分析》，《中国社会科学》2008 年第 6 期。

72. 蔡昉：《刘易斯转折点：中国发展新阶段》，社会科学文献出版社 2008 年版。

73. 蔡昉：《人口转变、人口红利与刘易斯转折点》，《经济研究》2010 年第 4 期。

74. 蔡昉、都阳、王美艳：《劳动力流动的政治经济学》，上海三联书店、上海人民出版社 2003 年版。

75. 蔡昉、林毅夫：《中国经济：改革与发展》，中国财政经济出版社 2003 年版。

76. 蔡昉、杨涛：《城乡收入差距的政治经济学》，《中国社会科学》2000 年第 4 期。

77. 常进雄、赵海涛：《所有制性质对农村户籍劳动力与城镇户籍劳动力工资差距的影响研究》，《经济学（季刊）》2016 年第 2 期。

78. 陈斌开：《收入分配与中国居民消费——理论和基于中国的实证研究》，《南开经济研究》2012 年第 1 期。

79. 陈斌开、林毅夫：《重工业优先发展战略、城市化和城乡工资差距》，《南开经济研究》2010 年第 1 期。

80. 陈斌开、林毅夫：《发展战略、城市化与中国城乡收入差距》，《中国社会科学》2013 年第 4 期。

81. 陈斌开、张鹏飞、杨汝岱：《政府教育投入、人力资本投资与中国城乡收入差距》，《管理世界》2010 年第 1 期。

82. 陈方：《城乡关系：一个国外文献综述》，《中国农村经济》2013 年第 6 期。

83. 陈帅、徐晋涛、张海鹏：《气候变化对中国粮食生产的影响——基于县级面板数据的实证分析》，《中国农村经济》2016 年第 5 期。

84. 陈雪娟、余向华：《公共品供给城乡一体化的研究述评》，《经济学动态》2011 年第 12 期。

85. 陈益龙：《户口还起作用吗？——户籍制度与社会分层和流动》，《中国社会科学》2008 年第 1 期。

86. 陈云松、张翼：《城镇化的不平等效应与社会融合》，《中国社会科学》2015 年第 6 期。

87. 陈宗胜、高玉伟：《我国公有经济规模测度与深化混合经济改革潜力》，《经济社会体制比较》2015 年第 1 期。

88. 程永宏：《二元经济中城乡混合基尼系数的计算与分解》，《经济研究》2006 年第 1 期。

89. 程永宏：《改革以来全国总体基尼系数的演变及城乡分解》，《中国社会科学》2007 年第 4 期。

90. 道格拉斯·诺思：《经济史中的结构与变迁》，上海三联书店、上海人民出版社 1994 年版。

91. 丁焕峰、刘心怡：《城镇化背景下城乡收入差距的时空演化》，《经济地理》2017 年第 4 期。

92. 董晓林、徐虹：《我国农村金融排斥影响因素的实证分析——基于县域金融机构网点分布的视角》，《金融研究》2012 年第 9 期。

93. 樊纲、吕焱：《经济发展阶段与国民储蓄率提高：刘易斯模型的扩展与应用》,《经济研究》2013年第3期。

94. 方福前:《中国居民消费需求不足原因研究——基于中国城乡分省数据》,《中国社会科学》2009年第2期。

95. 弗兰克·艾利思:《农民经济学:农民家庭农业和农业发展》,上海人民出版社2006年版。

96. 付明辉、祁春节:《要素禀赋、技术进步偏向与农业全要素生产率增长——基于28个国家的比较分析》,《中国农村经济》2016年第12期。

97. 盖庆恩、朱喜、史清华:《劳动力市场扭曲、结构转变和中国劳动生产率》,《经济研究》2013年第5期。

98. 盖庆恩、朱喜、史清华:《劳动力转移对中国农业生产的影响》,《经济学(季刊)》2014年第3期。

99. 高帆:《我国各省份经济增长的因素分解与劳动结构效应:1978—2007年》,《数量经济技术经济研究》2010年第7期。

100. 高帆a:《中国居民收入差距的因素分解:趋势及解释》,《经济科学》2012年第3期。

101. 高帆b:《中国城乡二元经济结构转化:理论阐释与实证分析》,上海三联书店2012年版。

102. 高帆a:《中国城乡消费差距的拐点判定及其增长效应》,《统计研究》2014年第12期。

103. 高帆b:《劳动者报酬占比、城乡收入分配与中国居民消费率》,《学术月刊》2014年第11期。

104. 高帆:《我国区域农业全要素生产率的演变趋势与影响因素》,《数量经济技术经济研究》2015年第5期。

105. 高帆a:《中国城乡要素交换关系完善的理论研究与实证分析》,上海人民出版社2016年版。

106. 高帆b:《协调发展的社会主义政治经济学》,复旦大学出版社2016年版。

107. 高帆 c:《"政治经济学回归"与我国经济学说的选择逻辑》,《政治经济学评论》2016年第5期。

108. 高帆 a:《中国经济发展的一般性、异质性及其引申含义》,《学术月刊》2018年第6期。

109. 高帆 b:《新时代我国城乡差距的内涵转换及其政治经济学阐释》,《西北大学学报(哲学社会科学版)》2018年第4期。

110. 高帆 c:《中国乡村振兴战略视域下的农民分化及其引申含义》,《复旦学报(社会科学版)》2018年第5期。

111. 高帆 d:《中国农地"三权分置"的形成逻辑与实施政策》,《经济学家》2018年第4期。

112. 高帆 e:《中国农村经济改革40年:实施逻辑与发展趋向》,《求是学刊》2018年第5期。

113. 高帆、汪亚楠:《劳动力市场扭曲与城乡消费差距:基于省际面板数据的实证研究》,《学术月刊》2016年第12期。

114. 辜胜阻、李正友:《我国自下而上城镇化的制度分析》,《中国社会科学》1998年第2期。

115. 顾益康、许勇军:《城乡一体化评估指标体系研究》,《浙江社会科学》2004年第6期。

116. 郭剑雄:《人力资本、生育率与城乡收入差距的收敛》,《中国社会科学》2005年第3期。

117. 郭庆海:《新型农业经营主体功能定位及成长的制度供给》,《中国农村经济》2013年第4期。

118. 国务院发展研究中心农村部课题组:《从城乡二元到城乡一体——我国城乡二元体制的突出矛盾与未来走向》,《管理世界》2014年第9期。

119. 韩海彬、张莉:《农业信息化对农业全要素生产率增长的门槛效应分析》,《中国农村经济》2015年第8期。

120. 韩俊:《中国城乡关系演变60年:回顾与启示》,《改革》2009年第11期。

121. 韩朝华：《个体农户和农业规模化经营：家庭农场理论评述》，《经济研究》2017年第7期。

122. 郝大明：《基于指数方法的劳动结构效应分析》，《统计研究》2006年第6期。

123. 郝大明：《农业劳动力转移对中国经济增长的贡献率：1953—2015》，《中国农村经济》2016年第9期。

124. 何志雄、曲如晓：《农业政策性金融供给与农村金融抑制》，《金融研究》2015年第2期。

125. 洪银兴、陈雯：《城市化和城乡一体化》，《经济理论与经济管理》2003年第4期。

126. 洪正：《新型农村金融机构改革可行吗？》，《经济研究》2011年第2期。

127. 黄季焜、邵亮亮、冀县卿、罗斯高：《中国的农地制度、农地流转和农地投资》，格致出版社2012年版。

128. 简新华：《中国农村改革和发展的争议性问题》，《学术月刊》2015年第7期。

129. 焦必方、林娣、彭婧妮：《城乡一体化评价体系的全新构建及其应用》，《复旦学报（社会科学版）》2011年第4期。

130. 江春、司登奎、苏志伟：《中国城乡收入差距的动态变化及影响因素研究》，《数量经济技术经济研究》2016年第2期。

131. 蒋永穆、鲜荣生、张晓磊：《马克思恩格斯城乡经济关系思想刍论》，《政治经济学评论》2015年第4期。

132. 孔祥智：《新型农业经营主体的地位和顶层设计》，《改革》2014年第5期。

133. 劳伦·勃兰特、托马斯·罗斯基：《伟大的中国经济转型》，格致出版社2009年版。

134. 李春玲：《教育不平等的年代变化趋势（1940—2000）：对城乡教育机会不平等的再考察》，《社会学研究》2014年第2期。

135. 黎德福、唐雪梅：《劳动无限供给下中国的经济波动》，《经济学（季刊）》2013 年第 3 期。

136. 李江一：《农业补贴政策效应评估：激励效应与财富效应》，《中国农村经济》2016 年第 12 期。

137. 李江一、李涵：《城乡收入差距与居民消费结构：基于相对收入理论的视角》，《数量经济技术经济研究》2016 年第 8 期。

138. 李明、邵挺、刘守英：《城乡一体化的国际经验及其对中国的启示》，《中国农村经济》2014 年第 6 期。

139. 李扬、殷剑锋：《中国高储蓄率问题探究》，《经济研究》2007 年第 6 期。

140. 李永友、钟晓敏：《财政政策与城乡居民边际消费倾向》，《中国社会科学》2012 年第 12 期。

141. 梁琦、陈强远、王如玉：《户籍改革、劳动力流动与城市层级体系优化》，《中国社会科学》2013 年第 12 期。

142. 廖祖君、郭晓鸣：《中国农业经营组织体系演变的逻辑与方向：一个产业链整合的分析框架》，《中国农村经济》2015 年第 2 期。

143. 林刚：《中国工农-城乡关系的历史变化与当代问题》，《中国农村观察》2014 年第 5 期。

144. 林毅夫、蔡昉、李周：《中国的奇迹：发展战略与经济改革（增订版）》，上海三联书店、上海人民出版社 2012 年版。

145. 林毅夫、陈斌开：《重工业优先发展战略与城乡消费不平等——来自中国的证据》，《浙江社会科学》2009 年第 4 期。

146. 林毅夫、刘明兴：《中国的经济增长收敛与收入分配》，《世界经济》2003 年第 8 期。

147. 林毅夫、余淼杰：《我国价格剪刀差的政治经济学分析：理论模型与计量实证》，《经济研究》2009 年第 1 期。

148. 凌晨、张安全：《中国城乡居民预防性储蓄研究：理论与实证》，《管理世界》2012 年第 11 期。

149. 刘冠春:《金融结构影响城乡收入差距的传导机制——基于经济增长和城市化双重视角的研究》,《财贸经济》2017 年第 6 期。

150. 刘国新:《论马克思、恩格斯城乡发展的制度思想》,《社会科学战线》2017 年第 6 期。

151. 刘红梅、张忠杰、王克强:《中国城乡一体化影响因素分析》,《中国农村经济》2012 年第 8 期。

152. 刘后平、李源、张国麒:《影响城乡消费二元化的显性与隐性因素研究——基于 CHFS2011 年数据的分位数回归和分解》,《西部论坛》2015 年第 5 期。

153. 刘婧、李实:《中国消费不平等的变化》,载《中国收入差距变动分析——中国居民收入分配研究 IV》(李实、佐藤宏、史泰丽等著),人民出版社 2013 年版。

154. 刘伟、蔡志洲:《如何看待中国仍然是一个发展中国家?》,《管理世界》2018 年第 9 期。

155. 刘小鲁:《中国城乡居民医疗保险与医疗服务水平利用的经验研究》,《世界经济》2017 年第 3 期。

156. 刘学良:《中国收入差距的分解:1995—2006》,《经济科学》2008 年第 3 期。

157. 龙海明、凌炼、谭聪杰、王志鹏:《城乡收入差距的区域差异性研究》,《金融研究》2015 年第 3 期。

158. 陆铭、陈钊:《城市化、城市倾向的经济政策与城乡收入差距》,《经济研究》2004 年第 6 期。

159. 陆铭、陈钊:《为什么土地和户籍制度需要联动改革——基于中国城市和区域发展的理论和实证研究》,《学术月刊》2009 年第 9 期。

160. 陆学艺:《农村发展新阶段的新形势和新任务》,《中国农村经济》2000 年第 6 期。

161. 陆学艺:《"三农论"——当代中国农业、农村、农民研究》,社会科学文献出版社 2002 年版。

162. 鲁钊阳：《新型农业经营主体发展的福利效应研究》，《数量经济技术经济研究》2016 年第 6 期。

163. 罗翔、朱平芳、项歌德：《城乡一体化框架下的中国城市化发展路径研究》，《数量经济技术经济研究》2014 年第 10 期。

164. 骆永民、樊丽明：《中国农村人力资本增收效应的空间特征》，《管理世界》2014 年第 9 期。

165. 骆永民、樊丽明：《土地：农民增收的保障还是阻碍》，《经济研究》2015 年第 8 期。

166. 吕炜、储德银：《城乡居民收入差距与经济增长研究》，《经济学动态》2011 年第 12 期。

167. 吕炜、高飞：《城镇化、市民化与城乡收入差距——双重二元结构下市民化措施的比较与选择》，《财贸经济》2013 年第 12 期。

168. 麻吉亮、陈永福、钱小平：《气候因素、中间投入与玉米单产增长——基于河北农户层面多水平模型的实证分析》，《中国农村经济》2012 年第 11 期。

169. 毛学锋、刘靖：《刘易斯转折点真的来了吗》，《金融研究》2011 年第 8 期。

170. 冒佩华、徐骥：《农地制度、土地经营权流转与农民收入增长》，《管理世界》2015 年第 5 期。

171. 孟凡强、邓保国：《劳动力市场户籍歧视与城乡工资差异——基于分位数回归与分解的分析》，《中国农村经济》2014 年第 6 期。

172. 倪国华、蔡昉：《农户究竟需要多大的农地经营规模——农地经营规模决策图谱研究》，《经济研究》2015 年第 3 期。

173. 宁光杰、李瑞：《城乡一体化进程中农民工流动范围与市民化差异》，《中国人口科学》2016 年第 4 期。

174. 牛建林：《人口流动对城乡居民健康差异的影响》，《中国社会科学》2013 年第 2 期。

175. 农业部农村经济体制与经营管理司课题组：《农业供给侧结构性改革背景下的新农人发展调查》，《中国农村经济》2016年第4期。

176. 欧阳志刚：《中国城乡经济一体化的推进是否阻滞了城乡收入差距的扩大》，《世界经济》2014年第2期。

177. 潘文轩：《我国城乡居民消费行为的差异性及其政策含义》，《统计研究》2010年第8期。

178. 潘越、杜小敏：《劳动力流动、工业化进程与区域经济增长——基于非参数可加模型的实证研究》，《数量经济技术经济研究》2010年第5期。

179. 彭定赟、陈玮仪：《基于消费差距泰尔指数的收入分配研究》，《中南财经政法大学学报》2014年第2期。

180. 钱龙、叶俊焘：《要素市场化如何影响城乡收入差距——基于省级面板数据的实证分析》，《中国农业大学学报》2017年第7期。

181. 曲福田、田光明：《城乡统筹与农村集体土地产权制度改革》，《管理世界》2011年第6期。

182. 孙文华、方心清：《城乡关系演化的不同道路：比较与启示》，《江苏社会科学》2014年第2期。

183. 孙君、张前程：《中国城乡金融不平衡发展与城乡收入差距的经验分析》，《世界经济文汇》2012年第3期。

184. 石磊、高帆：《地区经济差距：一个基于经济结构转变的实证研究》，《管理世界》2006年第5期。

185. 石智雷、杨云彦：《外出务工对农村劳动力能力发展的影响及政策含义》，《管理世界》2011年第12期。

186. 史正富：《超常增长：1979—2049年的中国经济》，上海人民出版社2013年版。

187. 宋洪远：《调整城乡关系：国际经验及其启示》，《经济社会体制比较》2004年第3期。

188. 宋洪远：《中国农村改革40年：回顾与思考》，《南京农业大学学报（社会科学版)》2018 年第 3 期。

189. 粟芳、方蕾:《中国农村金融排斥的区域差异:供给不足还是需求不足?》,《管理世界》2016 年第 9 期。

190. 苏良军、何一峰、金赛男:《中国城乡居民消费与收入关系的面板数据协整研究》,《世界经济》2006 年第 5 期。

191. 孙宁华、堵溢、洪永淼:《劳动力市场扭曲、效率差异与城乡收入差距》,《管理世界》2009 年第 9 期。

192. 孙文凯、白重恩、谢沛初:《户籍制度改革对中国农村劳动力流动的影响》,《经济研究》2011 年第 1 期。

193. 孙宪忠:《推进农地三权分置经营模式的立法研究》,《中国社会科学》2016 年第 7 期。

194. 万海远、李实:《户籍歧视对城乡收入差距的影响》,《经济研究》2013 年第 9 期。

195. 王德文:《中国刘易斯转折点:标志与含义》,《人口研究》2009 年第 2 期。

196. 王德文、何宇鹏:《城乡差距的本质、多面性与政策含义》,《中国农村观察》2005 年第 3 期。

197. 王建农、张启良:《城乡居民收入差距的基本特征与趋势》,《统计研究》2005 年第 3 期。

198. 汪进、钟笑寒:《中国的刘易斯转折点是否到来——理论辨析与国际经验》,《中国社会科学》2011 年第 5 期。

199. 王欧、杨进:《中国农业补贴对粮食生产的影响》,《中国农村经济》2014 年第 5 期。

200. 王韧:《中国城乡收入差距变动的成因分析:兼论"倒 U"假说的适用性》,《统计研究》2006 年第 4 期。

201. 王伟同:《城市化进程与城乡基本公共服务均等化》,《财贸经济》2009 年第 2 期。

202. 王小华、温涛:《城乡居民消费行为及其结构演化的差异研究》,《数量经济技术经济研究》2015年第10期。

203. 王小鲁、樊纲、余静文：《中国分省份市场化指数报告（2016）》，社会科学文献出版社2017年版。

204. 王亚峰：《中国1985—2009年城乡居民收入分布的估计》，《数量经济技术经济研究》2012年第6期。

205. 王跃梅、姚先国、周明海：《农村劳动力外流、区域差异与粮食生产》，《管理世界》2013年第11期。

206. 魏后凯：《新常态下中国城乡一体化格局及推进战略》，《中国农村经济》2016年第1期。

207. 文一：《伟大的中国工业革命》，清华大学出版社2016年版。

208. 吴迪、霍学喜：《城乡居民消费差距和收入差距互动关系的实证研究——来自VEC模型的验证》，《农业技术经济》2010年第8期。

209. 吴海江、何凌霄、张忠根：《中国人口年龄结构对城乡居民消费差距的影响》，《数量经济技术经济研究》2014年第2期。

210. 武力：《过犹不及的艰难选择：论1949—1998年中国农业现代化过程中的制度选择》，《中国经济史研究》2000年第2期。

211. 武力：《1949—2006年城乡关系演变的历史分析》，《中国经济史研究》2007年第1期。

212. 吴愈晓：《中国城乡居民的教育机会不平等及其演变（1978—2008）》，《中国社会科学》2013年第3期。

213. 巫永平：《谁创造的经济奇迹》，生活·读书·新知三联书店2017年版。

214. 肖卫、肖琳子：《二元经济中的农业技术进步、粮食增产与农民增收》，《中国农村经济》2013年第6期。

215. 谢贞发、张玮：《中国财政分权与经济增长》，《经济学（季刊）》2015年第2期。

216. 邢春冰、贾淑艳、李实：《教育回报率的地区差异及其对劳动力流动的影响》，《经济研究》2013年第11期。

217. 许芳:《城市化和城乡收入差距的时空演变》,《上海经济研究》2015 年第 10 期。

218. 徐敏、姜勇:《中国产业结构升级能缩小城乡消费差距吗?》,《数量经济技术经济研究》2015 年第 3 期。

219. 许庆、田士超、徐志刚、邵挺:《农地制度、土地细碎化与农民收入不平等》,《经济研究》2008 年第 2 期。

220. 徐振宇、郭志超、荆林波:《中国城乡消费差距的转折点——引入滚动虚拟变量的分段定量检测》,《经济学动态》2014 年第 6 期。

221. 杨继东:《中国消费不平等演变趋势及其原因》,《财贸经济》2013 年第 4 期。

222. 杨楠、马绰欣:《我国金融发展对城乡收入差距影响的动态倒 U 演化及下降点预测》,《金融研究》2014 年第 11 期。

223. 姚耀军:《金融发展、城市化与城乡收入差距》,《中国农村观察》2005 年第 12 期。

224. 叶超、陈明星:《国外城乡关系理论演变及其启示》,《中国人口、资源与环境》2008 年第 1 期。

225. 尹虹潘、刘渝林:《城市化进程中农村劳动力的留守、进城与回流》,《中国人口科学》2016 年第 4 期。

226. 余长林:《财政分权、公共品供给与中国城乡收入差距》,《中国经济问题》2011 年第 5 期。

227. 余宇新、张平:《刘易斯模型框架下中国刘易斯拐点问题探讨》,《世界经济文汇》2011 年第 6 期。

228. 张广婷、江静、陈勇:《中国劳动力转移与经济增长的实证研究》,《中国工业经济》2010 年第 10 期。

229. 章莉、李实、William A. Darity Jr.、Rhonda Vonshay Sharpe:《中国劳动力市场上工资收入的户籍歧视》,《管理世界》2014 年第 11 期。

230. 张立军、湛泳:《金融发展影响城乡收入差距的三大效应分析及其检验》,

《数量经济技术经济研究》2006 年第 12 期。

231. 张利痒：《二元结构下的城乡消费差异分析及对策》，《中国软科学》2007 年第 2 期。

232. 张林秀、李强、罗仁富、刘承芳、罗斯高：《中国农村公共物品投资情况及区域分布》，《中国农村经济》2005 年第 11 期。

233. 张梦琳：《农村宅基地流转模式分析与制度选择》，《经济体制改革》2014 年第 3 期。

234. 张汝立：《我国的城乡关系及其社会变迁》，《社会科学战线》2003 年第 3 期。

235. 张涛：《中国收入差距的变动及其原因分析：1985—2012 年》，《数量经济技术经济研究》2016 年第 12 期。

236. 张伟进、方振瑞、黄敬翔：《城乡居民生活水平差距的变化——基于经济周期视角的分析》，《经济学（季刊）》2015 年第 2 期。

237. 张勋、刘晓光、樊纲：《农业劳动力转移与家户储蓄率上升》，《经济研究》2014 年第 4 期。

238. 赵宇、姜海臣：《基于农民视角的主要农村公共品供给情况——以山东省 11 个县（市）的 32 个行政村为例》，《中国农村经济》2007 年第 5 期。

239. 郑国、叶裕民：《中国城乡关系的阶段性与统筹发展模式研究》，《中国人民大学学报》2009 年第 6 期。

240. 郑有贵：《构建新型工农、城乡关系的目标与政策》，《教学与研究》2010 年第 4 期。

241. 周端明：《技术进步、技术效率与中国农业生产率增长——基于 DEA 的实证分析》，《数量经济技术经济研究》2009 年第 12 期。

242. 周建、杨秀祯：《我国农村消费行为变迁及城乡联动机制研究》，《经济研究》2009 年第 1 期。

243. 周文、赵方、杨飞、李鲁：《土地流转、户籍制度改革与中国城市化：理论与模拟》，《经济研究》2017 年第 6 期。

244. 周雪光:《中国国家治理的制度逻辑:一个组织学的研究》,生活·读书·新知三联书店 2017 年版。

245. 周云波:《城市化、城乡差距以及全国居民总体收入差距的变动——收入差距倒 U 形假说的实证检验》,《经济学(季刊)》2009 年第 4 期。

246. .周振、马庆超、孔祥智:《农业机械化对农村劳动力转移贡献的量化研究》,《农业技术经济》2016 年第 2 期。

247. 朱江丽、李子联:《户籍改革、人口流动与地区差距——基于异质性人口跨期流动模型的分析》,《经济学(季刊)》2016 年第 2 期。

248. 朱喜、史清华、盖庆恩:《要素配置扭曲与农业全要素生产率》,《经济研究》2011 年第 5 期。

249. 朱信凯、骆晨:《消费函数的理论逻辑与中国化:一个文献综述》,《经济研究》2011 年第 1 期。

250. 钟春平、陈三攀、徐长生:《结构转换、要素价格及农户行为:农业补贴的理论与经验证据》,《金融研究》2013 年第 5 期。

251. 邹红、李奥蕾、喻开志:《消费不平等的度量、出生组分解和形成机制——兼与收入不平等比较》,《经济学(季刊)》2013 年第 4 期。

后　记

　　1978年中国以农村经营体制变革为切入点启动了整体的改革开放伟大历程,改革开放以来中国的经济社会格局发生了广泛而深刻的变化。今年适逢纪念改革开放40周年,纪念改革开放40周年必须探究中国不同经济领域的演变轨迹及内在逻辑,以此通过回望和梳理"来时的路",洞悉和把握"未来的路"。作为世界上最大的发展中国家,中国迄今为止具有较为突出的城乡二元结构特征,据此,系统阐释中国城乡经济关系的演变问题就具有重要性和必要性。理解中国城乡经济关系的演变机理必须从长时段出发,即将1949年之后、改革开放之前的情形考虑在内,以此更为准确地分析中国城乡经济关系演变"背后的故事"。本书试图在文献综述的基础上,通过提出契合本土化特征的政治经济学分析框架,系统地阐释中华人民共和国成立之后、尤其是改革开放40年以来我国城乡经济关系的演变轨迹和变动机制,进而逻辑一致地提出新时代背景下中国城乡经济关系的发展趋向和政策选择。显而易见,本书在城乡经济关系的理论探究维度形成了对中国纪念改革开放40年这个宏大主题的一个回应。

　　在现有的发展经济学中,刘-费-拉模型是刻画和阐释发展中国家城乡二元结构问题的经典理论,但这种理论隐含着二元经济结构导源于城乡禀赋落差、资本-劳动比率恒定、城乡要素市场完备等重要假设,这些假设与中国的经济实践并不完全一致。本书强调,中华人民共和国成立以来,中国作为一个实行社会主义制度的发展中大国始终面临着实现经济持续发展和共同富裕目标的根本命题,在回应这个命题的过程中,中国自1978年启动了市场化导向的经济体制转型。社会主义制度、发展中大国、经济体制转型等构成了中国经济发展的社会背景。基于这种背景,中国在不同时段存在着发展战略和约束条件—经济制度选择—微观主体行为—经济发展绩效(城乡经济关系转化)之间的依次影响关系。在这种依次影响关系中,经济制度选择对城乡经济关系具有关键性作用,但经济制度选择导源于国家发展战略和约束条件之间的组合状态。当发展战略和约束条件发生变化时,则城乡经济关系会因经济制度调整和微观主体行为变动而发生演变。值得强调的是,中国的经济制度选择是围绕政府-市场关系而进行的,但政府内部和市场内部通常存在着结构性特征,于是,政府间和市场间的相关规则也是经济制度安排的重要内容。显然,本书不是从刘-费-拉模型出发分析中国城乡二元结构问题,而是从本土化特征出发提出概念,并基于政治经济学视角来形成中国城乡经济关系的分析框架。

  立足于政治经济学分析框架,本书研究了新中国成立以来不同时期我国的城乡经济关系演变问题。本书指出在1978年之前,我国经济的重工业优先发展战略和约束条件相互组合,其内生的制度安排形成了割裂型的城乡经济关系。这种城乡经济关系带来了国家工业化加速但经济低效率和城乡发展失衡的两重结果。这种结果导致1978年之后我国开始转向经济增长主导战略,发展战略和约束条件的新组合则形成了政府-市场关系、政府内部和市场内部的独特制度安排,政府-市场关系的基本趋势是市场化导向的经济体制转型,政府间和市场间则分别形成了地方分权式治理体制和上游管控型市场扩展,这些制度的实施推动了我国经济总量的持续高速增长。在城乡经济关系层面则内生出整体走向融合但融合存在失衡的客观结果,失衡型融合是我国改革开放以来城乡经济关系的基本特征。现阶段我国经济发展战略开始转向统筹协调发展战略,这种战略转型与约束条件的新组合则暗示着城乡经济关系从失衡型融合走向协同型融合。新时代背景下中国城乡经济关系的协同型融合需要经济制度的持续变革,即促使市场在城乡资源配置中起决定性作用并更好发挥政府作用。此外,协同型融合还须关注政府内部和市场内部的经济制度完善,须将相关利益主体的参与约束和激励相容约束作为城乡经济关系协同型融合的政策实施基点。

显而易见,本书从本土化的政治经济学分析框架出发,试图系统阐释长时段内中国城乡经济关系的演变机理。这种努力不仅体现出对中国持续推进城乡经济关系转化的积极回应,而且体现出对构建中国特色社会主义政治经济学的积极回应。本书的研究显示:中国的城乡经济关系演变背后是发展战略、约束条件和经济制度安排的变化,城乡经济关系置身于中国的整体现代化进程之中,并随宏观格局的调整而动态变化。中国改革开放40年推动了我国城乡经济关系的深刻变化,但在新时代背景下城乡经济关系亟待从失衡型融合走向协同型融合。就研究主题而言,作者一直将研究聚焦于中国城乡经济关系的政治经济学分析,本书是作者近期针对我国城乡二元结构问题进行思考的一个成果,它可能存在着相对于已有文献的特色和创新之处,但也可能存在着值得进一步拓展和改进的地方。特别是,如第10章"结语和展望"中所提及的,在新时代背景下我国正面临着构建新型城乡关系的重大使命,而中国城乡二元结构在持续转化进程中也不断显露出新特征、新问题、新挑战。这些意味着中国城乡经济关系问题的研究仍面临着许多"未解之谜",还需要作者以及其他学者在理论创新的基础上回应这种实践格局。

本书的写作和出版在时代背景上得益于中国改革开放40年的伟大实践。改革开放40年使得我国城乡经济关系的不同维度均有了较为充分的展现,使得我国城乡经济关系可以放在长时段中进行观察和分析。没有改革开放40年的丰富社会实践,本书的研究和写作工作就成为无源之水、无本之木。改革开放40年的实践也为社会科学学者开展研究工作提供了更为优越的条件,本书的研究工作得到了国家社会科学基金重大项目(项目编号:17ZDA066)、国家社会科学基金重点项目(项目编号:17AJL010)、上海市"曙光计划"项目(项目编号:16SG06)、复旦大学理论经济学I类高峰计划项目的资助。在本书研究工作的展开过程中,复旦大学经济学院张晖明教授、李慧中教授、石磊教

后 记

授、马涛教授、严法善教授、焦必方教授、李洁明教授、孟捷教授、汪立鑫教授、王弟海教授、陈硕教授等人给予了悉心指正和帮助,作者指导的研究生汪亚楠、汤韬、吴小莉、孟硕、许晓曦、李斌、邹莉莎、毛佳睿等人在数据整理和处理方面做了大量工作。在本书出版的过程中,复旦大学出版社的徐惠平老师、岑品杰老师、方毅超老师等人则给予了鼎力帮助,并在编辑出版过程中付出了很多精力和时间。在此,作者向以上老师、学生和项目资助机构致以诚挚谢意!

高 帆

2018年12月1日于复旦大学

图书在版编目(CIP)数据

从割裂到融合:中国城乡经济关系演变的政治经济学/高帆著.—上海:
复旦大学出版社,2019.5(2020.3 重印)
(纪念改革开放四十周年丛书)
ISBN 978-7-309-14073-6

Ⅰ.①从… Ⅱ.①高… Ⅲ.①城乡经济联系-研究-中国 Ⅳ.①F299.21

中国版本图书馆 CIP 数据核字(2018)第 269872 号

从割裂到融合:中国城乡经济关系演变的政治经济学
高　帆　著
责任编辑/方毅超

复旦大学出版社有限公司出版发行
上海市国权路 579 号　邮编:200433
网址:fupnet@fudanpress.com　http://www.fudanpress.com
门市零售:86-21-65642857　团体订购:86-21-65118853
外埠邮购:86-21-65109143
江阴金马印刷有限公司

开本 787×1092　1/16　印张 22.25　字数 292 千
2020 年 3 月第 1 版第 2 次印刷

ISBN 978-7-309-14073-6/F·2523
定价:78.00 元

如有印装质量问题,请向复旦大学出版社有限公司出版部调换。
版权所有　侵权必究